华南师大经管学院专著出版基金资助

邓于君 著

服务业内部结构演进规律与中国服务业结构优化策略研究

FuWuYe NeiBu JieGou YanJin GuiLu Yu
ZhongGuo FuWuYe JieGou YouHua CeLue YanJiu

经济科学出版社
Economic Science Press

图书在版编目（CIP）数据

服务业内部结构演进规律与中国服务业结构优化策略研究/
邓于君著 . —北京：经济科学出版社，2014.8
　ISBN 978 - 7 - 5141 - 4965 - 4

　Ⅰ.①服…　Ⅱ.①邓…　Ⅲ.①服务业 - 产业结构 - 研究 -
中国　Ⅳ.①F719

中国版本图书馆 CIP 数据核字（2014）第 204091 号

责任编辑：柳　　敏　周秀霞
责任校对：杨晓莹
责任印制：李　　鹏

服务业内部结构演进规律与中国服务业结构优化策略研究

邓于君　著

经济科学出版社出版、发行　新华书店经销

社址：北京市海淀区阜成路甲 28 号　邮编：100142

总编部电话：010 - 88191217　发行部电话：010 - 88191522

网址：www. esp. com. cn

电子邮件：esp@ esp. com. cn

天猫网店：经济科学出版社旗舰店

网址：http://jjkxcbs. tmall. com

北京汉德鼎印刷有限公司印刷

三河市华玉装订厂装订

710×1000　16 开　16.25 印张　270000 字

2014 年 9 月第 1 版　2014 年 9 月第 1 次印刷

ISBN 978 - 7 - 5141 - 4965 - 4　定价：45.00 元

前　　言

　　"经济结构调整"是全面建成小康社会阶段与 21 世纪初期关系我国国民经济全局的紧迫而重大的战略任务，此举亦是有效应对国际金融危机冲击、达到全面建成小康社会目标和实现可持续发展的重要决策举措。产业结构优化是经济结构调整的主要着力点，而服务业内部结构优化则是产业结构优化升级的关键环节。因此，研究服务业内部结构演进规律，以推动中国服务业结构优化与服务业健康有序发展，完成产业结构优化升级与经济结构战略性调整的使命，具有很重要的现实意义。

　　从国际社会来看，OECD（经济合作与发展组织）2005 年的研究报告《贸易与结构调整：拥抱全球化》显示，OECD 国家过去 20 多年三大产业之间的结构变动已趋于停止，现有的结构变动主要体现在服务业内部不同部门之间。实际上，OECD 这一趋势的推导并不复杂。国民经济结构的调整主要体现在比重较高的产业中，OECD 国家主要为发达国家，发达国家服务业比重占国民经济 60% ~80%，结构变动自然体现为服务业内部。这也表明服务业结构演变很可能成为国际社会的研究热点之一，增强此论题研究的现实意义。

　　本书的研究对象是服务业内部结构，即服务业的增加值结构与就业结构，通常以服务业各分支行业部门占服务业增加值与占 GDP 的比重，以及占服务业就业与占全社会就业的比重体现。服务业内部结构长期演进是指，工业化初、中期，与工业化中后期及后工业化时期，不同发展阶段，服务业内部各分支行业部门的比重呈现不同的升降变化态势，导致不同发展阶段占主导地位的分支（类）行业部门有所不同、会发生更替，某一阶段，比重持续上升的分支（类）服务行业部门代表这一发展阶段服务业内部结构的演进方向。

　　本书研究服务业内部结构演进规律与 21 世纪初期中国服务业结构优化的策略（重难点及对策）。本书旨在研究发达与发展中国家服务业内部结构长期演进规律的基础上，结合中国所处时代背景，分析21世纪初期中国服务业内部结构演进趋势，确立21世纪初期中国服务业结构优化的重点即需要重点扶持的服务行业部门，深入剖析服务业结构优化的难点，提出相应的具体对策。

本书分成四部分：导论、机理篇、实证分析篇、策略篇。导论涵盖研究的背景与意义、文献综述、研究内容与方法、主要创新之处与相关问题说明等内容。机理篇建立理论框架，分析服务业内部结构演进规律的内在机理。实证分析篇分析发达国家与发展中国家服务业内部结构长期演进趋势，归结服务业内部结构演进规律，验证机理分析；分析中国改革开放以来服务业内部结构演变态势，分析态势的成因与效应，依据服务业结构演进规律与中国时代背景，分析21世纪初期中国服务业结构演进趋势，估测各主要分支服务行业部门2015年与2020年的比重。策略篇在分析以往服务业发展政策经验教训与借鉴国外服务业发展政策的基础上，依据机理篇与实证篇得出的结论，确立中国21世纪初期服务业内部结构优化的重点，即代表结构演进方向的重点服务行业部门，提出针对重点服务行业部门发展的总体战略思路与具体对策。随即详细分析21世纪初期服务业内部结构优化的难点，即体制与政策障碍，提出破解难点即破解体制政策障碍的具体对策。

本书的特色在于，整体逻辑性很强，机理篇、实证分析篇、策略篇在逻辑上依次推进、篇篇相扣，整个研究构成逻辑性很强的有机统一整体。

本书得出的主要结论如下：

结论一：基于分工与交易费用思想的理论框架能够诠释服务业结构演进规律的内在机理。

结论二：服务业结构演进规律体现为以下三点：第一，不同发展阶段，服务业内部处于主导地位的行业部门有所不同，工业化初中期，流通服务业占主导地位，工业化中后期及后工业化时期，生产者服务业将替代流通服务业占据主导地位；第二，流通服务业即商业与运输仓储业的增加值比重与就业比重均有饱和点；第三，工业化中后期及后工业化时期，生产者服务业、消费者服务业、生产消费双重效应性服务业代表服务业内部结构演进方向，这三项分类服务业是服务业结构优化的重点。

结论三：制度、劳动生产率、中间需求、城镇化、国际竞争力及统计因素是诠释改革开放以来中国服务业增长及其内部结构演变的重要因素，制度因素尤为关键。

结论四：现阶段，服务业对中国经济增长无法起到如制造业、工业一般的主导与引擎拉动作用，但不可否认的是，服务业对于工业及中国经济的可持续性发展产生难以估量的外溢效应。重视服务业外溢效应的同时仍要提及两个问题。一是服务业剩余劳力吸纳能力的提升不能以其劳动生产率的下降为代价，吸纳就业同时仍需通过革新业态、提高产业化、标准化程度提升自身生产率水平，削弱"成本病"对于经济增长的侵蚀。二是提升服务业的国际竞争力、改善服务贸易，避免类似"非工业化"的问题造成对中国经济增长与国际收支的拖累。

结论五：21世纪初期，中国服务业将进入加速增长、在国民经济中地位上升的重要发展阶段，这是基于国际经验与中国经济发展所处时代背景得出的客观结论。服务业在加速增长的同时，需要规避"成本病"问题。

结论六：21世纪初期，中国服务业内部结构优化的重点是生产者服务业、消费者服务业、生产消费双重效应性服务业，涉及的具体服务行业部门是高端生产者服务业（商务服务业）、物流业、信息技术产业、金融业、旅游业、体育休闲产业、教育医疗服务部门等。

结论七：21世纪初期，中国服务业内部结构优化的难点是体制与政策障碍。破解体制与政策障碍，方能突破难点，促进服务业结构优化。

本书的主要建树如下：

一方面，通过规范与实证研究归结出服务业内部结构演进规律，用于指导中国实践——优化中国服务业内部结构，这是21世纪初期产业结构优化的关键环节与重要着力点，规律见结论二。

另一方面，提出21世纪初期中国服务业结构优化的重难点与针对性、操作性强的对策举措。

结构优化的重点见结论六。21世纪初期，中国服务业结构优化的重点，即需要重点扶持的服务行业部门发展的总体战略思路如下：（1）政府亟须进行制度变革，为重点服务业发展创设良好制度环境；（2）重点服务产业部门亟须加快三方面的市场化改革，即国内外市场开放、准公共品服务领域改革及大型国有企业产权改革；（3）通过法制、资金与税收三大举措，扶持重点服务产业部门发展；（4）建立合理的产业组织结构，重点产业大中小型企业均需扶持，加快重点服务产业发展；（5）重视人才培育与激发，加强知识产权保护。详见第九章第二节。各重点服务行业部门具体的发展对策见第九章第三节。

21世纪初期，服务业结构优化的难点是体制与政策障碍。体制障碍如下：(1) 政府职能转换不到位——"四个不分"与越位缺位并存；(2) 政府管理体制障碍——多头管理与部门地区条块分割；(3) 市场准入障碍——国有经济垄断；(4) 对外开放体制障碍；(5) 教育医疗部门体制改革滞后。政策障碍包括融资、土地、税收、价格管理、人才等诸多政策障碍，阻碍重点服务行业部门发展。详见第十章第一节。

破解服务业结构优化难点即破解体制与政策障碍的策略如下：(1) 加快政府职能转换，建立与重点服务行业部门发展相适应的管理体制；(2) 化解多头管理与条块分割痼疾；(3) 清除市场准入障碍，放宽市场准入限制；(4) 破解对外开放体制障碍；(5) 加快推进教育医疗部门体制改革。破解政策障碍的对策包括破解融资、土地、税收、价格管理、人才等诸多政策障碍及化解市场秩序监管不到位等，扶持重点服务行业部门加快发展。详见第十章第二节。

本书的应用价值与学术价值如下：

通过规范、实证分析归结出服务业内部结构演进规律，可用于指导中国服务业结构优化升级。本书深入分析 21 世纪初期中国服务业结构优化的重难点，提出针对性、操作性强的具体对策，对于中国产业结构、经济结构优化升级与现代服务业发展及中国经济可持续性发展，具有较强政策层面的参考价值。本书的现实意义与应用价值即在于此。

本书运用古典经济学、新兴古典经济学（杨小凯为代表人物）、新制度经济学的分工与交易费用理论，较全面揭示分类服务业发展趋势的内在机理，构建服务业内部结构演进规律的理论基础。本书具有一定的学术价值。此外，本书通过欧美国家与发展中国家大量历史数据的实证分析，归结服务业内部结构长期演进规律，弥补产业经济学与服务经济学在此领域研究的不足。综上所述，本书具有一定的学术价值。

目　录

机　理　篇

实证分析篇

策　略　篇

第一章

导　　论

第一节　研究的背景与意义

中国经济高速增长，取得令世人瞩目的成就。但此种高增长是主要依靠工业高速扩张的粗放型增长，此模式当前已面临严重的资源瓶颈，生成畸形的产业结构，工业比重偏高、服务业比重偏低。因此，需要走新型工业化道路，此举与加快发展服务业并行不悖，两者实际上相互促进。发展服务业尤其是现代服务业，寻求国民经济新的增长点构建"两条腿走路"的发展模式，是实现国民经济持续协调发展的最好选择。

更为重要的是，"经济结构调整"是全面建成小康社会阶段与21世纪初期关系我国国民经济全局的紧迫而重大的战略任务，此举亦是有效应对国际金融危机冲击、达到全面建成小康社会目标和实现可持续发展的重要决策举措。产业结构优化是经济结构调整的主要着力点，而服务业内部结构优化则是产业结构优化升级的关键环节。因此，研究服务业内部结构演进规律，以推动中国服务业结构优化与服务业健康有序发展，完成产业结构优化升级与经济结构战略性调整的使命，具有很重要的现实意义。

从国际社会来看，OECD（经济合作与发展组织）2005年的研究报告《贸易与结构调整：拥抱全球化》显示，OECD国家过去20多年三大产业之间的结构变动已趋于停止，现有的结构变动主要体现在服务业内部不同部门之间。实际上，OECD这一趋势的推导并不复杂。国民经济结构的调整主要体现在比重较高的产业中，OECD国家主要为发达国家，发达国家服务业比重占国民经济60%～80%，结构变动自然体现为服务业内部。这也表明服务业结构演变很可能成为国际社会的研究热点之一，增强此论题研究的现实意义。

本书的研究亦具有较重要的学术价值。本书首先探究服务业结构演进的内在机理，即探究是何种经济发展的内在因素决定分类服务部门比重变化趋势，以此构建本书的理论基础。笔者借助分工与交易费用的思想，剖析分类服务部门如流通服务业、生产者服务业、政府服务部门的比重变化趋势，探究不同发展阶段，服务业内部的主导行业。这是服务业结构优化的理论基础。目前，分析服务业结构演进内在机理的文献鲜见，从分工与交易费用的视角诠释服务业结构演进的文献亦不多见，因此，本书的研究具有创新价值。

关于服务业结构的多数文献，只是对发达国家与发展中国家（含我国）某一阶段服务业结构演进状况的概述或统计归纳，尚无规律性的结论得出。本书借助大量历史数据与统计计量分析方法，从发达国家工业化进程与后工业社会时期服务业结构长期演进中，归结出规律性结论即服务业结构长期演进规律，一定程度弥补产业经济学与服务经济学在此领域研究的匮缺。

综上所述，本书的研究既具有重要的现实意义，又具有一定的学术创新价值。

第二节　相关文献述评

关于经济发展过程中产业结构演进分析的理论主要有：配第—克拉克定理；罗斯托的经济发展阶段理论；库兹涅茨的现代经济增长与结构转变理论；钱纳里的经济增长过程中的产业结构变动理论。这些理论思想尤其是钱纳里、库兹涅茨的思想对本书具有重要的借鉴价值。这两个学者纠正新古典理论观点——结构变动仅仅是经济增长副产品这一见解的偏差，指出（产业）结构变动与经济增长是相互影响、相互作用的，并指出，结构转变对于经济增长的潜力和意义，对于发展中国家比对发达国家更为重要。他们揭示经济增长与发展过程中产业结构演进的规律与趋势，并分析其生成的原因及影响。他们提出的思想很有参考价值。钱纳里、库兹涅茨的研究方法——实证研究与比较研究的方法亦具有借鉴意义。篇幅所限，上述理论不作展开。本节主要对就服务业结构进行分析的文献进行述评，主要分为三部分：发达国家服务业结构的演进及服务业对经济发展的影响分析；发展中国家某一阶段服务业结构变动趋势分析；我国服务业发展状况及结构变动趋势分析。

一、发达国家服务业结构演进及服务业对经济发展的影响分析

(一) 丹尼尔·贝尔的后工业社会理论

丹尼尔·贝尔（Daniel Bell，1974）将人类社会发展进程分成三个阶段：前工业社会（农业社会，人均收入 50～200 美元，1974 年价）、工业社会（人均收入 200～4000 美元）、后工业社会（社会基础是服务，人均收入是 4000～20000 美元）。贝尔认为，服务业在经济总量的比重与经济发展水平的关系并非简单的线性关系，有必要将"后工业社会"的服务业与在此之前的发展的服务业加以区分，以突出"后工业社会"服务业的特性。他将服务业的发展划分三个阶段：农业社会，服务业以个人服务和家庭服务为主；工业社会以与商品生产有关的服务业如商业为主；后工业社会则以知识型服务和公共服务为主。此外，贝尔认为从工业社会向后工业社会过渡的过程中服务业历经了三次转变：第一，在工业发展阶段，由于商品移动的需要和对能源提高的需求，交通和公共设施作为其辅助服务必然扩展。第二，由于大规模的商品消费和人口增长，在流通、金融、房地产和保险等领域传统白领就业将上升。第三，随着国民收入提高，以及人们寿命的延长和需求、品位的变化，第三部门，即个人服务开始增长，如旅馆、酒店、自动服务、旅游、娱乐、休闲、运动等。按照贝尔的思路，服务业的发展历程大致是：个人服务和家庭服务——交通通讯及公共设施——商业、金融、保险、房地产——休闲性服务业、知识密集型服务。这是他大致的分析思路，对此他并没进行严密论证。

贝尔的分析思路表明：服务业的地位并非像一般人所认为的只有在经济发展较高水平时才占据较大比重，农业社会和工业社会时服务业的比重就不低；服务业是一个内容丰富的大产业，分支行业繁多，服务业结构随经济发展呈现一定的变化趋势（规律）。因此，对服务业的分析要细致，不能将其所有的行业一概而论。探寻服务业结构的演进无疑具有重要的理论意义。

(二) 富克斯的服务经济理论

富克斯（Victor R. Fuchs，1968）较详细阐述从工业经济过渡到服务

经济这一历史过程当中服务业就业人数增长情况（亦涉及服务业内部就业结构）及其成因与影响。富克斯认为，第二次世界大战后工业人员转向服务行业的现象在美国最甚，但在所有经济发达国家中也是很明显的。他认为，这种转向是平平静静地进行的，但其"革命性"对社会与经济都有影响。

富克斯以美国为例，分析服务业就业人数增长情况及其原因。他所界定的服务业包括批发和零售商业、金融保险和不动产、专业的和企业性服务、一般政府部门等。美国服务部门的就业人数在全国就业总人数中所占份额已从1929年的约40%增至55%；仅就1947～1965年的情况而言，服务部门就业人数就增加了1300万，而工业部门只增加400万，农业部门还减少300万。在此期间，服务部门内部各分支行业就业增幅最为显著的是专业服务和企业性服务、一般政府部门，1965年较1929年两者分别上涨约1倍、3倍，其他服务行业就业份额都略有上升，升幅相对平缓。富克斯解释就业情况急剧变化时，设想三个主要原因：（1）对服务业的最终需求增长较快；（2）对服务业的中间需求相对增长；（3）服务业的每人产值增长较缓。富克斯通过他所掌握的统计资料进行分析后认为，即使考虑统计误差因素，前两个原因对就业增长的影响较小，不是主要原因。他认为，就业变化的主要解释是，服务部门每人产值（生产率）的增长要比其他部门慢得多。富克斯分析的缺陷在于，应属于服务部门的运输、通讯两业的生产率均高于整体经济水平，却被富克斯列在工业部门中，导致他得出服务业几乎所有分支行业生产率水平均较低这一偏颇观点。

关于服务业增长、服务业比重增加对经济增长与发展的影响，不同的学者有不同的观点。

（三）新工业主义理论

富克斯认为，经济"服务化"对社会与经济都带来革命性影响。新工业主义者格沙尼等人（Jonathan Gershuny et al. , 1978）与其观点迥然不同。新工业主义者争论的问题实质是：未来社会是主导生产服务还是生产物品（此处的物品是指实物产品，笔者注）？新工业主义认为，未来社会的发展不是服务社会，而新的工业生产技术和组织方式下的新的工业社会。对于工业和服务的关系，他们的主要论点是：第一，物品和服务是互补的；物品多样化和复杂化同时意味着对服务需求范围和种类的扩大。第二，生产者服务是服务业增长的最强劲和最主要部分。某些服务由于可以标准化而能够实现不同程度的产业化，这些服务业因而可以达到规模经济和提高生产率；即从技术层面看，这些服务业具有工业的特点。第三，在新的社会制度结构（主要是城市化）中对企业的"高级服务"是不可避免的。从这些论点看出，生产方式虽然日益"服务化"，但这些变化或者是物品本身生产过程的组织或技术的变化，或者是由于物品生产的复杂化所引起的对服务需求的增加。总之，新工业主义理论持有者认为，服务是围绕物品生产展开的。

当今社会，服务业占国民经济的比重愈趋增加，经济呈现"服务化"趋势已成为不争的事实。基于此，新工业主义者的观点有些偏颇，但他们认为某些服务业可以"产业化"的观点具有一定的参考价值。

发达国家在 20 世纪 70、80 年代出现经济增长停滞的局面，一些学者将此与服务业增长相联系。

（四）鲍莫尔的"成本病"模型

鲍莫尔（William L. Baumol，1967、1985）认为经济体中存在两个由它们的本质所决定的生产率增长率不同的部门，进步部门和停滞部门，后者主要为服务。在生产率增长内在不均衡的经济中，由于名义工资是同水平增加的，那么不可避免地，停滞部门的成本（主要是工资成本）将不断积累地、无限地上升。其结果是，如果该停滞部门需求价格弹性不高，那么对它的产品的消费将不得不支付越来越大成本。对于此类部门，由于它的消费成本越来越高，个人可能无法完全负担得起这种费用，从而转向政府资助。但这些"成本病"无法医治，由此带来严重的财政困难。20 世纪 80 年代，鲍莫尔对其成本病模型进行修改，在进步部门和停滞部门之间增加"渐进停滞部门"，但核心思想未变。他认为，经济体中的部门可以分为三类：进步部门、停滞部门和渐进停滞部门。生产率的不均衡增长表现在进步部门的生产率较快增长、停滞部门生产率缓慢甚至停止增长、渐进停滞部门生产部门开始较快增长但随后停滞。如果在实际产出方面这三类部门保持均衡增长，则劳动力将转移到停滞部门和渐进停滞部门的停滞成分中，它们在产品总成本中的比重也将不断上升。

虽然这个模型早期版本认为，劳动力不断向停滞部门转移会损害国民经济增长，但后来鲍莫尔修正了这个结论，他基本上中性地评价劳动力转移对国民经济的影响。还需指出的是，这个模型是以服务业生产率不变、服务业生产率停滞或渐进停滞为前提的，这一点也不完全符合事实。事实上是，有的服务部门如交通、通讯、房地产等服务部门生产率较高甚至超过某些工业部门，而且还有一些服务部门如金融、商贸后来借助信息技术手段也有效提高的生产率水平。因此，不能将服务部门笼统列为停滞部门或渐进停滞部门。

（五）非工业化理论

英国 20 世纪 70 年代中期，出现严重"滞胀"的经济形势，部分学者将此归因于制造业比重下降或"非工业化"。

对非工业化的成因与危害形成两种理论观点：贝肯和伊尔悌斯（Robert Bacon & Walter Eltis, 1996）的"生产者太少"理论；辛格（Singh, 1987）为代表所谓的"剑桥"观点。贝肯和伊尔悌斯的"生产者太少"理论认为，英国经济"非工业化"导致滞涨，根源在于服务业，尤其是服务业中非市场部门（主要是政府部门）吸纳过多的社会资源。由于非市场化服务业生产率低、不可贸易，所以流入这些部门的资源类似于一种净消耗：一方面，这些资源不能通过市场生产得到补偿；更重要的是为维持这些是益庞大的公共部门，政府不得不提高税率和扩大税基，如此最终会影响经济增长。与斯密观点相似，只不过后者认为所有服务业是非生产的，而前者只认为"非市场部门"是非生产的。辛格的观点是，"非工业化"与制造业比重下降无关，而主要与国际收支是否因制造业比重大幅下降而出现恶化有关。他认为，服务业可贸易性受到限制，当时英国的创汇服务业旅游业和娱乐业不能像制造业那样长期创造外汇，因此贸易比重中服务业上升不能弥补制造业下降，两者之间或差距会使国际收支失衡状况不断恶化。即"非业化"不是国内结构失衡问题，而是当国内市场与国际市场连接时出现的结构失衡问题。

非工业化理论将经济滞胀完全归咎于服务业的观点有较大偏颇与历史局限性：服务业中除了政府部门这一非市场化部门外，还有较多市场化部门，市场化部门中有不少是生产率较高的部门；现今，因背景条件发生变化，服务业可贸易性受到限制这一状况已不复存在，西方国家利用其强大的影响力扩大服务贸易范围、推动发展中国家开放服务业市场，服务贸易为发达国家带来巨额的国际收支盈余。

20 世纪 90 年代与 21 世纪初期，有学者、机构研究了发达国家后工业化时期的服务业结构演进趋势。

（六）关于发达国家后工业化时期服务业结构演进的文献综述

格鲁伯和沃克（Herbert G. Grubel & Michael A. Walker，1993）的研究表明生产者服务业代表服务业结构的演进方向。格鲁伯和沃克通过对发达国家 20 世纪 70、80 年代服务业的实证分析得出以下结论：生产者服务较之消费者服务与政府服务更为重要，一般占 GDP 1/3 左右，占整个服务业份额一半之上。

经济合作与发展组织（OECD，2001）研究了 1984～1998 年间 OECD 国家服务业结构的变动。分析发现生产者服务业是服务业内部变动最大的部门，在 20 世纪 90 年代后期几乎所有经合组织国家的生产者服务业就业比重都有大幅上升；大多数国家的社会服务业、私人服务业就业比重也有所上升，但上升幅度不及生产者服务业；而分配服务业的比重趋于停滞，在一些国家还出现大幅度的下滑。

刘志彪（2005）认为，发达国家近 20 年来经济结构与产业升级中最令人瞩目的戏剧性现象便是生产者服务业发展成为国民经济中的支柱产业。成因在于：生产性服务能够把大量的人力资本与知识资本引入商品与服务的生产过程当中，是现代产业发展中竞争力的源泉。

以上文献分析生产者服务业的功能，提及近三四十年来发达国家生产者服务业比重上升较快的现象。这是一个重要的提示。遗憾的是，上述文献多通过统计归纳得出生产者服务业比重上升的观点，尚缺规律性结论的深化提炼与严格的计量分析检验。这正是笔者需要努力之处，本书研究中，笔者将通过计量分析提炼关于生产者服务业的规律性结论。

二、发展中国家某一阶段服务业结构变动趋势分析

黄少军（2000）根据联合国统计资料，分析十余个低、下中等收入国家服务业就业结构，得出以下结论。（1）服务业占全部就业比重与人均收入水平没有明显的正相关关系。1991 年低收入国家服务业就业比重比下中等收入国家略低，但相差不大。（2）这十余个发展中国家就业集中在商业酒店旅馆与社会社区个人服务业上，这两类服务业在整个服务业就业量的比重近 80%，商业酒店旅馆业比重尤甚，近 50%；而金融保险房地产业在服务业中的就业比重却很低，几乎为 OECD 国家的一半。由此可见欠发达国家的服务业结构水平偏低。（3）一些低收入国家服务业的劳动力份额

非常高，甚至超过农业，这与发达国家的早期历史数据存在明显差异。

郭克莎（2001）分析了几个具有代表性（具有大国相同特点）的发展中国家从 20 世纪 70 年代以来的服务业结构变动数据。他的结论如下：（1）从当年价格计算的产出结构变动看，在发展中国家中，在人均收入水平很低时主要依靠商业旅馆饭店业；当人均 GDP 上升到 600～1000 美元期间，商业旅馆饭店业在服务业中比重由上升转为下降，而运输仓储邮电业、金融保险不动产和工商服务业的比重有较大幅度上升；当人均 GDP 继续上升到 2000 美元以上时，运输仓储邮电业的比重转为稳中有降，而金融保险不动产和工商服务业的比重继续上升。（2）在下中等收入以下发展中国家中，服务业就业结构变动的一般趋势是，商业旅馆和饭店业、运输仓储和通信业的比重相对稳定，金融保险不动产和产业服务业的比重趋于上升，而社会和个人服务业的比重则表现出稳中趋降的态势。服务业就业比重上升，基本上是各个行业一起拉动的。

三、我国服务业发展状况及服务业结构演变分析

有学者对当前中国服务业发展状况与主要制约因素进行分析。

中国社科院财贸经济研究所（2007）认为，中国服务业整体水平距离世界平均水平仍有很大差距，服务业发展落后的短腿现象仍旧没有改变，中国服务业的发展任重而道远。林跃勤（2005）从三个方面分析中国服务业发展差距：一是服务业比重偏低；二是服务业结构扭曲和升级速度缓慢；三是服务贸易国际竞争力弱。顾乃华（2005）从服务业增长效率的角度分析中国服务业发展落后的问题。他借助前沿生产函数模型，使用面板数据，分析 1992～2002 年中国服务业的增长效率特征。他的研究结果表明，中国服务业的发展远未能挖掘出现有资源和技术的潜力，技术效率低下，服务业增长主要靠要素投入推动，全要素生产率的贡献微弱，粗放型特征分别明显。

不少学者认为制度因素是导致当前中国服务业发展不良状况的关键原因。裴长洪等（2005）认为，外资进入中国服务业要面对外资准入资格、进入形式、股权比例和业务范围等较多限制，对外开放不足是中国服务业发展滞后的重要因素。在分析中国服务业体制弊端时，不少学者认为严格的管制与垄断及竞争不充分是最为突出的问题。来有为（2004）认为，与制造业相比，中国不少服务行业部门受到各级政府部门严格管制，垄断因

素强，市场化程度低、市场竞争很不充分。如果不变革体制，服务业发展将受到严重制约。江小涓（2005）分析中国服务业发展滞后的表现与原因后，提出打破垄断是促进服务业提高效率和加快发展的重要观点。她认为，中国经济中存在进入管制与垄断问题的行业主要是服务业，其中不少行业同行政垄断结合，抑制服务业自身发展。要加快推进这些垄断行业的改革，包括放宽准入领域、降低准入条件、培育多元化竞争主体等。李江帆（2005）对市场化进程中服务业制度安排进行具体而又系统的探讨。他认为，应从投资主体多元化、经营方式多样化、服务价格多样化、服务贸易开放化、公共服务规范化等五个方面对服务业进行制度创新。

以下学者对我国服务业结构及变动趋势进行分析。

黄少军（2000）对我国服务业的结构进行简单分析。他认为，现阶段我国服务业中传统服务业的比重占据最为重要的地位。黄少军还对我国服务业结构比重与低收入、下中等收入国家平均水平作了比较。他发现：我国商业和社会社区个人服务业的发展较之其他发展中国家并不充分，这构成我国服务业比重与发展中国家平均水平存在较大差异的重要因素。他认为，这反映我国市场化、城市化水平偏低。

郭克莎（2001）对我国服务业结构变动特征与其他国家国际比较时呈现出的问题作了阐述。他认为，改革开放以来中国服务业就业结构变动与发展中国家的一般趋势相比，存在一些差别，其中有些是合理的，而有些则是不恰当的。例如，中国商业餐饮业的比重趋于上升，如果考虑这个行业比重明显低于其他国家的水平，那么变动趋势的差别是合理的。但是，20世纪90年代金融保险、房地产和包括地质水利、科研技术服务等在内的产业服务业总的比重不是逐步上升而是有所下降，导致这类行业在服务业中的比重与大多数发展中国家相比相对较低，则是一种不恰当的趋势。郭克莎还提出"其他服务业"问题。他认为，业由于统计方面的原因，"其他服务业"在中国服务业就业结构中的比重一直大幅度上升，这就使得别的行业的比重变动受到影响或得不到反映。

李江帆、曾国军（2003）通过实证分析归结我国服务业内部结构演进趋势：流通服务业占服务业的比重呈现下降趋势；生产、生活服务业占服务业的比重呈现上升趋势，代表服务业结构升级方向。鉴于服务业中生产性服务业的重要性，江小涓、李辉（2004）、郑吉昌（2005）、刘志彪（2006）、高传胜、李善同（2007）、程大中（2008）等学者的结论是：生产性服务业能提升专业化分工水平与经济运行效率以及制造业的竞争力；

应从发展现代生产性服务业高度，推进制造业结构调整优化。

　　小结：本节文献资料多是归纳发达国家与发展中国家（含中国）某一阶段服务业结构演进态势，一些结论较具启发性。遗憾的是，上述文献多是对某一阶段服务业结构演进特征的概括，缺乏规律性结论深化提炼及内在机理的经济学深度探讨。本书借助联合国、经济合作与发展组织（OECD）、世界银行、国际劳工组织（ILO）的大量统计年鉴与文献资料，中国统计出版社出版的国际统计年鉴，以及荷兰格罗宁根大学增长与发展中心（GGDC）网站（http：//www.ggdc.net），收集到大量的欧美国家服务行业历史统计数据与近几年的最新数据。本书在获取大量历史与最新数据的基础上，研究欧美国家工业化进程中及后工业社会时期的服务业结构长期演进，通过实证分析、计量检验提炼规律性结论——服务业结构长期演进规律，并佐证本书有关服务业结构演进内在机理的理论分析。

第三节　研究内容与方法

一、研究内容

　　本书的研究对象是服务业内部结构，即服务业的增加值结构与就业结构，通常以服务业各分支行业部门占服务业增加值与占 GDP 的比重，以及占服务业就业与占全社会就业的比重体现。服务业内部结构长期演进是指，工业化初、中期，与工业化中后期及后工业化时期，不同发展阶段，服务业内部各分支行业部门的比重呈现不同的升降变化态势，导致不同发展阶段占主导地位的分支（类）行业部门有所不同、会发生更替，某一阶段，比重持续上升的分支（类）服务行业部门代表这一发展阶段服务业内部结构的演进方向。

　　本书研究服务业内部结构演进规律与 21 世纪初期中国服务业结构优化的重难点及对策。本书旨在研究发达与发展中国家服务业内部结构长期演进规律的基础上，结合中国所处时代背景，分析 21 世纪初期中国服务业内部结构演进趋势，确立 21 世纪初期中国服务业结构优化的重点即需要重点扶持的服务行业部门，深入剖析服务业结构优化的难点，提出相应的具体对策。全书分为四部分，共计十章。

第一部分是导论，涵盖研究的背景与意义、文献综述、研究内容与方法、主要创新之处与相关问题说明等内容。这部分由一章构成。

第二部分是机理篇，即分析服务业结构演进的内在机理，由两章构成。阐述分工与交易费用的思想，构建机理分析的理论基础，剖析分类服务部门如流通服务业、生产者服务业、政府服务部门占服务业与占国民经济比重长期变化趋势的内在机理。揭示不同发展阶段，受到机理作用的服务业内部更替的主导行业。

第三部分实证篇均以第二部分内在机理分析作为理论基础。

第三部分是实证分析篇。发达国家与发展中国家的实证分析由两章构成。发达国家服务业结构长期演进的实证分析，包括：发达国家工业化进程中服务业结构演进分析；工业化后期与后工业社会时期服务业结构演进分析；分支服务业比重计量模型及流通服务业比重饱和点测算。发展中国家服务业结构演进实证分析，包括不同水平发展中国家服务业结构演进与发展中国家产业结构现状的成因及影响。

通过内在机理与实证分析，归结出服务业内部结构长期演进规律。

对中国的实证分析也由两章构成：中国改革开放以来服务业结构演变态势分析；21 世纪初期中国服务业结构演进趋势估测。具体内容涉及：改革开放以来中国服务业增长及结构演变态势——兼与相近水平发展中国家比较；服务业增长和结构演变的成因与效应；21 世纪初期，服务业整体发展与服务业结构演进趋势定性分析及分支行业部门比重估测。此部分的定性分析与比重估测，均依据中国时代背景与前文归结的服务业内部结构长期演进规律。

第四部分是策略篇，包括三章：中国以往服务业发展政策经验教训与国外服务业发展政策借鉴；21 世纪初期中国服务业结构优化的重点、发展对策与传统流通服务业变革对策；21 世纪初期中国服务业结构优化的难点与破解对策。

二、研究方法

本书采取规范研究与实证研究相结合的方法。

规范研究体现为探讨服务业结构演进的内在机理，经济发展中究竟是何种关键因素决定服务业结构长期演进。本书阐述分工与交易费用的思想，构建机理分析的理论基础；揭示服务业内部各分支部门比重变化趋势的内在决定因素；揭示不同发展阶段，受到机理作用的服务业内部更替的主导行业。规范研究即机理分析是全书的基石。

实证研究体现为对于发达国家、发展中国家及中国长期历史数据的统计归纳与计量分析方面，从中归结出服务业结构演进一般趋势（规律），佐证前文的机理分析。在对大量历史数据进行分析时，需要使用统计归纳的方法。在构建发达国家分支服务业比重计量模型及测算流通服务行业比重饱和点，以及构建中国服务业结构模型预测 2015 年与 2020 年服务业及分支行业部门增加值比重与就业比重时，需要采用计量分析的方法，通过计量统计软件 spss 软件进行模型拟合及计量检验。

第四节　主要创新之处

本书在研究内容、视角与见解方面具有一定新意，当然，这有待广大读者检验。

一、研究内容具有新意

产业经济学长期重视三大产业结构演进的研究，服务经济学侧重服务业发展分析，对服务业结构的深入分析较少涉及。就服务业结构这一主题而言，国内外涉及该主题的文献资料较少，就服务业结构长期演进进行分析的文献资料，少之又少。本书首先研究服务业结构演进的内在机理，以此建立整个研究的理论基石。以此为基础，在收集到发达国家、发展中国家及中国大量历史数据资料的基础上试图对服务业结构长期演进进行全面、深入分析，归结服务业结构长期演进一般规律，佐证前文的机理分析。本书研究有可能弥补产业经济学与服务经济学在此领域研究的匮乏。

二、研究视角具有新意

本书首先探究服务业结构演进的内在机理，即探究是何种内在因素决定分类服务部门比重变化趋势，以此构建本书的理论基础。笔者借助分工与交易费用思想，剖析分类服务部门比重变化，揭示不同发展阶段服务业内部更迭的主导行业。目前，探讨服务业结构演进机理的文献较少，从分工与交易费用视角诠释服务业结构演进的文献亦不多见，因此，本书的研究视角较新。

本书研究视角较新还体现在以下方面。本书不是单纯分析结构，而是将服务业结构与经济发展紧密联系，在探讨究竟是经济发展何种内在因素决定服务业结构演进的基础上，继续探讨结构演进对经济发展的深刻影响（效应）。不是单纯分析产业结构，而将结构分析与经济发展紧密联系，这一分析视角具有一定新意。

三、见解具有新意

见解一：基于分工与交易费用思想的理论框架能够诠释服务业结构演进规律的内在机理。

见解二：服务业结构演进规律体现为以下三点：第一，不同发展阶段，服务业内部处于主导地位的行业部门有所不同，工业化初中期，流通服务业占主导地位，工业化中后期及后工业化时期，生产者服务业将替代流通服务业占据主导地位；第二，流通服务业即商业与运输仓储业的增加值比重与就业比重均有饱和点；第三，工业化中后期及后工业化时期，生产者服务业、消费者服务业、生产消费双重效应性服务业代表服务业内部结构演进方向，这三项分类服务业是服务业结构优化的重点。

见解三：制度、劳动生产率、中间需求、城镇化、国际竞争力及统计因素是诠释改革开放以来中国服务业增长及其内部结构演变的重要因素，制度因素尤为关键。

见解四：现阶段，服务业对中国经济增长无法起到如制造业、工业一般的主导与引擎拉动作用，但不可否认的是，服务业对于工业及中国经济的可持续性发展产生难以估量的外溢效应。重视服务业外溢效应的同时仍要提及两个问题。一是服务业剩余劳力吸纳能力的提升不能以其劳动生产率的下降为代价，吸纳就业同时仍需通过革新业态、提高产业化、标准化程度提升自身生产率水平，削弱"成本病"对于经济增长的侵蚀。二是提升服务业的国际竞争力、改善服务贸易，避免类似"非工业化"的问题造成对中国经济增长与国际收支的拖累。

见解五：21世纪初期，中国服务业将进入加速增长、在国民经济中地位上升的重要发展阶段，这是基于国际经验与中国经济发展所处时代背景得出的客观结论。服务业在加速增长的同时，需要规避"成本病"问题。

见解六：21 世纪初期，中国服务业内部结构优化的重点是生产者服务业、消费者服务业、生产消费双重效应性服务业，涉及的具体服务行业部门是高端生产者服务业（商务服务业）、物流业、信息技术产业、金融业、旅游业、体育休闲产业、教育医疗服务部门等。各服务行业部门具体发展对策见书稿。

见解七：21 世纪初期，中国服务业内部结构优化的难点是体制与政策障碍。破解体制与政策障碍，方能突破难点，促进服务业结构优化。

第五节　相关问题的说明

服务业结构分析必然要涉及到服务业的分类，只有首先了解服务业内部的分类状况，才能在此基础上对服务业结构作深入分析。本节首先对这一问题作一说明。

一、关于服务业分类及根据属性进行归类的说明

（一）联合国与中国产业分类体系对服务业的分类

1. 联合国的国际标准产业分类（ISIC）

联合国于 1958 年制定产业分类标准（ISIC），1968 年对此标准作了修正，但仍保留 1958 年的基本框架，1990 年又在 1968 年基础上作了再一次修正。联合国 1968 年、1990 年的标准产业分类见表 1 - 1 与表 1 - 2。

表 1 - 1　联合国的国际标准产业分类体系（ISIC，1968）对服务业的具体分类

编号	大类	编号小类	备注
6	批发零售贸易与旅馆酒店	61 批发贸易	
		62 零售贸易	
		63 旅馆酒店	
7	运输仓储与通讯	71 运输与仓储	
		72 通讯	指任何形式的信息传送服务，但不包括广播与电视（属于娱乐业）

续表

编号	大类	编号小类	备注
8	金融保险、房地产和商务服务	81 金融（不含保险）	
		82 保险	
		83 房地产与商务服务	商务服务包括法律、会计、信息处理、工程、建筑和技术服务、广告等
9	社会社区与个人服务	91 公共行政与国防	
		92 卫生及相近服务	
		93 社会与相关社区服务	包括教育、科研、医疗卫生、福利、宗教、劳工联合会等各种社会团体
		94 娱乐与文化服务	
		95 个人与家庭服务	
		96 国际与其他跨国组织	

资料来源：United Nations，2000：International Standard Industrial Classification，New York：United Nations Publishers.

表 1-2   联合国的国际标准产业分类体系（ISIC，1990）对服务业的具体分类

编号	大类	编号小类	备注
G	批发零售贸易；机动车摩托车与个人家庭用品修理	50 机动车摩托车的销售、维修；汽车燃料零售	
		51 批发贸易（不含机动车摩托车）	
		52 零售贸易（不含机动车摩托车）；个人家庭用品修理	
H	旅馆酒店	55 旅馆酒店	
I	运输仓储与通讯	60 陆地与管道运输	
		61 水路运输	
		62 航空运输	
		63 交通附属；旅游机构（不含酒店）	
		64 邮政与电信	
J	金融中介	65 金融中介（不含保险与养老组织）	
		66 保险与养老组织	
		67 金融中介附属	

编号	大类	编号小类	备注
K	房地产、租赁与商务活动	70 房地产	
		71 机器设备与家庭个人用品租赁	
		72 计算机和相关活动	
		73 研究与发展	
		74 其他商务活动	74 包括法律、会计、咨询、工程、建筑和技术服务、广告等
L	公共行政与国防；社会保障	75 公共行政与国防；社会保障	
M	教育	80 教育	
N	医疗与社会工作	85 医疗与社会工作	
O	其他社会社区与个人服务	90 污水垃圾处理	
		91 社会团体	
		92 娱乐文化体育	
		93 其他服务	93 包括洗衣、美容美发、燃料及相关服务等
P	家庭雇佣服务	95 家庭雇佣服务	
Q	跨国组织团体	99 跨国组织团体	

资料来源：同上。

1990 年版与 1968 年版对比可以发现，原 1968 年版属于小类在 1990 年版均成为大类，如旅馆酒店、房地产与商务服务、公共行政国防与社会保障、家庭雇佣服务等，原属 1968 年版小类"社会与相关社区服务"中的子类"教育"、"医疗"均成为 1990 年版的大类，这反映出此类产业随着经济社会进步日益显现其重要性。1968 年与 1990 年还有一些细微区分，不一一描述。

2. 中国的产业分类体系对于服务业的具体分类

我国在 20 世纪 90 年代公布了服务业分类行业的统计数据。90 年代至 2003 年之前，我国将服务业分为以下十一大类：地质勘查业与水利管理业；交通运输仓储与邮电通信业；批发零售贸易与餐饮业；金融、保险业；房地产业；社会服务业；卫生体育与社会福利业；教育、文化艺术和广播电影电视业；科学研究与综合技术服务业；国家机关、政党机关与社会团体；其他。2003 年 5 月，国家统计局公布了新的《三次产业划分界定》，该界定将服务业分为以下十五大类：交通运输、仓储和邮政业；信息传输、计算机服务与软件业；批发和零售业；住宿和餐饮业；金融业；房地产业；租赁和商务服务业；科学研究、技术服务和地质勘查业；水利、环境和公共设施管理业；居民服务和其他服务业；教育；卫生、社会保障和社会福利业；文化、体育和娱乐业；公共管理和社会组织；国际组织。新的服务业分类方法：更加注意按照不同服务业属性进行分类，分类更为细致、合理；而且，对于现在发达国家中处于主导地位而在我国还是新兴但具有很大发展潜力的服务业如信息传输、计算机服务与软件业与租赁、商务服务业给予高度重视，对这两类服务进行单列（两类服务业中多数行业归属于原先的社会服务业），这种调整顺应服务业结构的演变。

（二）按照服务业分支行业的不同属性对其进行归类

服务业中有众多的分支行业，为深入地研究服务业内部特征，有学者对服务业的分支行业按照不同属性进行了归类。

1. 依据服务行业形成发展时间顺序及效应分类的方法

凯图帧（M. A. KATOUZIAN，1970）将服务业归为三类：传统服务业（OLD SERVICES）、新兴服务业（NEW SERVICES）与补充性服务业（COMPLEMENTARY SERVICES）。传统服务业是指工业化之前即处于繁荣期，其重要性及对经济增长的贡献伴随着工业化进程深入而下降，这类服务业是指家庭与个人服务。新兴服务业是指工业化后期——工业产品大规模消费阶段以后出现的加速增长的服务业，包括现代教育、现代医疗服务、娱乐业等。补充性服务与生产的迂回化进程密切相关，即这类服务业发展与伴随工业化进程深化而产生的中间需求的增长关联性很强；而且这类服务发展与国内、国际市场一体化与城镇化也有较大关联。这类服务包括金融、交通、通讯和商业等。此种归类方法根据服务行业形成发展时间顺序及效应将服务业大致分成三类，在服务业的归类方面具有一定的借鉴意义，但服务业的类别名称有待商榷，如"补充性服务"，此名称有损此类服务业在产业中的地位，给人造成错觉——此类服务业在产业中地位不高、对经济发展的作用有限. 此外，商业在工业化之前就已繁荣过——15、16世纪的商业革命，这一点凯图帧并未指出。

2. 依据服务行业性质与市场化程度分类的方法

辛格曼（Joachim Singelmann，1978）提出下列归类法，见表1－3。

表 1 - 3   服务业依据服务行业性质与市场化程度进行归类

1. 流通服务	交通、仓储业
	通讯业、批发业
	零售业
	广告业以及其他销售服务
2. 生产者服务	银行、信托及其金融业
	保险业、房地产
	工程和建筑服务业
	会计和出版业、法律服务
	其他营业服务
3. 社会服务	医疗和保健业
	教育
	福利和宗教服务
	政府、邮政
	非营利机构
	其他社会社区个人服务
4. 个人服务	家庭服务
	旅馆饮食业
	修理服务
	娱乐休闲
	其他个人服务

资料来源：Joachim Singelmann，1978：From Agriculture to Service：The Transformation of Industrial Employment，New York：Sage Publication.

生产者服务与补充性服务性质一致，是指与社会分工深化、生产迂回化程度提升密切相关的服务，其性质是生产性服务。社会服务是指多由政府、社会组织提供的服务。此种归类方法依据服务行业性质与市场化程度将服务业归成四类，前两类服务更具生产性服务或生产资料型服务的性质，后两类服务多为（准）公共服务与市场化的生活服务。此方法在归类标准上具有一定的借鉴意义，但也存在不妥之处，个别行业的归类值得进一步推敲：如将广告业以及其他销售服务归为流通服务，将既为消费者服务又为生产者服务的金融业、出版业单纯归为生产者服务，再如政府、邮政归入社会服务。

3. 依据服务对象及提供服务的主体分类的方法

格鲁伯和沃克（Herbert G. Grubel & Michael A. Walker，1993）依据服

务对象及提供服务的主体将服务归为三类：消费者服务、生产者服务、政府服务。消费者服务是指用于最终消费支出的消耗性服务，如餐饮、娱乐、个人及家庭服务等。政府服务是指发生在公共教育、医疗、福利、国防、司法及其他政府系统的消耗性服务。生产者服务，亦称作中间投入服务，它不是被消费者所购买或被政府提供的服务，而是包括会计、金融、广告、保安、仓储等内容专业服务、企业服务。此种归类方法按服务的不同性质将服务归成三类，思路较为清晰，具有一定的借鉴意义．但也存在一定问题，如商贸等服务将其完全归为消费者服务或完全归为生产者服务，都不合适，如对其按照批发贸易、零售贸易进行具体拆分、分别归类，又往往因统计数据欠缺的缘故难以如愿。

中国国家统计局以及国内学者亦对服务业作了归类。

4. 国家统计局四层次归类法

国家统计局（1985）将服务业划分为四个层次：（1）流通部门：交通运输业、邮电通讯业、商业饮食业、物资供销和仓储业；（2）为生产和生活服务的部门：金融保险业、地质普查业、信息咨询业、技术服务业、房地产业、公用事业、居民服务业、旅游业等；（3）为提高科学文化水平和居民素质服务的部门：教育、文化、广播电视事业、科学研究事业、卫生、体育和社会福利事业等；（4）为社会公共需要服务的部门：国家机关、政党机关、社会团体，以及军队和警察。

5. 依据服务产品用途的归类方法

李江帆（1990）认为，可借助马克思两大部类理论的思想将服务归并成两大类：主要满足生活需要的服务和主要满足生产需要的服务，前者称为服务型消费资料或消费资料型服务、服务消费品，后者称为服务型生产资料或生产资料型服务、生产性服务。相应地，服务业归并为两大类：生活服务业与生产服务业。

李江帆依据服务产品用途的归类方法，根据不同服务（部门）的功用、意义对服务业作了分类，归类标准明确、类别外延清晰，具有较重要的借鉴意义。只是在现实操作中此方法的运用存在一定难度：如金融保险业与房地产业等服务业，即涵盖满足生活需要的服务又涵盖满足生产需要的服务，此种服务业究竟应划归生活服务业，还是应划归生产服务业，成为现实的难题。

6. 依据交易费用思想与服务需求类型的归类方法

黄少军（2000）提出以下归类方法，见表1-4。

表 1 - 4　　　　　　服务业依据交易费用思想与服务需求类型进行归类

经济网络型服务	物质网络	交通仓储　批发零售　广告业
	资本网络	银行、保险、信托等
	信息网络	通讯业、出版业
最终需求型服务	个人服务　家庭服务　娱乐休闲　旅馆饮食　其他个人服务　房地产	
	社会服务　医疗保健　教育　福利　宗教　邮政　其他专业化服务	
生产者服务	工程和建筑服务业、RD、设计、信息处理等其他经营服务	
交易成本型服务	政府服务	
	企业服务　会计、法律服务、管理服务	

资料来源：黄少军：《服务业与经济增长》，经济科学出版社 2000 年版。

　　黄少军依据交易费用思想与服务需求类型的服务业归类法比较细致，但存在缺陷，即存在一个以上的归类标准，最终需求型服务与生产者服务采取满足需要类别的标准，经济网络服务、交易成本服务采取的又是另外两个标准，此归类法违反形式逻辑，造成不同类别服务业外延上交叉，如企业服务既属于交易成本服务，也属于生产者服务。

　　上述服务业归类方法在归类标准上都具有一定参考价值，但鉴于服务业分支行业繁多、性质复杂，归类方法通常是粗线条的：分支行业繁多、属性复杂，要将服务业完整归类就必须确立较多条归类标准，而这又极有可能会违反形式逻辑——造成上文提及的不同类别服务业外延上交叉的问题；有些服务业属性复杂，如金融保险业与房地产业等服务业，即涵盖满足生活需要的服务又涵盖满足生产需要的服务，如按生活服务业与生产服务业的标准进行划分，这类服务业的归属亦成问题。鉴于上述原因，服务业的归类通常是粗线条的，都会存在一定程度的缺陷。

二、其他问题的说明

　　为对一国产业结构与经济发展状况作全面了解，本书在研究服务业结构之前，通常会对三大产业产出结构与就业结构即对三大产业产出占 GDP 比重及其就业占全社会就业比重的变化趋势作简要分析。第一产业、第二产业、第三产业又分别被称为广义的农业（含种植业、林业、牧业和渔业等）、广义的工业（含采掘业、制造业、电煤水的生产和供应业、建筑业等）、广义的服务业（除广义农业、工业之外的其他所有行业的总称）。为求表述简洁，本书将第一、二、三产业简称为农业、工业、服务业。

为求表述简洁，服务业内部的批发零售商业旅馆酒店业、运输仓储业与通讯业、金融保险业房地产业与商务服务业在本书中有时会采取简称，上述服务业依次简称为商旅、运通、金保房商。

为明晰概念，以下分支服务业的内容需作解释。（1）商务服务是指与企业经营活动有关的服务，包含会计、审计、信息处理、工程、技术服务、广告以及资本品出租服务等内容，即以知识、技术密集型的生产性服务为主要内容。（2）社会社区个人服务则主要涵盖教育医疗服务、娱乐文化服务、家庭与个人服务，福利、宗教和社会团体亦划归社会社区个人服务之列，只是不少国家对福利宗教社会团体服务未作统计，有的国家的统计资料还将政府服务划归此列。（3）中国统计年鉴中的社会服务包括公共设施服务、居民服务、旅馆业、租赁服务、娱乐服务、旅游业、信息咨询服务、计算机应用服务、其他社会服务。中国的"社会服务"除包括居民服务、公共设施服务、娱乐休闲服务外，还包括知识技术密集型生产性服务在内，如信息咨询、计算机应用、法律、审计等服务。其外延与发达国家、发展中国家的"社会社区个人服务"（主要包括教育医疗服务、娱乐文化服务、个人家庭服务）的外延不尽相同，但都包含共同内容——居民（个人家庭）服务与娱乐文化（旅游）服务，一定程度上可以进行比较。

第二章

机理分析的理论基础：分工与交易费用的思想及两者之间的关联

第一节 分工（专业化）与交易费用的含义

一、分工与专业化的含义及效应

生产分工与专业化生产是指生产方式。生产方式，微观意义上，即为人们进行生产活动时的行为方式，即人们为了进行生产，依照生产技术（即生产资料，特别是生产工具）情况和需要形成的劳动的分工和协作关系[①]。分工与专业化是一个事物的两个方面。专业化是指一个人或组织减少其生产活动中的不同职能操作的种类或将生产活动集中于较少的不同职能的操作上。分工是指两个或两个以上的个人或组织将原来一个人或组织生产活动中所包含的不同职能操作分开进行。专业化和分工越是发展，一个人或组织的生产活动越集中于更少的不同职能操作上。

分工与专业化是经济发展的主要线索。从分工与专业化的视角进行分析，经济发展的进程大致可分为部门专业化、产品专业化、零部件专业

---

① 盛洪：《分工与交易》，上海人民出版社 1994 年版。

化、工艺专业化与生产者服务专业化五个阶段。分工与专业化的效应分为直接与间接两类。直接效应是指采用一定程度分工和专业化的生产方式，较采用此种方式之前可带来生产效率提高或生产资源节约。间接效应是指分工与专业化的发展为生产方式的其他创新提供条件，而对这些创新生产方式的采用会促使生产效率提高或生产资源节约。

分工与专业化的直接效应体现为五个方面。

第一，分工和专业化使劳动者愈来愈将其生产活动集中于较少的操作上，能够较快地提高其生产熟练程度。正如亚当·斯密所言："分工实施的结果，各劳动者的业务，既然终身局限于一种单纯操作，当然能够提高自己的熟练程度"[1]。

第二，分工与专业化会使生产劳动者节约或减少因经常变换工作或变换生产活动中不同操作而损失的时间。此方面的节约"比我们骤然看到时所想象的大得多"[2]。

第三，分工与专业化发展，使得劳动者节约生产时使用的物质生产资料。这是因为专业化可使生产者个人减少所要准备的工具数量，也使生产者节约或更有效地利用工作场所。

第四，分工与专业化使人们的工作在既定技术水平条件下变得更加简单。

第五，专业化发展可以降低企业管理工作的复杂程度，提高企业管理效率。

分工与专业化的间接效应体现如下：

第一，技术进步。分工与专业化的发展，使得人们将注意力集中在更窄的生产领域，因而容易产生技术创新；另一方面，由于分工与专业化使得劳动与生产者的操作越来越趋向简单和单调重复，为采用机器代替人工创造条件，因此引致技术进步。此外，大批量生产为采用高效率机器设备提供前提。

第二，促进迂回生产方式的发展。由于分工与专业化促进生产工具的变革即机器设备的发展，必然增大对机器设备的需求。生产工具变革愈是发展，生产工具的种类愈多；与此同时，对生产资料的生产会发生分工和专业化不断发展的趋向，会出现生产机器设备的机器设备，必然会有对此种机器设备的生产及其专业化分工，生产活动因此越来越迂回，从而促进

---

①② 亚当·斯密：《国民财富的性质和原因的研究》，商务印书馆1981年版。

生产力水平提升。

第三，促进投资方式的出现和发展。分工与专业化发展促进机器设备的采用和迂回生产方式的发展，即等于促进投资方式的发展，因为在生产中采用机器设备和实现迂回生产必然要通过投资方式。分工与专业化越是发展，生产过程越会变得迂回，生产设备越会繁多和复杂，投资方式周期越有可能加长。现代生产方式的一个特点，就是大规模的长期投资。

正因为分工与专业化具有显著的直接效应与间接效应，所以分工成为经济增长的源泉（笔者注：斯密观点）。还须提及的是，技术进步、迂回生产、大规模长期投资与分工、专业化，构成现代生产方式的几个重要特征。现代生产方式的主线仍是分工与专业化，其他特征，如技术进步、迂回生产、大规模长期投资或多或少与分工、专业化相伴而生。

二、交易费用的含义

科斯在其经典论文《企业的性质》中提出"交易费用"这一革命性的概念。关于这一概念，科斯并未给出严格的定义。他认为，交易费用是"通过价格机制组织生产的费用，最明显的就是发现相对价格的费用"[①]。他将交易费用的内容分成三部分：一是交易准备阶段的费用，包括获得和处理市场信息的费用，搜集有关价格分布、产品质量与劳动投入、寻找潜在买者与卖者、了解他们行为与所处环境的费用；二是交易活动进行时所发生的费用即指谈判与签约费用，包括讨价还价、订立合约、监督合约签订者，了解其是否遵守合约条款，在对方逃避责任时强制执行合约，并检查造成的损失等一系列过程中发生的费用；三是因未来不确定性与风险预测困难而引起的费用，即其他不利因素所引致的费用。科斯将交易费用引入经济理论体系中，创建了交易费用学说。交易费用理论具有强烈的解释性，作为新制度经济学重要分支，发展迅速，并形成与交易费用密切相关的一系列重要的经济学理论，如团队生产理论、产权与国家理论、委托—代理理论、市场信息不对称理论与超边际分析理论等。

尽管交易费用这一概念自诞生以来获得广泛应用，经济学家对交易费用作出实质性含义相同或相近的解释，但遗憾的是，至今对这一概念未给

① Coase，Ronald，1988：The Nature of the Firm，In Coase，The Firm，the market，and the Law，Chicago：The University of Chicago Press.

出统一的界定。除上文提及的科斯的最初解释外，其他重要的新制度经济学家对这一概念给出他们的认识。阿罗认为交易费用是经济制度运作的成本。威廉姆森将交易费用区分为事先与事后的，事先交易费用是指草拟合同，将合同内容进行谈判以及确保合同得以履行所付出的成本；事后交易费用包括由于交易行为偏离合作方向而带来双方不适应的成本、讨价还价成本、为解决合同纠纷和建立治理结构的成本以及为保证各种承诺得以兑现所付出的成本。张五常认为，交易费用包括一切不直接发生在物质生产过程中的成本，是在"鲁滨逊"经济中不存在的成本①。巴泽尔将交易费用定义为转让、获取和保护产权有关的成本。埃格特森将交易费用界定为个人交换他们对于经济资产所有权和确立他们的排他性权利的费用②。

上述分析表明，可从市场交易、制度运行、产权界定与运作等方面对交易费用进行界定。尽管新制度经济学未对交易费用作出统一界定，但不可否认，交易费用对于现实事物具有强烈的解释力，在经济学、政治学等人文社科领域被广泛运用。

本书拟借助交易费用与分工的经济学思想，对流通服务业、生产者服务业、政府部门等分类服务部门发展趋势的内在机理作出剖析。在阐述分工与交易费用的涵义之后，还需揭示分工与交易（费用）之间的关系，拟为分类服务部门发展趋势的机理分析奠定理论基础。

第二节 分工与交易（交易费用）宏观与微观层面的关联

一、宏观层面：分工与交易（市场）相互促进以及工业化与市场化相辅相成、相互促进

（一）斯密定理与杨格定理：分工与市场（交易）之间互为条件、相互促进

关于分工与市场交易的关系，亚当·斯密早已作出回答，他的观点明

---

① 张五常：《交易费用的范式》，载《社会科学战线》1999 年第 1 期。
② 张计划：《论交易费用的涵义、功能与理论启示》，载《当代财经》2007 年第 3 期。

确体现在《国富论》第三章的标题上"分工受市场范围的限制"。斯密定理的具体含义是，只有当对某一产品或服务需求随市场范围扩大增长至一定程度时，专业化的生产者才能实际出现和存在。随着市场范围扩大，分工和专业化程度不断提高。反之，如果市场范围没有大到一定程度，即需求没有多到使专业生产者的剩余产品能够全部卖出时，专业生产者不会实际存在。简言之，斯密定理的实质表述如下：市场范围的扩展是分工发展的必要条件。

杨格（Young，1928）亦对分工与市场的关系作出阐述。他的思想体现为杨格定理，包含以下内容：递增报酬的实现取决于分工的进化；不仅分工取决于市场的大小，市场的大小同样取决于分工；需求与供给是分工的两个侧面。杨格定理表明，较广阔的市场是与较高的分工水平相匹配的，如果没有较高的分工水平，则较广阔的市场则不可能长期存在。

斯密定理与杨格定理表明：分工与市场（交易）之间是互为条件、相互促进的关系。

还需要提及的是，市场范围的大小除取决于分工这一重要因素，还取决于交易费用这一因素。在生产率既定的情况下，交易活动的空间范围取决于交易活动的单位费用，即交易的空间扩张的历史，就是单位交易费用不断降低的过程。既定的单位交易费用决定既定的市场交易边界。交易费用的降低，又取决于交易技术、社会经济状况与交易方式（制度安排）的影响。道路的开通、运输工具的发展、通讯手段的进步和数据处理技术的创新都是交易技术导致交易费用下降的显著例证。社会经济状况导致交易费用下降的显著例证是人口的增长。人口增长的直接后果是人口密度的增大，使得进行交易的人与人之间的距离变短，从而节约交易费用。另一对交易费用下降、交易效率提升产生重大影响的因素便是交易方式（制度安排）。定期集市、货币的出现及推广使用、商人以及商业企业等一系列重要的交易方式（制度安排）极大地提升交易效率，减少了交易费用。总之，交易技术的进步、社会经济状况的改善、交易方式（制度安排）的革新从促进交易效率提升、费用下降，使得市场交易范围不断拓展。

（二）工业化与市场化的关联——分工两方面体现即生产活动与交易活动的关联

分工和专业化是经济发展的主要线索，分工和专业化必然包含两方面的关系：一方面是人与自然关系，表现为生产活动；另一方面是人与人关系，表现为交易活动。分工与专业化的重要经济意义在于技术的进步与迂回生产方式的发展（即不直接生产消费资料，通过生产生产资料从而生产更多的消费资料），产业技术革命及随之的工业进程深化、工业增长即为体现。即工业增长、工业化是分工和专业化在生产活动方面程度趋深的具体体现。分工和专业化在交易活动方面程度趋深的具体体现是市场深化——交易范围扩大、交易效率提高。从此意义上分析，作为分工与专业化程度两个方面的工业化与市场化之间必然相辅相成，相互促进、相互制约，缺少任何一方面，分工与专业化程度不可能趋深，经济不可能长远发展。譬如，假设市场规模狭小、交易效率低下，即使工业有一定程度增长也因受制于市场因素而不会长远。反之，市场广阔、需求旺盛，交易成本降低，则能较大程度促进工业生产与工业经济增长。欧洲工业化之前经历的商业革命，主要体现为：商业范围从地中海扩大展到大西洋以及世界各地，商业额与商品种类大增；民族国家兴起，全国性市场形成，国内关卡被撤除，商情灵通便利；近代信用制度建立，国家银行、商业银行、保险公司及交易所等金融机构成立，支票、期票等信用工具广泛使用，给予工商业与市场经济发展莫大便利。商业革命较大程度促进市场化进程，广阔的国内外市场、较高的交易效率与较低的交易成本无疑为欧洲工业革命、工业化进程深化及工业快速增长奠定良好基础（详见本章附录）。欧美工业化进程中，伴随工业增长的商业发展、市场拓展、世界市场形成，亦成为工业与现代经济增长得以实现的保证。与此同时，数次的产业技术革命与社会化大工业生产的形成亦使市场范围的拓展成为必需。工业化与市场化由此形成良性互动关系。

二、微观层面：企业的边界——基于交易费用与分工的思想

科斯在《企业的性质》一文中指出，人们借助"市场"组织经济生活、配置经济资源虽然卓有成效，但利用市场机制同样有代价，即客观上存在市场交易费用。企业存在理由在于节约交易费用，即企业的性质体现为节约交易费用的市场的替代。企业替代市场，企业组织的费用不可避免增加，因而企业的最佳规模取决于两种费用边际上的比较。即企业的规模边界处于企业内交易的边际费用等于市场交易的边际费用的那一点上。

基于交易费用理论，我们认为，如果企业自我生产产品或服务的费用大于将产品或服务外包生产后、将其购回的费用，企业就会选择将产品或

服务外包生产后将其购回，而不是自我生产提供的方式。从历史发展来看，企业的发展历史即为多次选择外包生产与向外购买产品服务，从而不断缩小规模边界的进程，从社会分工与专业化的角度看体现为分工与专业化的演进。首先是产品专业化，即以完整的最终产品为对象的专业化；其次是零部件专业化，即企业仅生产某种最终产品的一部分；再次是工艺专业化，即专业进行产品或零部件生产的一个工艺过程；最后是生产者服务专业化，即直接生产过程之外，又为生产过程服务的那些职能的专业化。

借助分工与交易费用的思想，下章将对流通服务业、生产者服务业与政府部门发展趋势的内在机理进行剖析。

第三节 小 结

分工与专业化是经济发展的主要线索。分工与专业化是指生产方式，其效应分为直接与间接两类。直接效应是指采用一定程度分工和专业化的生产方式，较采用此种方式之前可带来生产效率提高或生产资源节约。间接效应是指分工与专业化的发展为生产方式的其他创新提供条件，而对这些创新生产方式的采用会促使生产效率提高或生产资源节约。分工与专业化的间接效应主要体现为技术进步、促进迂回生产方式发展、促进投资方式出现和发展。

自从科斯将"交易费用"这一概念引入经济理论体系、创建了交易费用学说以来，交易费用理论就因其较强的现实解释力，作为新制度经济学重要分支，发展迅速，并形成与交易费用密切相关的一系列重要的经济学理论，如产权与国家理论、委托—代理理论等。新制度经济学从市场交易、制度运行、产权界定与运作等方面对交易费用进行界定，尽管未作出统一界定，但此概念仍因其较强的现实解释力，在经济学、政治学等人文社科领域获得广泛运用。

分工与交易（交易费用）的关联体现在宏观与微观两方面。宏观层面，分工与交易的关联通过斯密定理与杨格定理展现，其思想是分工与市场相互制约、互为前提条件。交易市场范围的大小除取决于分工这一重要因素，还取决于交易费用这一因素。交易技术的进步、社会经济状况的改善、制度安排的革新促进交易效率提升、交易费用下降，使得市场交易范围不断拓展。宏观层面还体现为工业化与市场化的关联。工业化与市场化分别是分工的两面即生产活动与交易活动深化的体现，工业化与市场化之间相辅相成，相互促进、相互制约，缺少任何一方面，分工与专业化程度不可能趋深，经济不可能长远发展。微观方面的关联，体现为企业的边界变化，需借助分工与交易费用的思想进行分析。基于交易费用理论，如果企业自我生产产品或服务的费用大于将产品或服务外包生产后、将其购回的费用，企业就会选择将产品或服务外包生产后将其购回，而不是自我生产提供的方式。从历史发展来看，企业的发展历史即为多次选择外包生产与向外购买产品服务，从而不断缩小规模边界的进程，从社会分工与专业化的角度看体现为分工与专业化的演进，即从产品专业化至零部件专业化，再至工艺专业化最后至生产者服务专业化。

第三章

分类服务行业部门发展
趋势的内在机理
——基于分工与交易费用的思想

第一节 流通服务业发展趋势的内在机理分析

广义的流通服务业通常包括交通运输业、物质供销和仓储业、批发零售商业、饮食业。本书将饮食业归入消费者服务业，留待后文分析。所以本书所指的流通服务业是狭义的，主要包括商业与运输仓储业。本书将分别分析不同发展阶段的流通服务业发展趋势的内在机理。

一、工业化初期与中期流通服务业发展趋势的内在机理

（一）流通服务业具有网络效应性质

流通服务业具有网络效应性质。具备网络效应性质的服务行业有商业、交通运输、金融保险与电讯。此四业促使社会化大生产成为持续不断的"流"——商流、物流、资金流、信息流交织、持续运行，经济运行中四业在需求与高度分工的劳动之间扮演衔接、融通的角色，据此意义，将四业称为网络效应型服务业（包含属流通服务业的商业与运输业）。网络效应型服务业具有社会基础设施的性质，具有很强的外部经济性。此性质不仅体现为其扮演经济运行的衔接、融通的重要角色，更为重要的是，此类服务业可通过降低交易费用达到降低分工成本目的从而推动分工深化与市场深化。（1）交通运输业革命——交通运输工具革新、运输网络的完善

极大地降低交易费用、提高交易效率，增加生产者与消费者剩余，更重要的是将原先自足自给经济纳入市场交易范围中，从而拓展市场。因此交通部门往往成为工业化过程中的先导部门，成为现代经济增长中最富有生气的部门①。（2）电讯业技术的发展加速提高信息传输速度、缩短交易时间，从而促使交易效率得以提高。（3）批发商、零售商、外贸商、诸多专业化的商业经营业态在信息的集中收集与整理、交易程序化与秩序化、规模经济性、市场细分与契合性等诸多方面体现交易费用降低与效率提高。（4）商业银行、投资银行、资本市场、货币市场、外汇市场等金融新生事物的发展促进金融资源的交易和优化配置，提升交易效率、极大节约交易费用。

　　从另一角度看，外部性（外溢效应）还体现为网络效应型服务业与分工的两方面体现——工业化、市场化的密切关系上。

（二）工业化初中期，网络效应型服务业（含流通服务业）与工业化、市场化之间的密切关系

　　世界经济史资料（见本章附录）表明：欧洲工业化之前，网络效应型服务业中的商业、运输、金融保险三业已有相当基础——商业历经革命、近代金融业已经发端；欧美工业化进程中，伴随工业增长，三类服务业发展迅速——交通运输业突飞猛进、商业与金融业亦有相当发展。网络效应型服务业与工业化之间的密切关系并非偶然，借助关于分工与交易成本的经济学思想，可以证实：工业化初期与中期，网络效应型服务业其与工业增长、市场深化三者之间存在相辅相成的关系——相互促进、相互制约。

1. 工业增长（工业化）与市场深化（市场化）相辅相成、相互促进

　　分工和专业化是经济发展的主要线索。分工和专业化必然包含两方面的关系：一方面是人与自然关系，表现为生产活动；另一方面是人与人关系，表现为交易活动。分工与专业化的重要经济意义在于技术的进步与迂回生产方式的发展（即不直接生产消费资料，通过生产生产资料从而生产更多的消费资料），产业技术革命及随之的工业进程深化、工业增长即为体现。即工业增长是分工和专业化在生产活动方面程度趋深的具体体现。分工和专业化在交易活动方面程度趋深的具体体现是市场深化——交易范围扩大、交易效率提高。从此意义上分析，作为分工与专业化程度两个方

---

① 西蒙·库兹涅茨：《现代经济增长》，北京经济学院出版社 1989 年版。

面的工业增长与市场深化之间必然相辅相成，相互促进、相互制约，缺少任何一方面，分工与专业化程度不可能趋深，经济不可能长远发展。譬如，假设市场规模狭小、交易效率低下，即使工业有一定程度增长也因受制于市场因素而不会长远。反之，市场广阔、需求旺盛，交易成本降低，则能较大程度促进工业生产与工业经济增长。欧洲工业化之前经历的商业革命，主要体现为：商业范围从地中海扩大展到大西洋以及世界各地，商业额与商品种类大增；民族国家兴起，全国性市场形成，国内关卡被撤除，商情灵通便利；近代信用制度建立，国家银行、商业银行、保险公司及交易所等金融机构成立，支票、期票等信用工具广泛使用，给予工商业与市场经济发展莫大便利。商业革命较大程度促进市场化进程，广阔的国内外市场、较高的交易效率与较低的交易成本无疑为欧洲工业革命、工业化进程深化及工业快速增长奠定良好基础。欧美工业化进程中，伴随工业增长的商业发展、市场拓展、世界市场形成，亦成为工业与现代经济增长得以实现的保证。与此同时，数次的产业技术革命与社会化大工业生产的形成亦使市场范围的拓展成为必需。工业化与市场化由此形成良性互动关系。

2. 市场深化与网络效应型服务业发展相辅相成、相互促进

市场深化表现为交易效率提高（交易费用减少）、交易范围拓展。商业、交通运输、金融保险、电讯此类网络效应型服务业在降低交易费用、提高交易效率进而推进市场化进程方面将发挥至关重要的作用。交通运输业革命——交通运输工具革新、运输网络的完善极大地降低交易费用、提高交易效率，增加生产者与消费者剩余，更重要的是将原先自足自给经济纳入市场交易范围中，从而拓展市场（如美国西部开发与经济腾飞极大地归功于铁路、交通建设）。因此交通部门往往成为工业化过程中的先导部门，是经济起飞阶段最为有力推动因素、在经济起飞时发挥关键作用[1]，亦是现代经济增长中最富有生气的部门。网络效应型服务业中，电讯业技术的发展加速提高信息传输速度、缩短交易时间，从而促使交易效率得以提高。交易费用的降低、交易效率提高还受交易方式（制度安排）的影响。网络效应型服务业发展将会促进交易方式（制度安排）改进。就产品交易而言，定期集市、货币化、商人以及商人之间的分工——零售商、批

---

① Rostow, W. W., 1960：The Stages of Economic Growth：A Non - Communist Manifesto, London：Cambridge University Press.

发商、外贸商等、商业企业、大型商社等商业经济形式的演进与发展无一不是对交易方式的重大促进，这些商业形式（组织）在信息的集中收集与整理、交易程序化与秩序化、风险分散、规模经济性等诸多方面体现交易费用降低与效率提高。就生产要素交易而言，个人金融家、商业银行、股票市场、联行制度等金融经济发展促进金融资源的交易和优化配置，提升了交易效率。上述交易方式的改进也可以视为社会分工和专业化形态的进一步深化，体现为服务部门的独立与形成发展，它是指处于直接的实物生产过程之外但又为实物生产过程服务的那些职能的专业化，这些职能逐渐与实物生产阶段相分离、采取独立化的形态经营，表现为商业、金融、运输、电讯等行业的形成、发展，形成专业化经济的系列分支，从而促进社会分工深化。因此在市场深化与分工深化进程中，网络效应型服务业比重愈趋增大。

3. 工业增长与网络效应型服务业发展相辅相成、相互促进

上文分析表明，网络效应型服务业发展促进市场深化，而市场深化又对工业增长产生促进作用，因此，网络效应型服务业发展必然促进工业增长，这是其发展对工业增长的间接作用。网络效应型服务业对工业增长的直接影响表现如下：现代生产方式表现为工业生产的集中性与消费需求（空间、时间）分散性，这必然需要交通运输业与商业等具有经济网络性质的服务业予以衔接、融通，否则社会化大生产无法顺畅、持续运行。从其直接影响可以看出，交通运输业、商业、金融业等网络效应型服务业促使社会化大工业生产成为持续不断的"流"——物流、商流、资金流交织、持续运行，在经济运行中扮演衔接、融通的角色，在促进工业增长、发展方面发挥无可替代的作用。因此，工业化进程中，网络效应型服务业发展迅速。

正因为工业化初中期，具有网络效应性质的流通服务业与工业化、市场化之间存在相辅相成、相互促进的关系，所以这个时期，流通服务业居于服务业的主导地位，其占整体服务业产出与就业比重必呈上升趋势。而在工业化中后期及后工业社会时期，这一趋势发生了变化。其内在机理分析如下。

二、流通服务业工业化中后期及后工业社会时期发展趋势的内在机理

（一）工业社会化大生产产能过剩影响流通服务业增长

工业化中后期，工业社会化大生产已形成极强的制造能力，短时期内

能生产、复制大量标准化产品，而需求受多种因素影响、呈现周期性不稳定，因此，工业产能相对于需求会呈现周期性过剩状况，由此必然影响与工业产品生产、流通密切相关的运输仓储、商业两业的增长，其增长速度较工业初中期减缓，占 GDP 的比重趋于下降。

（二）服务业比重增大、工农业比重相对减少影响流通服务业增长

工业化后期及后工业社会时期，服务业在社会经济发展的条件下，就业比重与产出比重都趋于增大。服务比重增大律是基本经济规律之一。三大产业中服务业比重增大，工农业比重必然减少，商业与交通仓储业与工农业产品的流通与运输密切相关，由此深受影响，导致流通服务业占 GDP 与占全社会就业的比重趋于下降。

（三）新兴服务行业的形成、发展导致流通服务业占服务业比重相对下降

工业化后期及后工业社会时期，伴随社会分工深化、经济发展水平提高，新兴的生产者、消费者服务业亦随之形成、发展，服务业内部，体现为新兴的、产业化的生产者、消费者服务业愈趋发展壮大、占服务业比重逐步提升。而商业、运输业是服务业中最早形成、发展起来的分支服务行业：以我国为例，我国的商业与交通运输业早在夏、商时期就已产生，至西周初期，已全部形成了。可见，流通服务业作为最早形成、发展起来的分类服务业，伴随新兴服务行业部门愈趋增多，其占服务业的比重必然呈现下降趋势。

需要提及的是，网络效应型服务业中，金融保险业、电讯业的发展趋势与运输、商业两业的趋势不同。

金融保险业、电讯业与工农业产品生产、流通的关系不如商业、运输两业密切，且即便工业生产出现产能过剩的局面，金融保险业、电讯业受到一定的冲击，但因两业不仅与工农业生产、流通相关，还与服务生产、交易存在密切关系。伴随国民经济软化趋势，服务生产、交易的规模与比重逐步增大，作为投融资载体的金融保险业亦会随之发展，以此弥补因工农业生产比重下降而对其造成的冲击。此外，现代金融保险业、电讯业与近代金融保险业、通讯业在交易内容与方式上存在很大不同，现代金融保险、电讯业可视为新兴服务业、具有很大的发展潜力，其通过不断的制度

创新促进交易效率提高（交易费用减少）、交易范围拓展，从而推进市场化进程，市场化进程深化又会推动两业进一步发展。因此，两业的发展趋势不同于商业、运输两业：伴随经济发展水平提高、市场化进程深化，现代金融保险业、电讯业会保持强劲的发展势头，而与工农业生产、流通存在十分密切关系的商业、运输两业工业化中后期及后工业社会时期则随着工业化成熟度提高、工业产能过剩及国民经济"软化"趋势出现增长放缓、占服务业增加值的比重下降的情形。

第二节　生产者服务业发展趋势的内在机理分析

生产者服务（producer services）是指那些被其他商品和服务的生产者用作中间投入的服务。生产者服务又称生产性服务，生产者服务业则是生产者服务企业的集合体。从外延角度看，生产者服务包括：与资源分配、融通相关的活动，如金融、猎头、培训等；产品与流程设计及与创新相关的活动，如研发、设计、工程等；与生产组织和管理相关的活动，如信息咨询、信息处理、财务、法律服务等；与生产本身相关的活动，如质量控制、维持运转、后勤等；与产品的推广和配销相关的活动，如市场营销、广告等。

工业化中后期及后工业社会时期，生产者服务业将逐渐替代流通服务业成为服务业内部占据主导地位的服务部门，此趋势基于以下机理。

一、生产者服务是社会分工深化产物，其与分工专业化构成互动机制

生产者服务原先置于制造业企业内部，随着社会分工水平与专业化程度提升，生产者服务开始从原先的制造业企业中分离出来，成为独立的、专业化的服务企业，而原有的制造业企业则致力于生产制造环节，至于市场调研、产品设计、包装、储运、市场营销推广等生产者服务环节，制造企业转向向专业化的生产服务企业购买。20 世纪 80、90 年代欧美制造企业普遍出现生产者服务外置（outsourcing）[1]，即制造企业向外购买生产者

---

① Kenneth L Deavers，1997：Outsourcing：A corporate competitiveness strategy，not a search for low wages，Journal of Labor Research，Vol. 23，No. 4.

服务的趋势。由独立的生产者服务业企业向制造企业提供专业化的生产者服务，不仅可以提高生产者服务的质量与效率，而且可以使制造企业致力于其专业环节——生产制造、不至于因过多地涉足非核心环节而耗费过多的精力与资源，减少其在工资、福利和资本方面的支出，提高制造企业的运作效率。

　　生产者服务业形成与发展是社会分工深化的结果。随着企业面临的需求日益多样化以及竞争强度越来越高，追求专业化而不是范围经济，便成为企业普遍诉求的一个重要战略选择。原先作为企业内部的研发、设计、会计、营销、咨询等服务职能部门逐步分离出来，由独立的市场主体运作。生产者服务此种由"内在化"向"外在化"的演进趋势，是专业化分工逐步细化、市场化水平不断提高的必然结果。生产者服务从制造业分离的过程中，生产者服务的经营变得更加专业，创新的效率不断提高，规模经济得到显现，生产者服务得以迅速发展起来。社会分工不断深化、生产者服务业迅速发展的内在机制在于：分工产生的收益与产生的交易费用的比较。当分工的收益大于因分工而产生的交易费用时，分工便能实现并延续下去①。

　　生产者服务业是社会分工深化产物，其与分工专业化构成互动机制，从而提升生产力。奥地利学派认为，除了资本密集度提高能提升生产力外，生产过程的重组和迂回也是提高生产力的重要因素。因为更加迂回的生产过程不仅需要使用更为专业的劳动力与更多的资本，而且生产步骤的增加也增加了中间投入的数目最终提升生产力。生产者服务业实质上充当人力资本与知识资本的传送器，最终将这两种能大大提高最终产出的资本导入生产过程之中从而提升生产力②。换言之，可将生产者服务的提供者看作是一个专家集合体，这个集合体提供知识及技术，使生产迂回度增加，生产更加专业化、资本更为深化，并提高劳动与其他生产要素的生产力③。正如杨小凯的思想，经济效率越来越取决于在不同生产活动之间建立起来的互相联系，而不仅仅取决于生产活动本身的生产率状况，生产者服务正是通过建立此种联系对经济效率、生产力产生重要促进效应。

---

①　陈宪、黄建锋：《分工、互动与融合：服务业与制造业关系演进的实证研究》，载《中国软科学》2004 年第 10 期。

②　H. G. 格鲁伯、M. A. 沃克：《服务业的增长：原因与影响》，上海人民出版社 1993 年版。

③　薛立敏等：《生产服务业与制造业互动关系之研究》，台湾中华经济研究院 1993 年版。

二、生产者服务业是提升制造业竞争力的必要条件

（一）生产者服务业提高制造企业产前、产后环节的运作效率，降低交易费用

独立化、从原制造企业中分离出来的生产者服务因具有专业化优势而具有较高的运作效率，从而使制造企业的运作更具效率，并且能有效减少交易费用。制造企业产前的产品设计与技术研发交由专业化的生产者服务业从事，可为其较短时间内设计研发差异化、契合市场需求的产品；销售企业、销售市场（机构组织）还可自发提供关于市场需求的丰富资讯，从而较大程度降低制造企业的信息搜集费用，有利于企业生产适销对路的产品；独立销售企业、专业化销售市场（机构组织）专门从事制成品的大规模营销，比制造企业自身推销产品，无疑更具专业化优势，效率亦会更高；此外，人才、资金是制造企业最重要的两大要素，专业化的教育培训机构、金融机构可以提供高素质的技术、管理人才与充裕资金，成为企业长远发展必不可少的助推器。

（二）生产者服务业提升制造业的创新与学习能力，提升其知识技术密集度与竞争力

格鲁伯和沃克认为，生产者服务业是把社会中日益专业化的人力资本、知识资本导入商品和服务生产过程的飞轮，它在相当程度上构成这些资本进入生产过程的通道[①]。因此，它能够提高商品与服务生产过程的运营效率、经营规模及其他投入要素的生产率，同时增加其产出价值。换言之，生产者服务业之所以能提高制造业竞争力，是因为制造业所使用的生产者服务的投入中包含有大量的密集的人力资本、技术资本与知识资本，从而使制造业产出中含有更多的难以竞争和模仿以及持续创造价值的要素。

现代生产者服务业提高制造业竞争力，多因其中的高级生产者服务（Advanced Producer Services，APS）发挥的效应。APS 是由与知识生产、传播与使用密切相关的行业组成，它能提升制造业的创新与学习能力，提升其知识技术密集度与竞争力。APS 对于制造业竞争力提升的作用机理具

---

① H. G. 格鲁伯、M. A. 沃克：《服务业的增长：原因与影响》，上海人民出版社 1993 年版。

体体现如下：其一，APS 所围绕的各种产品研究与开发服务，如市场和定位调研服务、设计与创意服务、营销品牌推广服务等，都具有产品差别化与区分竞争对手的作用，从而强化企业的定价能力和控制市场能力；其二，制造企业在生产经营和资本经营中各类 APS 服务，如金融服务、企业管理咨询服务、法律和知识产权服务等，对于提高企业的战略清晰度、增加市场份额、扩张成长、释放规模经济效应等，具有决定性作用①。

（三）生产者服务构成制造企业价值链活动战略环节，为制造企业提供更多附加值

根据波特的价值链理论，价值链可以分为上下两部分。上部是支持活动，即企业的辅助性增值活动；下部是基本活动，即生产经营活动②。我们通常将企业的活动分为上、中、下游三个环节：产品研发、原料采购为上游环节；生产加工制造为中游环节；产品包装、仓储运输、营销推广、售后服务为下游环节。三个环节中，上、下游主要是生产者服务。波特认为，在企业价值链的运动过程中，并非价值链上的每一个环节都创造同等价值，企业所创造的价值主要来自于价值链上的某些特殊活动。这些创造较高价值的活动，就是企业价值链的战略环节。在市场竞争激烈、制成品标准化、同构化倾向明显的情况下，企业对加工制造环节的依赖性减少，生产者服务活动越来越具有战略环节的性质。上游的市场调研、产品研发设计等生产者服务环节可以协助企业找到目标市场、设计适销对路、差异化的特色产品，通过产品差异化策略构筑企业的竞争力。下游环节可通过产品包装、外观设计服务强化差异性，增强产品特色；亦可通过营销推广、售后服务巩固与顾客之间的关系，建立顾客同盟，从而强化企业的竞争力；还可凭借运输仓储、第三方物流等专业化的生产者服务提高运作效率、降低费用，从而为企业创造更多的附加值。总之，专业化的生产者服务通过构筑产品差异性、巩固顾客联盟、降低运作费用为集群内企业增强竞争力，这些服务环节已成为企业价值链活动的战略环节。

---

① 刘志彪：《发展现代生产者服务业与调整优化制造业结构》，载《南京大学学报（社科版）》2006 年第 5 期。

② 迈克尔·波特：《竞争优势》，华夏出版社 2002 年版。

三、生产者服务业是产业集群的构成要素和黏合剂，促进产业集群格局形成和集群升级

产业集群现已成为区域经济的重要增长极。关于产业集群的界定，学者们有不同见地。笔者认为美国竞争战略专家迈克尔·波特的观点较为科学。迈克尔·波特认为，产业集群是在既竞争又合作的特定领域内，彼此关联的公司、专业化供货商、服务供应商和相关产业的企业以及政府和其他相关机构（例如大学、规则制定机构、智囊团、职业培训机构以及行业协会等）的地理集聚体[1]。毋庸置疑，制造业企业是产业集群的重要组成部分，但需注意的是，生产者服务企业及机构组织亦是产业集群必不可少的构成要素。产业集群除包括生产制造部门、相关产业部门，还包括研究开发、市场促销、教育培训、融资等生产者服务企业与机构，它们是产业集群的支持机构，是产业集群重要的构成要素。如美国经济学家瑞德（Riddle，1986）所言，服务业（主要是生产者服务业，笔者注）是促进其他产业增长的过程产业（process industries）……是经济的黏合剂，是便于一切经济交易的产业，是刺激商品生产的推动力[2]。正是通过生产者服务业的黏合作用——生产者服务企业、机构与制造企业密切协同，才能构筑具有较高水准的社会化分工与协作体系、紧密联结为一体的产业集群。产业集群内，生产者服务业能提升制造业产前和产后的运作效率、提升制造业创新与学习能力、构成制造企业价值链活动战略环节，从而提升制造业的竞争力（详见上文分析），促进产业集群优化升级。

四、生产者服务业与制造业的协同定位效应促进大经济区域产业集聚与发展

城市特别是特大型城市具有良好的软硬基础设施条件，全球化使其成为跨国企业指挥与控制全球产业运作的节点和中心。大型跨国企业往往在特大型的世界性都市设立其管理总部及投资运营业中心，从而带动生产者

---

①　Porter, M., 2000: Location, competition, and economic development: Local clusters in a global economy, Economic Development Quarterly, Vol. 84, No. 14.

②　Riddle, 1986: Service-led Growth: The Role of the Service Sector in the World Development, New York: Praeger Publisher.

服务业在这些城市的集中与集聚；另一方面，城市中现代生产者服务业的集中与集聚，极大降低服务对象的交易费用，优化企业的发展环境，由此带动大都市周边地区制造业的发展。有学者对生产者服务业与制造业的此种协同定位效应进行如下分析。

马丁（Martin）等人的研究证实生产者服务业与制造业的协同定位效应，生产者服务业区位是制造业区位的函数，反之亦然①。制造企业从短距离的生产者服务那里获得益处，因而，基于时间的"可达性"是解释二者协同定位的重要变量，接近生产者服务业这一因素可解释制造业的区位。有研究表明，知识密集型制造业对接近生产者服务业的弹性，要小于非知识密集型制造业对接近生产者服务业的弹性。此理论在西方国家大经济区域得到实证检验，在我国经济发达区域如长三角地区亦得到验证：上海作为现代服务业高度发达的大都市，其生产者服务业越发展，周边地区制造业越能受益，其集聚与集中的程度越高。据测算，上海生产者服务业对长三角地区工业的贡献是：上海生产者服务业每增长一个百分点，江苏、浙江及上海周边的工业增长 0.918 个百分点②。

综上所述，生产者服务业与制造业的协同定位效应促进大经济区域产业集聚，生产者服务业能有效降低集聚产业的交易费用、提高其运作效率并能增强其知识技术密集度与国际竞争力。

五、生产者服务以外包的形式成为现代服务业的重要中间投入，促进后者竞争力提升

服务外包是指生产者服务企业以服务外包提供商的方式主要向现代服务企业即服务外包发包商提供包括 IT 系统架构、应用管理以及业务流程优化在内的专业化服务，使后者将不直接创造价值的后台支持功能向外剥离，从而专注于直接创造价值的核心功能。服务外包主要分为信息技术外包（Information Technology Outsourcing，ITO）与业务流程外包（Business Process Outsourcing，BPO）。ITO 涉及系统操作服务、系统应用管理服务与技术支持管理环节的服务外包。BPO 主要包括：需求管理、企业内部管理、业务运作管理及供应链管理，涉及客户开发、客户关系维护、人力资

---

① 刘志彪：《发展现代生产者服务业与调整优化制造业结构》，载《南京大学学报（社科版）》2006 年第 5 期。

② 同上。

源管理、金融与财务管理、营销、物流仓储等多个环节的服务外包。

　　ITO 与 BPO 具备以下特点与趋势。首先，ITO 与 BPO 市场都呈现较快速增长，ITO 从 2003 年的 1351 亿美元增长到 2007 年的 1773 亿美元；BPO 从 2003 年的 850 亿美元增长到 2007 年的 1290 亿美元①。BPO 比传统的 ITO 保持更高的增长速度。其次，服务外包正在从最基础的技术层面的外包如呼叫中心、支付流程等服务发展到高层次的外包如服务流程外包，包括客户资源、财务流程外包等。再其次，现代服务企业即发包商越来越倾向于将 ITO 与 BPO 捆绑在一起，即将业务流程和 IT 技术相结合的服务外包是全球服务外包发展的新趋势。发包商不仅仅关心生产者服务企业即外包提供商的技术力量，也倾向关心后者对业务的理解。最后，印度、中国、菲律宾等国逐渐成为离岸外包服务重要提供国，这些国家的生产者服务企业成为离岸服务外包的提供者；位于这些国家的一些跨国公司将自己的在岸业务与离岸业务集中在一起，从而方便东道国的生产者服务企业即服务外包提供商更好地提供服务。

　　上述分析表明：生产者服务以外包的形式成为本国现代服务企业或跨国服务公司的重要中间投入。其形成机理取决于自身提供费用与外包费用的比较，详见下式：

$$R = Cin - Cout - Tout > 0$$

　　其中：R 表示外包净利润，Cin 表示内部的生产费用，Cout 表示外包的生产费用，Tout 表示外包的交易费用。当自我（内部）生产费用大于外包的生产费用与交易费用之和即外包净利润大于零时，现代服务企业会放弃自我提供而选择服务外包方式、向外购买生产者服务。经济全球化、信息化及社会分工深化专业化程度提升的经济发展背景下，外包的生产费用与交易费用及运作效率占据优势。其一，生产者服务企业即外包服务提供商可凭借服务于众多发包商而生成规模效应进而有效控制费用，并可以博采各家之所长，选择采用市场上最佳的操作方案与操作体系。其二，经济全球化、离岸外包服务更能充分利用东道国较之母国低廉许多的熟练劳动力，极大地降低了服务的生产费用。其三，快捷的信息通讯技术与经济全球化导致的贸易壁垒降低，使得外包服务发包商与处于东道国的生产者服务提供商之间的交易费用大大降低。生产费用与交易费用的降低使得离岸

① 　朱晓明等：《服务外包——把握现代服务业发展新机遇》，上海交通大学出版社 2006 年版。

服务外包业务迅速发展，现已成为经济全球化的新趋势①。

概而言之，生产者服务以服务外包的形式成为现代服务业的重要中间投入，现代服务企业选择服务外包、向外购买此类服务而不是自我提供，可以较大程度节约费用，还能将非核心业务剥离从而专注于能体现自身专业化优势的核心业务，从而提升自身竞争力并创造更多附加值。

第三节　消费者服务业发展趋势的内在机理分析

一、发达国家消费者服务业的发展现状

消费者服务业（consumer services）涵盖旅游、保健美容、文化娱乐、体育休闲、餐饮美食等多个服务部门。一些发达国家的若干消费者服务部门增长已赶超传统的支柱型行业部门，成为新型的国民经济支柱产业。

先以娱乐文化业为例。据估计，目前全世界仅娱乐休闲业一项的年产值就高达 4000 多亿美元，而且每年以 20% 的速度递增。发达国家文化娱乐产业在整个国民经济当中的比重越来越大，该业在一些国家已成为国民经济的支柱产业。如动漫业，已分别成为日本、美国、韩国的第二、四、六大产业。再如娱乐业中的电子游戏业，现在全球正快速成长成为一个庞大的产业。2002 年年底，全球电脑游戏产业构成一个 1000 亿美元的巨大市场，预计全球游戏市场每年增幅可达 25% 以上。在日本和韩国，电子游戏已相继超过以汽车制造为代表的传统制造业成为国民经济主导产业之一；在美国，游戏业已超过具有百年历史的好莱坞电影业成为电子娱乐产业的龙头。一些国家，娱乐文化业产值已超过传统支柱型产业。日本娱乐文化业的产值早已超过汽车工业产值，加拿大文化娱乐业产值也超过农业、通信和信息技术等行业②。

再以体育休闲业为例。目前，世界体育产业每年产值超过 4000 亿美元，并以年 20% 的速度递增。体育产业最发达的美国，1988 年体育产业

①　全球离岸服务收入呈现快速增长：从 2004 年的 190 亿美元增长到 2007 年的 500 亿美元，年均复合增长率达到 37%。预计今后三年，将保持年均增长率至少 20% 以上的高增长。转引自朱晓明等：《服务外包——把握现代服务业发展新机遇》，上海交通大学出版社 2006 年版。

②　卿前龙：《休闲服务与休闲服务业发展》，经济科学出版社 2007 年版。

的产值为 630 亿美元，超过石油化学工业（533 亿美元）、汽车工业（531 亿美元）等重要工业部门的产值。1997 年，美国体育总营业部额超过 3100 亿美元，居全美经济各大产业的 12 位。国际足联一项研究表明，世界与足球有关的营业额每年高达 2500 亿美元，意大利以"足球工业"为主体的体育产业，20 世纪 80 年代已跻身于意大利国民经济 10 大支柱产业。瑞士并非体育强国，但它的体育产业也已成为该国的 13 位支柱产业。20 世纪 90 年代初，英国体育产业产值达 70 亿英镑，也超过本国的汽车工业和烟草业产值①。

娱乐文化、体育休闲等消费者服务业产值快速增长的同时，其就业亦呈现快速增长态势。目前，休闲服务业已成为美国最大的就业部门，休闲服务业每年约创造 2500 个直接工作岗位占全美每年就业职位的 1/4。在英国，休闲服务业创造不少于 1/5 的全英就业职位，与英国化工与人选纤维业就业人数大致相当，超过煤炭、农业和汽车零件制造业人数之和。休闲服务业已成为第四大产业，每年解决 76 万个就业机会。旅游业是消费者服务部门中就业功能最强的部门。目前，全球旅游业从业人员超过 2.1 亿，全球总就业人数的 8% 之多。欧盟国家，旅游业占国民生产总值的 5.5%，就业占 6%。美国旅游业现在每年所创造的直接和间接就业机会超过 1670 万个，约占总劳动力的 14%；英国每年约为 150 万个，约占全国 6% 之强②。

鉴于休闲服务业表现为具大经济潜力，美国未来协会副会长格雷厄姆·莫雷托预计，休闲服务业很快成为巨大浪潮，成为 21 世纪推动经济增长的五大引擎之一。包含休闲服务业在内消费者服务业快速增长、比重趋于上升，基于以下机理。

二、较高需求收入弹性的消费者服务必伴随人均收入水平提高而快速增长

恩格尔定理指出，伴随人均收入水平提高，食品类基本生活必需品占人们消费总支出的比例将呈下降趋势。恩格尔定理隐含的另一层含义是，伴随人均收入水平提高，奢侈性消费品占人们消费总支出的比例将呈上升

---

① 卿前龙：《休闲服务与休闲服务业发展》，经济科学出版社 2007 年版。
② 同上。

趋势，此类消费品具有较高的需求收入弹性。包含旅游、保健美容、文化娱乐、体育休闲、餐饮美食等内容的消费者服务即属此种需求收入弹性较高的奢侈性消费品。伴随人均收入水平提高，人们在拥有基本生活必需品的情况下，必然对能提高其身心素质与生活水准的消费者服务产生较大需求，从而促使消费者服务伴随人均收入水平提升而较快增长。据测算，1986～1999 年间，英国居民人均消费支出每增加 100 英镑（1990 年不变价），消费者服务的消费占总消费支出的比重将提高 0.3 个百分点[①]。较高收入弹性的消费者服务需求伴随人均收入水平提升而增长的趋势可概括为消费者服务需求上升律。

三、闲暇时间愈趋增多导致消费者服务业较快发展

生产力每一次飞跃，导致闲暇时间较大增加。农业生产工具进步导致生产力第一次飞跃、制造业技术和分工导致生产力第二次飞跃、蒸汽机等动力机器导致生产力第三次飞跃及电子化信息化技术导致生产力的第四次飞跃分别将人们的闲暇时间比例由 10%、17%、23% 提升至 41%。据预测，2015 年前后，知识经济和新技术发展，人类将有一半以上时间用于闲暇。直接原因在于，生产力水平的飞跃，导致劳动生产率快速提高，人们工作时间大大缩短。从发达国家来看，1998 年的生产率相当于 1950 年的 4.3倍与 1870 年的 17 倍，工作时间相应缩短了 178 个与 547 个小时。在1870～1998 年的 100 多年间，发达国家的人均工作时间普遍缩短了 1/3 至一半以上。除生产力水平飞跃、生产率提升这一首要原因外，还有其他原因导致闲暇时间增多：家务劳动社会化、家用电器普及、生育子女数量减少等原因均导致家务劳动时间减少、闲暇增多；预期寿命的提高、退休制度的实施与愈加增多的公共假期与带薪休假期都增加人们的闲暇时间总量。闲暇时间的增多的时代背景下，消费旅游、保健美容、文化娱乐、体育休闲、餐饮美食等多种消费者服务获得蓬勃发展，通过消费各种服务消费品愉快度过闲暇时间，以提升自身的生活质量与身心素质，成为潮流与趋势。由此导致消费者服务较快增长、占国民经济比重上升。

---

① 卿前龙：《休闲服务与休闲服务业发展》，经济科学出版社 2007 年版。

四、城市化推动消费者服务业较快发展

城市化进程与消费者服务业发展存在密切关系。包含休闲服务在内的消费者服务业是在城市化进程中不断繁荣发展起来的。各种消费者服务活动充分展开已成为当代城市经济生活正常运行的基本条件，当代城市经济的良性循环较大程度上依赖于各种消费者服务需求的实现。城市化水平与消费者服务发展之间之所以存在密切相关关系，前文所指的城市化水平提高过程中所引致的生产力水平飞跃、人均收入水平提高、人们闲暇时间增多是首要原因，此外，还有其他重要原因。

其一，城市化使区域市场迅速扩大，为消费者服务发展提供市场条件，带动消费者服务业发展。消费者服务业发展对市场集中度与市场容量要求较高，城市化利用其聚集效应能较快提高市场集中度，扩充市场容量，从而为消费者服务业发展创造市场条件。美国城市休闲游憩系统正是在第二次世界大战后城市化进程加速、市场需求迅速扩张的时代发展起来的，此系统带动美国休闲服务业迅速发展。其二，城市利用其聚集效应使人们的消费观、价值观相互吸纳、借鉴，促进新兴消费者服务业的兴起与发展。现代都市中的富有阶层既有时间亦有能力消费诸多休闲服务，他们的生活方式与生活观念促使体育、娱乐休闲服务等新兴消费者服务业形成、发展，并通过示范效应在城市中进行传播与扩散，促进新兴消费者服务业的发展壮大。伴随城市经济迅速发展、人均收入水平提升，娱乐健身休闲生活已成为现代都市人的重要生活内容，工作是为了更好的生活，这一观念现已成为都市人的共识，观念的更新亦推动旅游、保健美容、文化娱乐、体育休闲、餐饮美食等消费者服务部门的迅速发展。其三，城市通过供给创新功能挖掘出更多的消费者服务需求，促进新兴消费者服务部门发展壮大。城市是信息、技术中心，它具有捕捉商机、挖掘新的市场需求并将新技术用于生产制造的能力，再辅以强大的融资与广告宣传系统，便将潜在的需求转化为现实的需求。因此，城市成为产品与服务创新中心，它通过供给创新激发新的市场欲望，譬如视频网络技术的发明激发影视观赏、动漫娱乐、电游娱乐等消费需求，促进相关消费者服务部门迅猛发展。伴随城市化水平提高，市场潜在容量增大，新技术用于消费者服务创新的速度加快，通过供给创新创造需求的能力愈发强大，带动新兴消费者服务业迅速发展。

综上所述，工业化后期及后工业化时期，由于人均收入水平提高对需求收入弹性较高的消费者服务的促动、人们闲暇时间大幅增加对休闲性消费者服务产生渴求、城市化从需求激发和供给创新两方面对消费者服务的拉动，消费者服务业将出现快速增长态势，占服务业增加值与就业及占GDP与全社会就业的比重趋于上升。

第四节　政府公共服务部门发展趋势的内在机理分析

政府在现代经济增长过程中发挥着重要作用：界定与保护产权、提供制度供给并实施制度、协调各种利益集团矛盾达到相对均衡。因此，伴随人均收入水平提高、经济社会发展，政府部门的绝对规模会不断扩大。需注意的是，政府部门的绝对规模不会一味扩张，其绝对规模存在临界点。本书运用新制度经济学中的交易费用理论对政府公共服务部门的这一发展趋势做出诠释。

一、新制度经济学关于政府性质及政府可能失效的分析

新制度经济学派认为，政府是一种在暴力方面具有比较优势的组织，它和另一类组织——企业一样，也要实现自身利益最大化，它的行为也要受制于成本—收益的比较。即政府具有"经济人"的性质。在界定政府的经济人性质后，新制度经济学分析了政府的目标。政府有两个基本目标：一是界定形成产权结构的竞争与合作的基本规则（即在要素与产品市场上界定所有权结构），这使统治者租金最大化；二是在第一个目标框架中降低交易费用以使社会产出最大，从而使国家税收增加。这两个目标不一定是统一的，有时甚至是冲突的。因此，在许多情况下，政府必须在二者之间作出选择。政府两个目标发生冲突，根源于有效率产权制度的确立与政府利益最大化之间存在矛盾，建立有效率的产权制度有利于社会产出最大化，但可能不利于政府租金最大化。从自身利益出发，政府往往可能维持或建立一套无效率的产权制度。

总之，一方面，新制度经济学派承认政府在现代经济增长过程中发挥重要效用：界定与保护产权、提供制度供给并实施制度、协调各种利益集团矛盾达到相对均衡。另一方面，新制度经济学派亦指出，由于政府是具

有福利或效用最大化行为的"经济人",所以,出于自身利益的考虑,不少时候,政府无法有效实施其职能或提供、维持低效的制度安排。正是因为政府也可能失效,所以不能盲目依赖政府,亦不能盲目地去扩充它的规模。理由在于,作为"经济人"的政府可能会失效,政府的规模不是越大越好,如果超过一定的"度"即规模临界点,则过于庞大的政府,失效的可能性或概率亦会增大,如此会极大增加交易费用,导致经济运行低效并限制经济持续增长,影响社会的整体福利。那么,政府规模的度即规模临界点究竟在哪里?下文将通过交易费用理论对此问题进行深入探讨。

二、对政府的实质及规模临界点的理论诠释——基于交易费用的视角

(一) 政府的实质分析——基于交易费用的视角

科斯在《论企业的性质》一文中提到,企业是市场的替代,原因在于它能节约交易费用。可借鉴科斯的思想,将政府亦理解为市场的替代。如果说企业替代市场是能节约微观交易费用,则政府替代市场则是能节约宏观交易费用。微观交易费用是指两个市场交易主体完成一次契约所花费的各种费用;宏观交易费用则是指保证整个市场所有契约交易顺利进行并提供服务所耗费的费用。新制度经济学家虽没有明确区分微观交易费用与宏观交易费用,但已包含此种思想。如科斯认为,政府是一个超级企业,它能通过行政决定影响生产要素使用;阿罗认为,交易费用是经济制度运行的费用;诺斯认为,要想取得交易费用低的经济与政治市场,需要合乎理性的、好的行为准则[1]。

政府作为节约宏观交易费用的市场的替代物,其产生的途径在于:政府通过制定与实施规则、界定与保护产权等方式实现原来需要在市场上多次完成的交易。这些规则不是凭借想象产生的,而且是多次市场交易经验的总结,是经多次交易形成并经过市场交易检验行之有效的一系列契约的集合。政府通过这些规则指导市场交易并节约大量的交易费用,进而推动市场交易广泛深入发展,形成规则与交易的良性互动,导致以这些规则为

---

① 王爱学、赵定涛:《交易费用经济学的一个新视角:国家宏观交易费用论》,载《国家行政学院学报》2006 年第 2 期。

核心或基础的各种经济制度与法律制度产生，并广泛渗透于经济、政治领域。总之，政府的实质在于，作为节约整个社会的宏观交易费用的组织而存在。政府通过履行职能如界定与保护产权、提供制度供给并实施制度、协调各种利益集团矛盾达到节约宏观交易费用的目的。

（二）政府绝对规模的临界点分析

政府替代市场是为了节约宏观交易费用，企业替代市场是为了节约微观交易费用。市场交易费用尤其是宏观交易费用的存在，导致政府的产生并经常地、广泛地发挥作用。微观交易费用主要由市场交易主体如企业与消费者承担，宏观交易费用则由政府或社会承担。与企业一样，政府在实现节约市场宏观交易费用的同时，也产生运作与管理费用，这些费用包括政府部门设立、内部管理的费用、制定、实施产权制度安排的费用以及督查、惩治的费用。当政府所节约的宏观交易费用大于或等于政府部门运作与管理费用，政府的存在是有效的，政府的规模是适度的。如果政府规模过于庞大，将会使政府的设立与内部管理费极大增加，最终使政府运作与管理的总费用超过宏观交易费用，从而增加经济、社会的负担，阻滞经济社会发展。因此，政府绝对规模临界点就在于节约的宏观交易费用与政府运作与管理费用之和相等的那一点。即

节约的宏观交易费用＞政府运作与管理费用之和，政府绝对规模适度；

节约的宏观交易费用＝政府运作与管理费用之和，政府绝对规模临界点；

节约的宏观交易费用＜政府运作与管理费用之和，政府绝对规模过度。

三、绝对规模过度的政府产生的负面效应

绝对规模过度的政府会产生如下负面效应。

（一）过度规模政府往往会替代市场，干扰市场的正常运行

过多的政府机构存在，为了达到具体政绩指标及自身谋求利益，往往会替代市场，从事市场本应做的事情，干扰市场的正常运行，此举不仅降低经济运行效率而且增加经济、社会的交易费用。

（二）过度规模政府往往提供规模过度的公共品及准公共品，增加财政负担

为了显示政绩，过度规模政府往往会提供过度规模的公共品及准公共

品，如"从摇篮到坟墓"无所不包的各种社会保险及福利待遇，而为维持宏大的公共品及准公共品支出，则需财税的强大支持。结果往往导致财政不堪重负，企业纳税负担沉重，企业无心经营、经济运行效率低下。

（三）过度规模政府往往导致制度的过度供给，增加交易费用

为了显示政绩及谋求自身利益，过度规模政府往往出台过度的制度安排，这些制度不考虑市场运行的实际状况、细则规定过于细致，或是制度安排之间相互掣肘，从而增加交易费用、影响经济运行效率。

（四）过度供给制度的实施又导致过度的运作成本与管理成本产生

过多供给的制度，需要更多的政府官员及其行政助手予以实施，需用耗费更多的资源，从而增加制度实施的运作成本；此外，诸多政府人员又涉及内部管理问题，过多的人员又增加了政府的内部管理费用。

（五）过度规模的政府会催生过多的利益集团，增加经济、社会的运行成本

过度规模的政府会产生过多的与自身利益直接或间接相关的利益集团，政府将会耗费大量的资源、精力为这些利益集团争取更多利益或维持既得利益，因而增加经济、社会的运行成本；这些利益集团之间的相互博弈及政府协调这些集团之间的矛盾，亦会消耗大量的资源及政府的精力。更为糟糕的是，有时政府会以损害社会公平与经济效率为代价来维护这些集团的利益，由此对经济社会发展造成更大的负面效应。

综上所述，政府在现代经济增长过程中发挥着重要职能，因此，伴随人均收入水平提高、经济社会发展，政府部门的绝对规模将不断扩大。但需注意的是，政府部门的绝对规模不能一味扩张。原因在于，基于新制度经济学的视角，政府是具有福利或效用最大化行为的"经济人"，所以，出于自身利益的考虑，不少时候，政府无法有效实施其职能或提供、维持低效的制度安排。正是因为政府也可能失效，所以不能盲目依赖政府，亦不能盲目地去扩大它的绝对规模。基于交易费用理论，政府的实质在于，作为节约整个社会的宏观交易费用的组织而存在，政府部门的绝对规模会随经济社会的发展而扩展，但不会盲目扩展，政府部门的绝对规模存在临界点。从交易费用的视角出发，政府绝对规模临界点在于节约的宏观交易

费用与政府运作与管理费用之和相等的那一点。政府绝对规模超过临界点，说明政府的规模过度，将会导致较多的负面效应。

第五节　小　　结

服务业结构演进体现为，服务业内部分类服务部门——流通服务业、生产者服务业、消费者服务业、政府公共服务部门的发展趋势，即上述四类服务业分类部门占服务业与占国民经济比重的变化趋势，以及不同发展阶段，服务业内部主导行业的更替。本章借助分工与交易费用的思想，分析分类服务部门发展趋势的内在机理。

工业化与市场化的关联实质是分工两方面体现——生产活动与交易活动关联的反映。不仅工业化与市场化密切关联，工业化初、中期，流通服务业与工业化、市场化之间亦存在密切关系。流通服务业对市场深化产生重要促进效应。流通服务业在降低交易费用、提高交易效率进而推进市场化进程方面将发挥至关重要效应。流通服务业对工业化、工业增长产生重要促进效应。其直接效应表现如下：现代生产方式表现为工业生产的集中性与消费需求（空间、时间）分散性，这必然需要交通运输业与商业等具有经济网络性质的服务业予以衔接、融通，否则社会化大生产无法顺畅、持续运行。正因为工业化初中期，具有网络效应性质的流通服务业与工业化、市场化之间存在相辅相成、相互促进的关系，所以这个时期，流通服务业居于服务业的主导地位，其占整体服务业增加值与就业的比重呈上升趋势。到工业化中后期及后工业社会时期，由于工业社会化大生产产能过剩、服务业比重上升工农业比重下降、新兴服务业形成与蓬勃发展，与工农业生产、流通密切关联且属最早形成、发展起来分类服务业的流通服务业，占服务业的比重将呈现下降趋势，其主导地位渐被替代。

生产者服务业形成与发展是社会分工深化的结果。随着企业面临的需求日益多样化以及竞争强度越来越高，追求专业化而不是范围经济，便成为企业普遍诉求的一个重要战略选择。原先作为企业内部的研发、设计、会计、营销、咨询等服务职能部门逐步分离出来，由独立的市场主体运作。企业规模边界缩小、生产者服务此种由"内在化"向"外在化"的演进趋势，是专业化分工逐步细化、市场化水平不断提高的必然结果。生产者服务从制造业分离的过程中，生产者服务的经营变得更加专业，创新的效率不断提高，规模经济得到显现，生产者服务得以迅速发展起来。作为社会分工深化产物的生产者服务与分工专业化构成互动机制，提升生产力。可将生产者服务的提供者看作是一个专家集合体，这个集合体提供知识及技术，使生产迂回度增加，生产更加专业化、资本更为深化，并提高劳动与其他生产要素的生产力。正因为如此，所以，伴随社会分工深化，工业化中后期及后工业社会时期，生产者服务业取代流通服务业成为服务业内部占据主导地位的服务部门。生产者服务业的显著效应还体现为：是提升制造业竞争力的必要条件；是产业集群的构成要素和黏合剂，促进产业集群格局形成和集群升级；与制造业的协同定位效应促进大经济区域产业集聚与发展；以外包的形式成为现代服务业的重要中间投入，促进后者竞争力提升。正因为生产者服务业具有上述显著效应，所以工业化中后期与后工业化时期，生产者服务业占整体服务业与占国民经济的比重均呈上升趋势。

基于交易费用的思想，政府类似企业，作为节约交易费用的市场替代物而存在。企业作为节约微观交易费用的市场替代物而存在，政府作为节约宏观交易费用的市场替代物而存在。政府通过履行职能如界定与保护产权、提供制度供给并实施制度达到节约宏观交易费用的目的。基于政府部门的重要效应，伴随经济社会发展，政府部门的规模将不断扩大。但需注意的是，政府部门的绝对规模不能一味扩张，政府规模存在临界点。基于交易费用的视角，政府部门的绝对规模的临界点在于节约的宏观交易费用与政府运作与管理费用之和相等的那一点，政府绝对规模如超过临界点，会使政府运作与管理费用之和大于节约的宏观交易费用，则将得不偿失，增加经济、社会的负担。

需说明的是，由于服务业是包含较多性质不一分类服务行业的庞大部门，无法用分工与交易费用的思想去统一分析所有分类服务业，譬如消费者服务业发展趋势的内在机理与这一思想无直接关联。这是服务业强异质性导致的遗憾。其他主要的分类服务部门，如流通服务业、生产者服务业、政府服务部门均可用这一思想进行诠释，详尽分析见第一、二、四节。这说明，分工与交易费用的思想对分类服务业发展趋势的内在机理具有较强的解释力。

附录：

经济史关于工业化之前与工业化进程中欧美商业、
交通运输业、金融保险业发展概述

此附录是关于欧美近现代商业、交通运输业、金融保险业发展史的概述。

一、欧洲经济史关于工业化之前商业、运输、金融保险业发展状况的概述

近代欧洲经济史记载工业革命之前欧洲国家就经历了商业革命。商业革命发生在 16 世纪。16 世纪是西方经济重大转变时期，资本主义取得新的动力，封建制度日趋没落，发生这一世纪的商业革命体现如下一些变化进程：（1）由渴望黄金所导致的地理发现，罗盘仪在航海上的运用，远洋航船的建造及炮的配备，使航运业发生很大变化，开辟广阔的商业与殖民范围。（2）原先为阿拉伯人所垄断的东方商业，在 16 世纪被欧洲人夺回，商业范围从地中海扩大展到大西洋以及世界各地，商业额与商品种类大增，地中海商业城市与地位被大西洋沿岸的新兴城市所代替。（3）海外商业与殖民成为有利可图的新事业，西欧国家商人纷纷组织公司，取得商业垄断的特权，政府大力予以支持与保护，各国不约而同地采行重商主义政策。（4）民族国家兴起，国民经济确立，全国性市场形成，行会的限制被先后取消，国内关卡被撤除，往日货物流通的阻碍已不存在，商情也迅速灵通起来。（5）货币经济占了支配地位，美洲金银矿大量开采，币材供应充足，货币流通量迅速增加，在不到一个世纪的时间内欧洲物价涨了一倍多，大大刺激了经济活动。（6）近代信用制度建立，各国新的金融机构成立，包括国家银行、商业银行、保险公司及交易所等，支票、期票等信用工具广泛使用，给了工商业与市场经济的发展莫大的便利。以上种种现象都说明此时欧洲商业发生了革命性变化，促使资本主义迅速发展起来。史学家认为，商业革命虽没有工业革命那样重要，但它是后者的先导。如果没有商业革命创造条件，工业革命恐难以实现。

工业革命之前，近代金融业已经发端。17 世纪是西欧资本主义经济上升时期，金融业也随之得到很大发展。在此之前，银行还算不上近代银行，从 17 世纪起，银行与过去大不相同，经营存放款业务，开始发行纸

币，普遍使用支票、汇票，经管各种证券。第一批重要的近代银行多于此时建立，如阿姆斯特丹银行、英格兰银行、西班牙银行、瑞典银行等等。以前两者为例。17 世纪阿姆斯特丹银行于荷兰对外商业起着很大促进作用，在当时它还成了全欧的贴现和信贷银行，由于欧洲许多国家的政府都是该行的债务人，所以该行的势力对国际政治可起支配作用。英国金融业发展迟于荷兰，但有后来居上之势。英格兰银行是英国最大的银行，虽在很长时期中是私人银行，但它代理国库，接受再贴现，调节金融市场，发挥中央银行的职能，成为银行的银行，它以其卓著的信用对英国资本主义发展起着极大作用，长期在国际金融方面起着中心作用。保险业于 17、18 世纪发端，出现海上保险、火灾保险、人寿保险等险种。近代意义上的交易所于 16 世纪产生，此后有一定发展，从事商品和证券的现货与期货交易，起到调节市场与价格作用，但也为投机商人所利用，出现"南海泡沫"等投机事例。

二、欧美经济史关于工业化进程中商业、交通运输业、金融保险业发展状况的概述

（一）欧洲工业化进程中交通运输业、商业、金融保险业发展状况

欧洲近代交通运输业发展，主要是在第一次产业革命中开始，而且构成其中的重要部分。现简要介绍主要欧洲国家工业化进程中交通运输业发展状况。英国交通运输业：1760～1830 年，英国筑路事业有很大发展，以往国内货运主要依靠水路运输状况有很大改善；1780～1800 年，是英国"运河热"时期，在全国范围内开凿许多运河，今日英国主要的运河网都是在那个时期完成；19 世纪 30 年代，蒸汽机用于火车研制，英国开始进入"铁道时代"，1836～1845 年，形成铁道狂热，至 1850 年年底，英国铁道全长达 6500 哩以上[①]；蒸汽机用于轮船研制，轮船的驶行使得英国航海业得到迅速发展。法国交通运输业：产业革命之前，鉴于道路建设对政、经、军的重要性，拿破仑大举修路，拿破仑对法国公路建设贡献极大，被称为"历史上伟大的道路建筑者"；产业革命开始后，法国铁路建设飞速发展，1850～1870 年，全国铁道里程由 3554 公里增至 17924 公里，增长了将近 5 倍[②]，1842 年制定《铁道法》，建立了管理较为完善、规划

---

① 夏炎德：《欧美经济史》，上海人民出版社 1992 年版。
② 同上。

较为完整的铁道系统。德国：德国运输业革新开始于铁路建设，德国人认为，只有铁路建设起来，消除地区间隔阂，工商业才能够发展；德国1845～1870年，铁道全长由2131公里增至19575公里，其中1850～1870年增加特别迅速，1850年每百平方公里只有铁道1.1公里，至1870年增至3.6公里①。

　　第一次产业革命之后，西欧国家工商业得到较大程度发展，对外商业政策发生重大转变。1860年《英法商约》签订、法国放弃高关税政策，这是一个划时代转变，是西欧国家从保护商业转向自由商业的分界岭，至19世纪60年代，西欧各国大半走上自由商业道路。

　　交通通讯的发展以及商业政策转变有利于世界经济形成。19世纪中叶，世界经济体系初步形成。轮船、火车、电报与电话在19世纪70年代以后得到改进和普及，世界各地的经济联系愈趋紧密。铁道运输方面：1870年欧洲通车铁道线60400哩，北美56300哩，其他地区9100哩；至1911年，全世界铁道线延长到657000哩，其中欧美国家占482000哩，其他地区175000哩，可见铁道建设在世界各地逐渐普遍起来②。水运方面，至1913年，大部分地区改用轮船，1869年苏伊士运河和1914年巴拿马运河通航打破陆地重大障碍，都是具有世界意义的重大工程。轮船和火车到处行驶后，西方国家的工业产品可以销往世界任何地方，这是过去所始料不及的。19世纪末至20世纪初，世界性经济体系已经建立起来。

　　工业化进程中，欧洲金融业得到较大发展，金融资本急剧扩张、实力与控制力愈加强大。西欧著名商业银行前身大多在19世纪上中叶建立，19世纪还出现种类繁多的专业金融机构如抵押银行、投资银行、信托公司、保险公司，等等。英国伦敦在整个19世纪不仅英国的金融中心，而且是世界金融中心，世界各地许多银行都在那里设立分处。金融业发展的同时金融资本实力愈加强盛，如法国19世纪上半叶出现的七月王朝，实质上由金融资本家掌握实权，其国王和内阁总理都是大金融家。19世纪末，欧洲银行业集中和垄断趋势愈加明显，金融大权逐步操纵在一小撮金融寡头手中，他们的权势压倒一切，不仅深入各产业部门，而且渗透到政权机构中，有些如法兰西银行甚至可以左右政局。

　　（二）美国工业化进程中交通运输业、金融保险、商业发展状况

　　从美国南北战争结束到第一次世界大战开始，是美国工业迅速发展的

①　夏炎德：《欧美经济史》，上海人民出版社1992年版。
②　同上。

时期。在这之前，工业虽有相当基础，但发展比较缓慢，工业在国民经济中的比重不如农业，工业发展中只局限于部分地区，工业化程度不及英法等国，产业革命尚未完成。在这之后，工业开始在全国范围发展起来，而且以空前的速度跃进，第一次产业革命很快得到完成，接着又掀起第二次产业革命的高潮。工业产值不久大大超过农业，工业的优势很快压倒原有的先进国，而成为世界第一的工业强国。现侧重分析这一段时期流通服务业发展状况、历史角色。运输革命（新运输工具的发明和运输网络扩展）在美国起着先行作用，在美国表现得非常突出。美国工业的迅速发展，得到铁路运输的帮助特别大。占运输重要地位的铁道建设，在19世纪上半叶已奠定基础，美国铁道全长在1860年已达3万哩，在1865～1914年由3.7万哩增至25.2万哩以上。美国铁道在1914年哩程超过欧洲各国铁道哩程的总长，约等于世界铁道全长的1/3。1876～1920年间，铁道投资从40亿美元增到200亿美元。1882～1920年间，铁道客运量增加3倍，货运量增加了近9倍，全国货运75%由铁道承担，铁道运输重要性由此可见[①]。新经济史学家之一的沃尔特·罗斯托认为，是铁路促使美国经济起飞进入自我持续增长阶段。他的观点如下：铁路在历史上是起飞阶段最为有力推动因素。铁路在美国起飞时起关键作用。在起飞阶段，铁路对经济增长有三大影响。第一，它降低国内运输成本，把新地区和新产品带入商业性市场，并且总的来说起着亚当·斯密所说的扩大市场的作用。第二，铁路在许多情况下是新的并且在迅速扩大的出口部门发展的一个先决条件，而该出口部门反过来为内地发展创造资本，如1914年前美国铁路就是这样。第三，可能也是对起飞本身最为重要，铁路的发展导致现代煤、铁和工程工业的发展[②]。19世纪下半叶铁路快速发展导致许多观察家（包括政治经济学家约瑟夫·熊彼特）认为铁路实际上吸引经济向西推进：正是走在需求前面并且穿越中西部、大平原和落基山脉的铁路导致了美国的经济增长[③]。这一观点与罗斯托认为铁路是经济增长进程中的"主导"部门观点十分吻合，至少在偶然意义上是如此。19世纪后半叶，五大湖的水运业及海洋航运也迅速发展起来，水陆联运使国内外货物畅通无阻，极有利于市场拓展（许多市场全球化）与工业发展。

美国商业银行业在工业化进程成长较快。至1914年，州银行的分支

①　杰里米·阿塔克、彼得·帕塞尔：《新美国经济史》，中国社会科学出版社2000年版。
②　同上。
③　同上。

机构超过 10000 家，国民银行的分支机构也接近 10000 家①。19 世纪末 20
世纪初金融寡头初具雏形，为其日后扩张奠定基础，日后实力愈发壮大。
如第一花旗银行财团逐步投资控制包括矿冶、电力、化工、铁道、航空、
造纸与公用事业等部门；美洲银行财团控制飞机制造、钢铁冶炼、石油炼
制、铝、化学等工业公司。

　　南北战争至第一次世界大战前，美国国内商业发展迅速。南北统一、
全国性市场建立，运输网繁密、水陆运输四通八达，电讯业发达、商情沟
通迅速，上述原因为美国国内商业发展创造优越条件。第一次世界大战
前，美国国内商业交易商品数量约 24 倍于对外商业、价值约 7 倍于对外
商业。1870～1910 年，从事商业的职工人数由 78 万人增至 1910 年的 340
万人②。出现新组织形式，如百货商店与联号等。商品交易所在 19 世纪下
半叶产生，对沟通物质、平稳物价和活跃国内市场起到很大作用。另外，
商标、广告、仓库存储与冷藏设施等随商业需要产生，发展较快。

---

① 杰里米·阿塔克、彼得·帕塞尔：《新美国经济史》，中国社会科学出版社 2000 年版。
② 同上。

第四章

发达国家服务业内部结构长期演进的实证分析

第一节 英、美、日工业化进程中服务业结构演进分析

工业化进程即为库兹涅茨所指的现代经济增长过程。此进程从 19 世纪二三十年代至六七十年代开始，至 20 世纪六七十年代结束，持续了一百余年，在此期间，依次历经了以蒸汽机、电力、计算机为标志的三次产业革命。在这个进程中，发达国家人口、人均生产总值、生产总值有了很大幅度的增长——三者分别增长 3、5、15 倍，增长的速率远远高于以前各个世纪的增长率（库兹涅茨，1966）。这就是工业化（现代经济增长）最为显著特征。按照霍夫曼的观点，英国与美国工业化起始时间为 1770 ~ 1820 年，日本为 1860 ~ 1890 年（霍夫曼 Hoffmann，1958）。下文将详尽分析这三个发达国家在工业化进程中三大产业结构与服务业结构的演变。

一、英国工业化进程中服务业结构演变分析

英国工业化进程中服务业结构演变见表 4 - 1、表 4 - 2、图 4 - 1、图 4 - 2、图 4 - 3 与图 4 - 4。

表 4 - 1　　　　　　　1801～1951 年大不列颠三大产业与服务业分支行业的
就业比重（%，占全社会就业）

年份	农业	工业	服务业	流通服务	个人服务	公共服务
1801	35.9	29.7	34.5	11.2	11.5	11.8
1811	33	30.2	36.7	11.6	11.8	13.3
1821	30.1	30.7	33.3	12.1	12.7	8.5
1831	27.2	31.2	34.5	12.4	12.6	9.5
1841	24.3	31.7	37.2	14.2	14.5	8.5
1851	21.4	32.1	35.5	15.8	13	6.7
1861	18.5	32.7	37.5	16.6	14.3	6.9
1871	15.6	33.2	41.7	19.6	15.3	6.8
1881	12.6	43.5	44	21.3	15.4	7.3
1891	10.5	43.9	45.5	22.6	15.8	7.1
1901	8.7	46.3	45.1	21.4	14.1	9.6
1911	8.3	46.4	45.3	21.5	13.9	9.9
1921	7.1	47.6	45.3	20.3	6.9	18.1
1931	6	45.3	48.7	22.7	7.7	18.3
1951	5	49.1	45.9	21.8	2.2	21.9

注：

1. 英国统计资料中金融服务包括在公共服务业中，如将这一部分公共服务剔除出来、加入流通服务，则流通服务与金融服务 20 世纪 30 年代之后的产出比重合计则不会下降，据 Feinstein（1972）数据，1931 年英国金融服务业占其当年 GDP5.6%，在此之前，金融服务业比重极小，对结构影响不大。

2. 1901 年之后为英国数据，但差别不大。

资料来源：Phyllis Deane and W. A. Cole，1967：British Economic Growth1688 - 1959，London：Cambridge at the University Press.

表 4 - 2　　　　　　　1801～1955 年大不列颠三大产业与服务业分支行业的
产出比重（%，占全社会产出）

年份	农业	工业	服务业	流通服务	个人服务	公共服务	房地产
1801	32.5	23.4	44	17.4	5.5	15.8	5.3
1811	35.7	20.8	43.5	16.6	5.2	16	5.7
1821	26.1	31.9	41.9	15.9	5.7	13.1	6.2
1831	23.4	34.4	42.2	17.3	5.7	11.6	6.5
1841	22	34.4	43.6	18.4	6	9.6	8.2
1851	20.3	34.3	45.3	18.7	5.2	11.3	8.1
1861	17.8	36.5	45.7	19.6	5.2	10.4	7.5

续表

年份	农业	工业	服务业	流通服务	个人服务	公共服务	房地产
1871	14.2	38.1	47.8	22	5	8.9	7.6
1881	10.4	37.6	52.1	23	4.9	9.9	8.5
1891	8.6	38.4	53	22.5	5.5	9.6	8.1
1901	6.4	40.2	53.5	23.3	4.8	10.7	8.2
1924	4.2	40	55.8	29.8	3.4	11	6.4
1935	3.9	38	58.1	30.3	3.4	13.8	6.5
1951	6.2	44.9	48.7	24.7	2.1	19.2	2.7
1955	4.7	48.4	46.8	23.3	1.9	18.6	3.0

注与资料来源：同上。

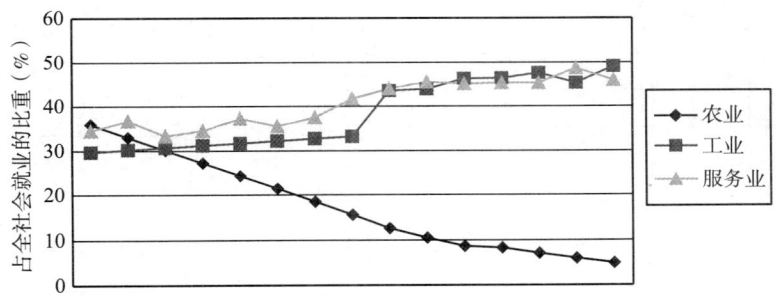

图 4 - 1　1801～1951 年大不列颠三大产业就业比重演变

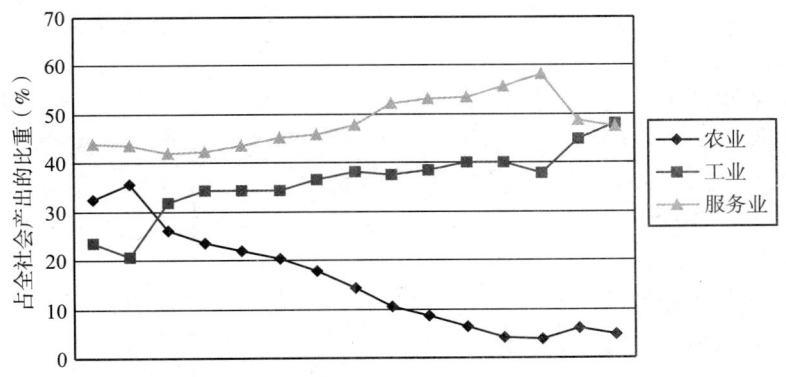

图 4 - 2　1801～1955 年大不列颠三大产业产出比重演变

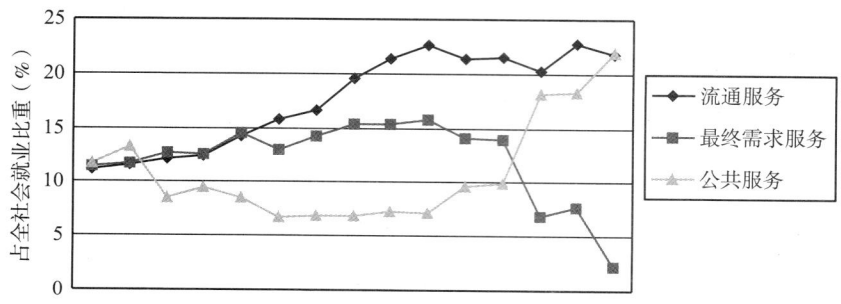

图 4-3　1801~1951 年大不列颠服务业分支行业比重演变

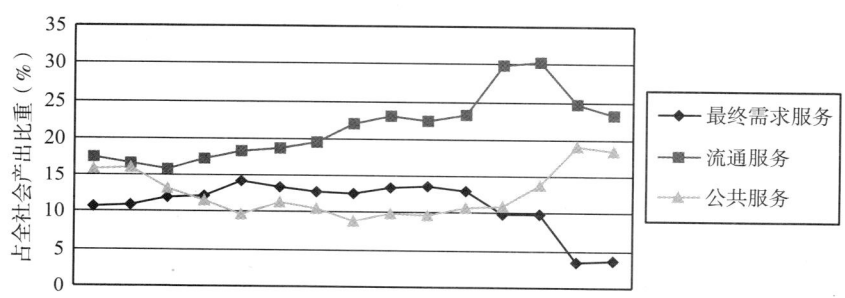

图 4-4　1801~1955 年大不列颠服务业分支行业比重演变

图 4-1、图 4-2、图 4-3、图 4-4 根据表 4-1、表 4-2 绘制，图中"最终需求服务"即指表格中的"个人服务"。

工业化进程中产业结构的演变表明，英国三大产业中服务业就业与产出的比重在现代经济增长过程（工业化过程）中，处于最突出的地位，尤其是其产出比重。英国服务业工业化初期（1801 年）与工业化后期（1951 年）的相对生产率高于同期工业相对生产率（即产出比重与就业比重之比），这两年服务业的相对生产率分别为 1.28、1.06，工业的生产率则是 0.79、0.91。由此推导出工业化过程中，英国工业成为农业剩余劳力的主要吸收领域，服务业在这方面的作用次于工业。

英国服务业结构（服务业内部各分类行业占全社会产出与全社会就业的比重）演变归结如下。工业化进程中流通服务比重大致呈上升趋势，在服务业（服务业）中始终占据举足轻重地位，工业化中后期约占服务业一半比重，由此可见，工业化过程中，流通服务与工业之间的密切关系。个人服务比重在工业化初期、中期不变、小幅度上升，在工业化中后期一定幅度下降则与服务业总体发展、服务需求日趋多样化、服务业种愈趋丰富相关。公共服务比重在工业化初中期不变、小幅下降,在工业化中后期较大幅度上升,则与资本主义经济的发展过程相关,自由竞争时期,政府在其中的作用较之后期私人垄断、国家垄断资本主义时期要小得多,前期是"守夜人",后期则参与、积极干预经济生活。此外,英国在工业化后期步入了"福利国家"的行列,社会福利方面的开支显著增加,这也导致公共服务比重上升。

二、美国工业化进程中服务业结构演变分析

美国工业化进程中服务业结构演变见表4-3、表4-4、图4-5、图4-6、图4-7与图4-8。

表4-3　　　　　　1800~1950年美国三大产业与服务业分支行业的
就业比重(%,占全社会就业)

年份	农业	工业	服务业	流通服务	个人服务	公共服务
1800	83.5	5.4	10.8	4.3	5.2	1.3
1820	71.9	12.2	16	5.7	8.1	2.1
1840	64.2	14.9	20.9	7.5	10.7	2.7
1849	61.7	15.5	22.7	8.5	11.2	3
1859	57	18	24.9	10.2	11.5	3.2
1870	52.2	23.5	24.3	11.5	9.4	3.4
1880	52.3	23.2	24.3	12.1	8.4	3.8
1890	45.1	26.3	28.4	14.9	9.1	4.4
1900	40.6	28	31.3	16.9	9.4	5
1910	34.9	29.2	35.9	19.6	10.2	6.1
1920	30.6	31.7	37.7	22	8	7.7
1930	24.9	29.5	45.4	25.9	10.1	9.4
1940	20.5	30.9	48.6	25.8	11.4	11.4
1950	13.3	35.7	50.8	27	5.9	17.9

注:统计资料中,金融服务包含在流通服务之中。
资料来源:Seymour E. Harris, 1961: American Economic History, New York: McGraw - Hill Book Company. V. R. Fuchs, 1969: Production and Productivity in the Service Industries, NBER. Colin Clark, 1960: The Conditions of Economic Progress, London: Macmilliam&Co. Ltd.

表 4 - 4　　　　　　　　1799～1955 年美国三大产业与服务业分支行业的
产出比重（％，占全社会产出）

年份	农业	工业	服务业	流通服务	个人服务	公共服务	房地产
1799	40	13	48	29	10	9	
1819	34	14	51	27	5.1	6	13.2
1839	35	16	50	26	5	6	13
1849	41.9	17.8	40	20.4	3.6	5.2	10.4
1859	40.8	16.2	43	24	4	5.1	9.9
1869	33.9	21.8	43.5	23.7	4	5.3	10.5
1879	29.7	20.1	50	28	5	8	9
1889	23.7	28.3	48	26.9	5.3	8.1	8.1
1900	29	25.4	45.6	25.5	5	8.6	7.3
1920	21	32	47	29	9	9	
1930	14	31	55	31	12	12	
1940	12	35	54	31	12	11	
1950	10	39	50	29	11	10	
1955	8	42	49	29	11	10	

注与资料来源：同上。

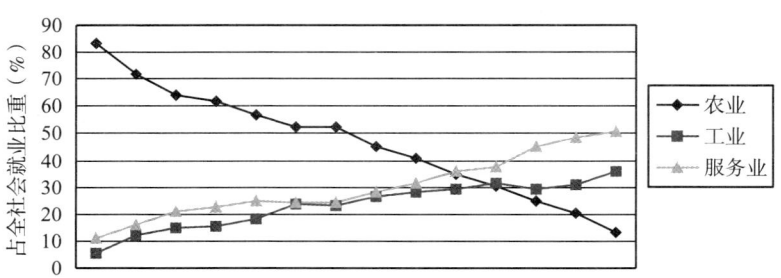

图 4 - 5　　1800～1950 年美国三大产业就业比重演变

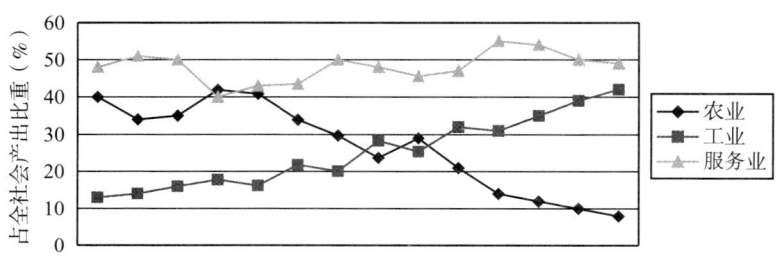

图 4 - 6　　1799～1955 年美国三大产业产出比重演变

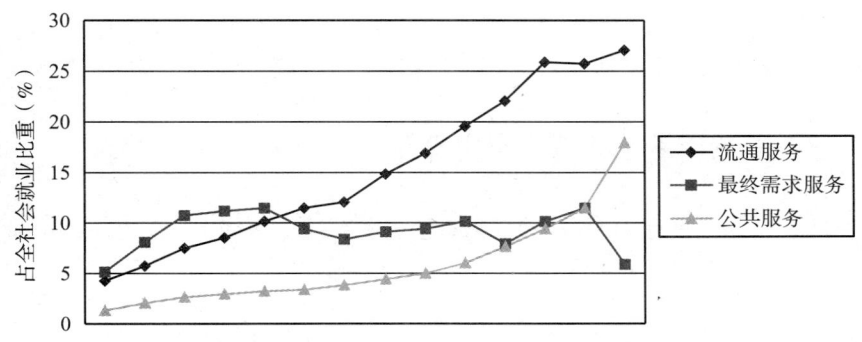

图 4 - 7 1800 ~ 1950 年美国服务业分支行业就业比重演变

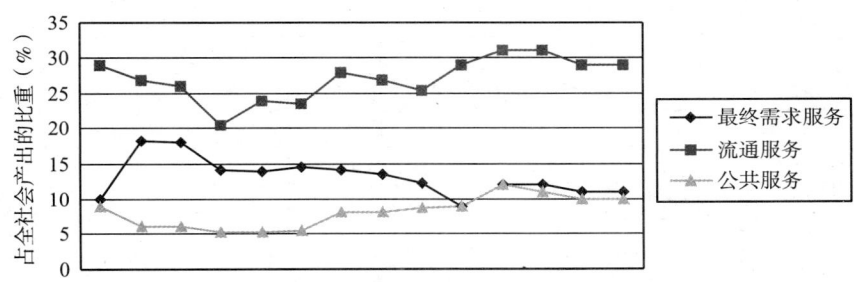

图 4 - 8 1799 ~ 1955 年美国服务业分支行业产出比重演变

图 4 - 5、图 4 - 6、图 4 - 7、图 4 - 8 根据表 4 - 3、表 4 - 4 绘制，图中"最终需求服务"即指表格中的"个人服务"。

美国在现代经济增长（工业化）过程中，服务业比重（产出与就业比重，下同）始终高于工业比重，就业比重尤为明显。这一点与英国存在差异，较之后者，服务业在美国更据重要地位。从另一角度反映出，美国工业吸纳农业剩余劳力的能力不及英国，美国服务业是其剩余劳力的主要吸纳领域。

美国服务业结构（服务业内部各分类行业占全社会产出与全社会就业的比重）的变化趋势表现如下。较之英国而言，美国流通服务（统计资料中将金融服务划归流通服务之列）比重更据重要地位，其产出比重在工业化初期就已占据突出地位，工业化过程中流通服务相对生产率（产出比重与就业比重之比）一般高于工业的相对生产率。美国公共服务比重在工业化过程中大致呈现上升趋势，较之英国而言，其在整个工业化过程中发挥的作用更为突出，20 世纪 20、30 年代经济危机之后，政府进一步加强参与、干预经济，公共服务比重一定幅度上升。较之英国，个人服务比重相对较高，20 世纪 40 年代之后，其比重出现一定幅度下降，原因前文已述。

三、日本工业化进程中服务业结构演变分析

日本工业化进程中服务业结构演变见表 4 - 5、表 4 - 6、图 4 - 9、图 4 - 10、图 4 - 11 与图 4 - 12。

表 4 - 5　　　　　　1906 ~ 1965 年日本三大产业与服务业分支行业的
就业比重（％，占全社会就业）

年份	农业	工业	服务业	流通服务	一般服务
1906	67.5	13.8	18.7	11.9	6.8
1910	65.2	14.8	19.9	13.1	6.9
1915	60.3	17.3	22.4	14.7	7.7
1920	54.1	21.3	24.6	16.6	8
1925	50.7	21.5	27.8	19.6	8.2
1930	49.6	20.5	29.9	21	8.9
1935	46.5	21.5	32	22	10
1940	42.1	25	32.9	18.8	14.1
1950	50.1	21.9	26.3	15.1	11.2
1955	39.4	23.5	35.2	21.6	13.6
1960	32.1	27.4	39.3	24.3	15.1
1965	25.3	31.4	42.4	26.3	16.1

注：一般服务包括个人家庭服务、政府服务、专业服务在内；统计资料中，金融服务包含在流通服务之中。

资料来源：Kazushi Ohkawa et al, 1979：Patterns of Japanese Economic Development：A Quantitative Appraisal，New Haven：Yale University Press.

表 4 - 6　　　　　　1885 ~ 1940 年日本三大产业与服务业分支行业的
产出比重（％，占全社会产出）

年份	农业	工业	服务业	流通服务	个人服务	公共服务	房地产
1885	44.1	14.3	41.6	29.4	2.2	4.9	5.1
1890	47	14.9	38.1	26.2	2.2	4.7	5
1895	41.8	17.8	40.5	26.7	2.2	6.9	4.6
1900	39	21	40	28.6	2.4	4.6	4.4

续表

年份	农业	工业	服务业	流通服务	个人服务	公共服务	房地产
1905	33.1	21.3	45.6	30	2.6	8.6	4.5
1910	32.7	26.2	41.1	27.7	2.7	5.5	5.3
1915	29.1	29.9	41	28.4	2.9	5.3	4.4
1920	30.8	29.7	39.5	28.9	2.9	5.3	2.4
1925	28.4	27.3	44.3	30.2	2.8	6.8	4.6
1930	17.5	31.4	51.1	33.4	2.5	9.1	6.1
1935	18	36.5	45.5	30.8	2.2	7.8	4.6
1940	19.2	48.2	32.7	22.3	1	6.5	2.9

注与资料来源：同上。

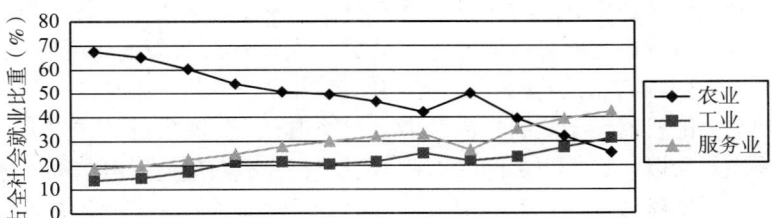

图 4 - 9   1906～1965 年日本三大产业就业比重演变

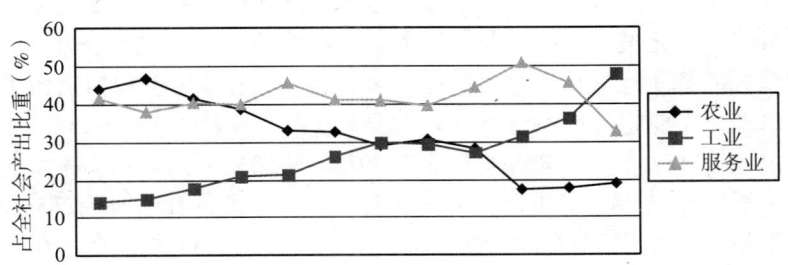

图 4 - 10   1885～1940 年日本三大产业产出比重演变

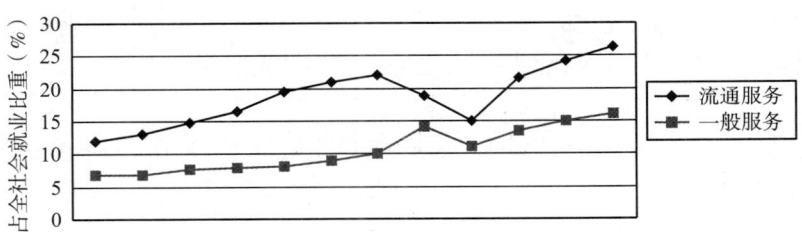

图 4 - 11   1906～1965 年日本服务业分支行业就业比重演变

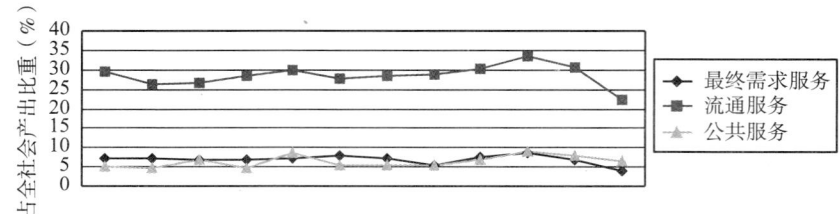

图 4 − 12　1885 ~ 1940 年日本服务业分支行业产出比重演变

　　图 4 − 9、图 4 − 10、图 4 − 11、图 4 − 12 根据表 4 − 5、表 4 − 6 绘制而成，图中"最终需求服务"即指表格中的"个人服务"。

　　日本服务业与工业的就业比重均呈上升趋势，工业比重工业化末期较之前期上升两倍多，但其就业比重始终未超过服务业就业比重。日本与美国一样，工业化过程中，服务业而不是工业成为农业剩余劳力的主要吸纳领域。原因在于，两国工业化的时间晚于英国，后者在产业革命中花了较长时间研制、制造出的机器设备能够被前两者"坐享其成"、较快被其在工业、制造业中采用，所以，日本与美国的工业与制造业资本密集型程度较高、农业剩余劳力的吸纳能力有限，两国剩余劳力主要涌向服务业。工业化初期，服务业产出比重约为工业产出比重 3 ~ 4 倍，工业化过程即为工业产出比重逐步攀升过程，直至 20 世纪 40 年代之后工业比重才开始超过服务业比重。

　　日本工业化过程中服务业（服务业）结构演变表现如下。流通服务与一般服务的就业比重在工业化进程中逐步上扬，末期比重较初期比重均增长 2 倍多，工业化过程中流通服务比重大致占服务业比重的 60%。流通服务产出比重在工业化初期占据服务业的 70% ~ 80%，总体趋势来看流通服务呈平缓下降趋势，工业化后期流通服务占服务业的比重亦有 70% 左右。公共服务除个别年份上升幅度较大外，大致呈平缓略升趋势，约占服务总计的 1/5；个人服务工业化过程维持在 2% ~ 3% 水平，后期略有下降；房地产服务维持在 4% ~ 5%，后期略有下降。由上述分析可以看出，日本的服务业内部产出比重状况类似于美国，流通服务业的产出比重在工业化初期处于突出地位，这是两者区分英国服务业内部产出结构的显著特点。

四、英、美、日三国工业化进程中三大产业结构与服务业结构的演变

　　三国工业化进程中三大产业结构与服务业结构的演变归结如下。

（1）统计数据表明，三国服务业在工业化（现代经济增长过程）初期产出比重占据突出地位，或与农业相当、或超农业，工业化过程中保持此种地位不变，或略逊于工业、或始终保持领先地位；三国服务业就业比重在工业化中后期居于突出地位，或略逊于工业、或保持领先地位。由此可见，服务业在工业化进程中占据重要地位。

（2）工业化过程中，服务业产出比重变化不大，只是略升，这是因为在初期，服务业产出比重就占据国民经济总体的40%以上（见统计资料）；服务业就业比重则表现很大幅度或较大幅度的上升，美、日、英后期较中期上升40、24、11个百分点，至后期三国服务业就业占据全社会就业的40%以上。

（3）服务业内部，公共服务与个人服务的变化趋势是：个人服务的比重（占全社会产出与全社会就业比重）在工业化的前中期在小幅波动中呈现略升趋势，后期则出现较明显的下降趋势，其中就业比重的下降趋势尤其明显，后期就业比重一般降至5%以下，后期产出比重各国差异较大（与统计口径方面的差异有关），这说明工业化后期个人服务在服务业总体发展、服务需求日趋多样化、服务业种愈趋丰富的背景条件下发展相对滞缓；公共服务比重总体呈现上升趋势，其中就业比重上升趋势尤其明显，后期就业比重一般至少在10%以上，英美两国在20%左右，后期产出比重各国差异较大，公共服务比重上升说明西方国家在由自由竞争向国家干预主义发展过程中政府对经济社会生活的影响和干预愈趋加大。

（4）工业化进程中，最重要的服务行业是商业、运输业、金融保险业（发达国家经济史方面的数据资料将三业统称为流通服务，这一称呼不太妥当、有待商榷）。工业化进程中，与其他两类服务业——公共服务与个人服务比较，作为商流、物流、资金流载体的商贸、运输、金融保险三业的产出比重（占全社会产出）合计在整个服务业中始终居于首位，其占全社会就业的比重合计在工业化中后期亦居于首位。由此可见，上述三业与工业化存在较为为密切的关系。总之，商业、运输、金融保险三业比重在工业化进程中居于显赫地位，这印证第三章机理分析得出的结论：具有网络效应性质、作为商流物流资金流载体的商业、运输、金融保险业与工业化、市场化密切关联，三业发展与工业增长、市场深化之间存在相辅相成、相互促进的密切关系。当然，到了工业化后期与后工业化时期，网络效应型服务业中的商业、运输业与金融保险业的发展趋势有所不同。属于传统流通服务业的商业与运输业增速放缓，两业占GDP与占全社会就业的比重均保持大致稳定，但因其增速不及整体服务业增速，所以两业占服务业增加值（产出）的比重均趋于下降；而这一阶段，金融业的制度与技术创新仍在大力推进，作为国民经济血液的金融业仍保持较快的增长态势，该业占国民经济与占服务业的比重均趋于上升。详见下一节分析。

第二节 工业化后期与后工业化时期发达
国家服务业结构演进分析

服务业是包含较多分支（类）行业部门的庞大产业。深入研究服务业，必然涉及服务业结构及其演进。本节通过发达国家工业化后期与后工业化时期①服务业结构演进的实证分析及内在机理剖析，归结服务业结构演进的一般趋势，拟指导中国服务业结构优化升级与服务业健康发展。

一、服务业结构演进的含义及发达国家服务业结构演进研究文献综述

服务业②结构是指服务业各分类（支）行业部门占服务业的比重，本节以各分类（支）行业部门增加值占整体服务业增加值的比重表示。服务业结构演进是指，由于不同发展阶段，服务业各分类行业部门比重呈现不同变化态势，因此，不同发展阶段，服务业内部的主导行业有所不同、会发生更替。本节探讨工业化后期及后工业化时期发达国家服务业结构演进趋势，即这一发展阶段服务业内部不同行业比重升降态势不同，导致占主导地位的分类行业与工业化初中期不同、发生了更替，比重持续上升的分类行业代表这一发展阶段服务业结构的演进方向。

---

① 发达国家工业化进程一般从 19 世纪二三十年代至六七十年代开始，至 20 世纪六七十年代结束，持续一百余年时间。本节选取的数据是从 20 世纪 70 年代开始的，这个时期是从工业化后期向后工业化时期过渡的阶段。所以，本节的标题定为工业化后期及后工业化时期服务业结构演进分析。

② 根据联合国的国际标准产业分类体系（ISIC），服务业具体分为 11 个分支行业部门，分别是：商业、旅馆酒店业、运输仓储业、通讯业、金融保险业、房地产业、商务服务业、市场化的教育医疗部门、娱乐文化业、家庭服务业、政府公共服务部门。前十个分支行业部门均为市场化运作，均有增加值；政府公共服务部门，无增加值，计其产值，按投入计，政府部门产值或产出等于其投入。服务业增加值是前十个分支行业部门增加值与政府公共服务部门产值的加总。

有学者和机构研究发达国家工业化后期与后工业化时期服务业结构的演进态势。格鲁伯和沃克（Herbert G. Grubel & Michael A. Walker，1993）的研究表明：生产者服务业①代表服务业结构的演进方向。格鲁伯和沃克通过对发达国家 20 世纪 70、80 年代服务业的实证分析得出以下结论：后工业社会时期，生产者服务业较之其他服务行业部门更为重要，占服务业的份额最大，约为 30%。OECD（2001）研究了 1984～1998 年间 OECD国家服务业结构的变动。他们发现生产者服务业是服务业内部变动最大的部门，在 20 世纪 90 年代后期几乎所有 OECD 国家的生产者服务业的比重都有大幅上升；大多数国家的政府服务部门的比重也有所上升，但上升幅度不及生产者服务业，且上升至一定程度后比重趋于稳定；而流通服务业的比重趋于停滞，在一些国家还出现了大幅度下滑。辜曼与斯德曼（Goodman & Steadman，2002）认为，商务服务是知识技术密集型的生产者服务，OECD 国家 20 世纪 90 年代以来对它的需求超过对消费者服务的需求，导致商务服务业增速超过消费者服务业。刘志彪（2006）亦认为，发达国家近 20 年来经济结构与产业升级中最令人瞩目的戏剧性现象便是生产者服务业发展成为国民经济中的支柱产业。

上述研究都阐述一共同特征，即工业化后期与后工业化时期，发达国家生产者服务业比重上升，成为服务业内部最为重要的分类服务业。本节将通过 1970～2005 年所收集到的 OECD（经济合作与发展组织）国家的大量服务行业数据检验上述研究结论，相对上述研究而言，本节所涉及的数据时间跨度更大、分类（支）行业更全面，并根据这些发达国家的实证分析结论探讨赋予中国的启示。

二、发达国家工业化后期与后工业化时期服务业结构演进的实证分析

OECD 国家工业化后期与后工业化时期（1970～2005 年）服务业结构

---

① 生产者服务（producer services），亦称生产性服务，是指那些被其他商品和服务的生产者用作中间投入的服务。生产性服务业则是生产性服务企业的集合体。从外延角度看，生产性服务包括：与资源分配、融通相关的活动，如金融、猎头、培训等；产品与流程设计及与创新相关的活动，如研发、设计等；与生产组织和管理相关的活动，如信息咨询、信息处理、财务、法律服务等；与生产本身相关的活动，如质量控制、维持运转、后勤；与产品的推广和配销相关的活动，如市场营销、广告等。

变动情况见表 4 - 7。

表 4 - 7　　　　　1970 ~ 2005 年 OECD 国家各分支服务行业部门占服务业
增加值的比重均值 （%）

年份	商业	旅馆酒店	运输仓储	通讯	金融保险	房地产	商务服务	教育医疗	文化娱乐	家庭服务	公共服务
1970	21.22	3.4	8.67	4.34	8.87	11.01	11.66	1.02	1.79	3.77	24.23
1975	19.16	3.14	7.92	3.96	9.08	11.32	11.91	1.53	1.76	4.02	26.17
1980	18.02	3.02	7.69	3.85	9.23	11.57	12.21	1.58	1.79	4.03	26.99
1985	17.74	3.05	7.32	3.96	9.73	11.96	12.93	1.64	1.92	3.97	25.79
1990	16.73	3.15	7.i1	4.05	10.23	12.45	13.61	1.72	2.05	3.87	25.05
1995	16.21	3.21	6.84	4.16	10.28	12.86	13.72	1.81	2.18	3.76	25.01
2000	15.51	3.35	6.76	4.35	10.32	13.2	14.04	1.92	2.37	3.61	24.55
2005	14.36	3.38	6.53	4.46	10.82	13.22	14.81	2.03	2.35	3.72	24.36

注：
（1）根据荷兰格罗宁根大学增长与发展中心（GGDC）网站（http://www.ggdc.net）提供的数据库计算得出。该数据库提供 1970 ~ 2005 年间美国、英国、瑞典、丹麦、法国、荷兰、意大利等 OECD 七国各服务分支行业部门的完整数据，其他国家数据或未被收录或不完整。本表数据是上述国家各分支服务行业部门占整体服务业增加值的比重的平均值。
（2）该数据库依据联合国的国际标准产业分类体系（ISIC）将服务业分成上述十一个分支行业部门，详见表 4 - 7。表 4 - 7 的教育医疗是指市场化的教育医疗部门，该部门提供的教育医疗服务只占 OECD 国家教育医疗服务的小部分，大部分的教育医疗服务由政府公共服务部门提供，即公共教育医疗服务被包含在最后一栏政府公共服务之中。
（3）商务服务业（business services）是指知识技术密集型的生产者服务业，包括管理与技术咨询、计算机系统设计、法律、财务、审计等服务。政府公共服务部门包括公共教育医疗、国防、行政管理、社会保障等公共服务（公共品）。

表 4 - 7 表明，1970 ~ 2005 年间，各分支服务行业部门比重呈现不同的变化态势：商业、运输仓储业占服务业的比重明显下降，前者降低近 7 个百分点，后者降低 2 个百分点；金融保险业、商业服务业、房地产业、市场化教育医疗部门的比重明显上升，四行业部门分别约上升 2、3、2、1 个百分点；通讯业、文化娱乐业比重上升略升；旅馆酒店业、家庭服务业、政府公共服务部门的比重 35 年间虽有升降的变化，但 2005 年较之 1970 年，三行业部门的比重变化不大，保持大致稳定。

要精练概况服务业结构演进特征，需要将众多的服务分支部门进行归类，以便归结不同属性的分类服务行业部门比重变化趋势。服务业的归类法，主要有以下几种。辛格曼（Joachim Singelmann，1978）依据服务行业效用与市场化程度将服务业归为四类：流通服务业、生产者服务业、社会服务部门与个人服务业。流通服务业包括商业与交通仓储业；生产者服务，亦称中间投入性服务、生产者服务，包括金融保险、房地产、会计、法律咨询等行业；社会服务部门是指公共管理与服务部门，包括公共教育医疗、政府行政管理等部门；个人服务业是指为最终消费者服务的行业，包括家庭服务、旅馆饮食、娱乐休闲等行业。格鲁伯和沃克（Herbert G. Grubel & Michael A. Walker，1993）依据服务对象及提供服务的主体将服务业主要归为三类：消费者服务业、生产者服务业、政府服务部门。中国国家统计局（1985）依据不同效用，将服务业划分为四个层次：（1）流通部门：交通运输业、商业饮食业、物质供销和仓储业；（2）为生产和生活服务的部门：金融保险业、信息咨询业、技术服务业、房地产业、居民服务业、旅游业等；（3）为提高科学文化水平和居民素质服务的部门：教育、文化、科学研究事业、卫生、体育等；（4）为社会公共需要服务的部门：国家机关、政党机关团体，以及军队和警察。

上述归类法，主要依据服务行业部门的效用与属性。笔者借鉴这一思想，对服务业做一全面归类。鉴于政府公共服务部门的特殊属性，这一部门理应单列，这一部门主要提供公共教育和医疗、行政管理、国防等市场机制不能解决的公共品；除政府公共服务部门外，服务业其他行业均依赖市场机制，这些行业则依据不同效用进行归类，归为流通服务业、生产者服务业、消费者服务业、生产消费双重效用性服务业四类。流通服务业促使社会化大生产构成持续不断的"流"——商流与物流相互交织、持续运转，具体包括商业与运输仓储业。生产者服务业包括金融保险业与商务服务业。商务服务业是指知识技术密集型的服务行业，包括管理与技术咨询、计算机系统设计、法律、财务、审计等服务，明显具有生产者服务的属性。金融保险业虽有一部分为消费者（居民）服务，但整体而言金融保险业具有生产者服务的属性。金融业本质上是国民经济的"血液"——经济运行以资金流运转为载体，"血流不畅"、资金融通与运转不顺畅，经济运行与增长必受影响，从此意义上说，金融服务是国民经济运行必要且重要的中间投入，更具有生产者服务的属性与效用；保险业规避风险，保证微观层面企业生产与宏观层面国民经济的正常运行，保险服务是企业生产与社会化大生产必要且重要的中间投入，亦具生产者服务的属性。消费者服务业包括市场化教育医疗服务部门、娱乐文化服务业、家庭服务业，上述服务行业均为最终消费者服务。生产消费双重效用性服务业包括旅馆酒店业、通讯业与房地产。此三业兼具生产者服务与消费者服务属性，很

难分清哪种属性更占主体地位，无法将其单纯划入生产者服务业或消费者
服务业，所以，将三业视为生产消费双重效用性服务行业。表4-8直观
展示上述归类法。

表4-8　　　　　　　根据服务行业部门的效用与属性对服务业进行归类

归类	具体行业
流通服务业	商业、运输仓储业
生产者服务业	金融保险业、商务服务业
消费者服务业（部门）	娱乐文化业、市场化教育医疗部门、家庭服务业
双重效用性服务	旅馆酒店业、通讯业、房地产业
政府公共服务部门	公共教育医疗、国防、行政管理、社会保障等部门

按表4-8归类法，对表4-7的分支服务行业部门比重进行归类加
总，得到表4-9。

表4-9　　　　　　各分类行业部门占服务业增加值的比重（%）

年份	流通服务	生产者服务	消费者服务	双重效用性服务	政府公共服务
1970	29.89	20.53	6.57	18.75	24.23
1975	27.08	20.99	7.31	18.42	26.17
1980	25.71	21.44	7.4	18.43	26.99
1985	25.05	22.66	7.53	18.97	25.79
1990	23.84	23.84	7.61	19.65	25.05
1995	23.05	24	7.75	20.23	25.01
2000	22.27	24.36	7.9	20.9	24.55
2005	20.89	25.63	8.1	21.06	24.36

表4-9分类服务行业的比重变化通过折线变化态势图（见图4-13）
直观体现出来。

图4-13表明，不同分类服务行业部门呈现不同变化态势：流通服务
业比重明显下降；生产者服务业比重显著上升；消费者服务业与双重效用
性服务业比重亦上升，但上升幅度不及生产者服务业；政府公共服务部门
比重先略升后略降，2005年较之1970年，该部门的比重变化不大，保持
大致稳定。

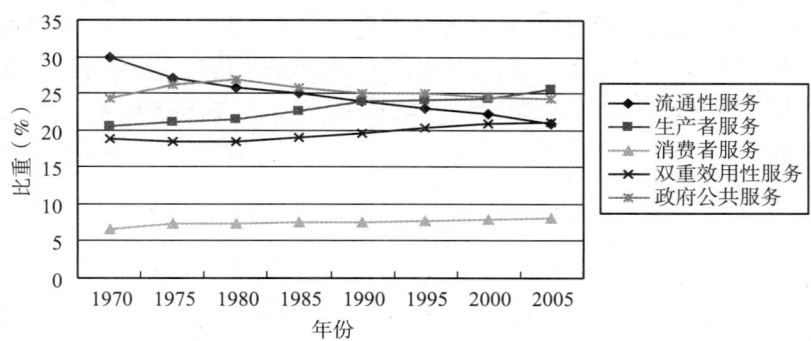

图4-13 OECD国家工业化后期与后工业化时期分类服务行业部门
占服务业增加值比重的演进态势

计量分析进一步地证实图4-13结论，详见表4-10。

表4-10 OECD国家1970~2005年各分类服务行业部门占服务业增加值
比重与服务业占GDP比重的回归模型的计量分析结果

	Ⅰ流通 服务业	Ⅱ生产者 服务业	Ⅲ消费者 服务业	Ⅳ双重效用性 服务业	Ⅴ政府公共 服务部门
常数项	0. 534 (51. 213) ***	-0. 092 (-9. 577) ***	-0. 018 (-3. 701) ***	0. 085 (11. 184) ***	0. 392 (20. 566) ***
估计系数	-0. 411 (-26. 081) ***	0. 433 (30. 126) ***	0. 127 (17. 723) ***	0. 167 (14. 486) ***	-0. 154 (-5. 355) ***
R	-0. 976	0. 983	0. 950	0. 928	-0. 676
R^2	0. 952	0. 967	0. 902	0. 861	0. 458
Adjust R^2	0. 951	0. 966	0. 899	0. 856	0. 442
F	680. 197[#]	907. 554[#]	314. 122[#]	209. 845[#]	28. 681[#]

注：
（1）各OECD国家各分类服务行业部门占服务业的比重与服务业占GDP的比重，根据荷兰格罗宁根大学增长与发展中心（GGDC）网站（http：//www. ggdc. net）提供的数据库计算得出。倚助计量分析软件SPSS11. 5，将1970~2005年期间各OECD国家各分类服务行业部门占服务业增加值比重，与服务业占GDP比重进行线性回归模型拟合，得到回归结果。
（2）括号内为该系数的t检验值，***代表通过了显著程度为1%的t检验，#表示通过了显著程度为1%的F检验。

表4-10表明，回归模型Ⅰ、Ⅱ、Ⅲ、Ⅳ拟合效果很理想：均通过显著程度为1%的t检验与F检验，相关系数R、判定系数R^2与调整后的判定系数Adjust R^2在0. 85以上，不少都在0. 9以上。这说明回归子流通、

生产性、消费性、混合性这四类服务行业占服务业的比重，均与回归元服务业占 GDP 的比重高度相关。回归模型 V 虽通过 t 检验与 F 检验，但相关系数 R、判定系数 R^2 与调整后的判定系数 Adjust R^2 未达 0.7、后两系数不及 0.5，这说明回归子政府公共部门的比重，与回归元服务业的比重具有一定关联度，但相关程度不高。

通过表 4-10，可以得出以下三个基本观点。

观点一：流通服务业占服务业增加值的比重，与服务业占 GDP 的比重高度负相关；换言之，伴随服务业占 GDP 比重增大，流通服务业占服务业比重会反向减小。

观点二：生产者服务业、消费者服务业、生产消费双重效用性服务业占服务业增加值的比重，均与服务业占 GDP 的比重高度正相关；换言之，伴随服务业占 GDP 比重增大，三业占服务业比重均会同向增大。

观点三：政府公共服务部门占服务业的比重，与服务业占 GDP 的比重，具有一定的关联度、表现为负相关。这至少表明，政府公共部门占服务业的比重，不会随着服务业占 GDP 的比重增大而增大。

服务业结构柱状图（见图 4-14）与饼状图（见图 4-15）进一步直观反映工业化后期与后工业化时期服务业结构构成的变化。

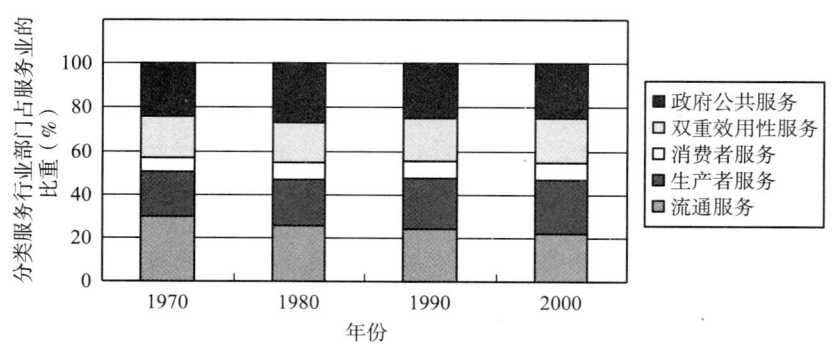

图 4-14　OECD 国家工业化后期与后工业化时期服务业的结构

注：图 4-14 根据表 4-9 数据绘制而成。

图 4-14 显示 1970~2000 年服务业内部构成变化。1970 年，服务业内部，比重最大的分类行业是流通服务业，比重接近服务业的 30%，占据服务业主导地位；1970~2000 年间，流通服务业比重逐渐下降，2000 年约降至 20%，其主导地位被生产者服务业替代。2000 年，服务业内部，

比重最大的分类行业是生产者服务业，约占服务业的25%；这是因为，其比重变化态势与流通服务业相反，1970～2000年间，生产者服务业比重逐渐上升，由20%上升至25%，取代流通服务业成为服务业内部的主导行业。1970～2000年，服务业内部：政府公共服务部门比重先升后降，这导致该部门比重2000年与1970年差不多，约占服务业的25%；双重效用性服务业约占服务业的20%，30年间比重成上升态势；消费者服务业约占服务业的6%～8%，30年间比重成上升态势；双重效用性、消费者服务业的上升幅度均不及生产者服务业。

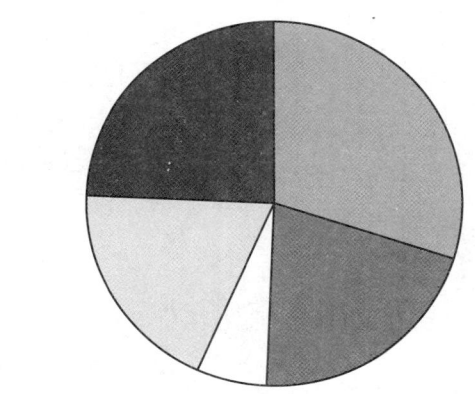

1970年OECD国家服务业结构饼状图

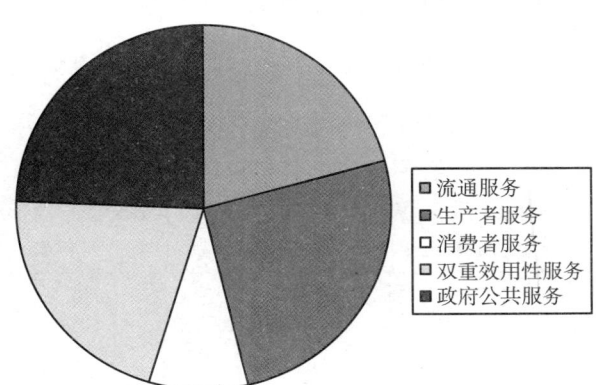

■ 流通服务
■ 生产者服务
□ 消费者服务
▨ 双重效用性服务
■ 政府公共服务

2005年OECD国家服务业结构饼状图

图4－15　1970年与2005年OECD国家服务业内部构成对比

注：图4－15根据表4－9数据绘制而成。

图 4-15 非常直观显示 2005 年较之 1970 年，服务业内部的构成变化。1970 年，比重最大的是流通服务业，2005 年，这一行业比重明显缩小，取而代之的是生产者服务业，这一行业比重明显扩大、成为 2005 年比重最大的行业；2005 年较之 1970 年，政府服务部门比重大致不变；消费者服务业、双重效用性服务业比重有所增大，但增大幅度不及生产者服务业。

通过图 4-14 与图 4-15，可以得到以下三个基本观点。

观点一：工业化后期与后工业化时期，发达国家生产者服务业取代流通服务业，成为服务业内部比重最大的行业，即成为主导行业。

观点二：发达国家生产者服务业、消费者服务业、生产消费双重效用性服务业占服务业的比重均上升，代表工业化后期与后工业化时期服务业结构的演进或升级方向。

观点三：政府公共服务部门占服务业的比重总体变化不大，比重大致稳定。

此三观点与前文通过表 4-10 得到的三观点，内容是一致的。

三、服务业结构演进的内在机理分析

决定服务业结构演进的深层因素有四个：人均收入、城市化、分工与交易费用。现分别分析这四个深层因素对服务业结构演进的作用机理。

（一）人均收入水平及其作用机理

表 4-11 反映人均收入水平与服务业及其分类部门比重的关联度。

表 4-11　　　OECD 国家 1970～2005 年服务业及其各分类行业部门比重与人均 GNP 的回归模型的计量分析结果

	服务业	流通服务业	生产者服务业	消费者服务业	双重效用性服务业	政府公共服务部门
常数项	-0.027 (-0.423)	0.569 (32.679) ***	-0.084 (-2.397) **	0.037 (28.524) ***	0.094 (4.374) ***	0.357 (9.478) ***
估计系数	0.072 (11.016) ***	-0.032 (-18.128) ***	0.029 (8.256) ***	0.003 (18.979) ***	0.011 (4.893) ***	-0.007 (-1.923) *
R	0.943	-0.978	0.905	0.980	0.784	-0.440

	服务业	流通服务业	生产者服务业	消费者服务业	双重效用性服务业	政府公共服务部门
R^2	0.890	0.956	0.820	0.960	0.615	0.194
Adjust R^2	0.883	0.953	0.808	0.957	0.589	0.140
F	121.341#	328.626#	68.161#	360.196#	23.944#	3.611*

注：（1）服务业比重是指服务业占 GDP 的比重，各分类行业部门的比重是指各分类占服务业增加值的比重。比重数据来源于荷兰格罗宁根大学增长与发展中心（GGDC）网站（http：//www.ggdc.net）；人均 GNP 数据来源于国家统计局出版的《国际统计年鉴》。（2）括号内为该系数的 t 检验值，* 、** 、*** 分别代表通过了显著程度为 10%、5%、1% 的 t 检验，#表示通过了显著程度为 1% 的 F 检验。

表 4-11 表明：整体服务业及其分类部门（公共部门除外）比重与人均收入水平具有较高的关联度——相关系数 R、判定系数 R^2 与调整后的判定系数 Adjust R^2 较大。特别是整体服务业、流通服务业、生产者服务业、消费者服务业的比重，与人均 GNP 的关联度均在 0.8 以上。双重效用性服务业比重与人均 GNP，亦存在一定关联度，关联度约在 0.6 以上。政府部门比重与人均 GNP 的关联度很差，判定系数 R^2 与调整后的判定系数 Adjust R^2 不及 0.2。

人均收入水平之所以与流通服务业、消费者服务业、生产者服务业比重关联度较大，其对后者的作用机理具体分析如下。

人均收入水平提高，会导致流通服务部门比重下降。随着人均收入水平提高，服务业增加值占 GDP 的比重呈现增大趋势，工农业增加值占 GDP 的比重则相对下降。这是产业结构演进的基本规律之一。工业化后期与后工业化时期，工农业比重相对下降、工农业增速放缓，必然影响与工农业产品的生产与流通密切相关的运输仓储业与商业，两业的增速会放缓。加之，这一时期，工业产能相对需求经常会出现过剩，亦会负面影响与制造业、工业产品生产与融通紧密相关的流通服务业，批发零售商业与运输仓储两业增速会明显放缓，占服务业的比重趋于下降。

人均收入水平提高，会带动消费者服务部门发展、导致该部门比重上升。工业化后期与后工业化时期，人均收入提高较快，人们可以通过购买家电或雇佣市场化家庭服务替代自我家务劳作，闲暇时间由此增多。这一时期，人们消费需求层次已由生存型向享受、发展型消费资料方向发展，能够愉悦身心、提高生活水准的较高收入弹性的消费者服务如娱乐文化、旅游休闲等由此获得较快发展，消费者服务业占服务业的比重趋于上升。

　　人均收入水平上升的过程，亦是城市化水平提高、社会分工深化及交易费用降低的过程，后三个因素直接作用于生产者服务业，导致生产者服务业比重增大，关于作用机理的详细分析见后文。所以，伴随人均收入水平提高，生产者服务业比重呈上升之势。

（二）城市化水平及其作用机理

　　表4－12反映城市化水平与服务业及其分类部门比重的关联度。

表4－12　　　　OECD国家1970～2005年服务业及其各分类行业部门
比重与城市化率的回归模型的计量分析结果

	服务业	流通服务业	生产者服务业	消费者服务业	双重效用性服务业	政府公共服务部门
常数项	－ 1. 481 （－ 6. 366）***	1. 027 （14. 468）***	－ 0. 733 （－ 6. 256）***	－ 0. 243 （－ 6. 276）***	－ 0. 244 （－ 3. 856）***	0. 791 （7. 604）***
估计系数	2. 834 （9. 349）***	－ 1. 014 （－ 10. 965）***	1. 227 （8. 035）***	0. 396 （7. 854）***	0. 579 （7. 033）***	－ 0. 660 （－ 4. 869）***
R	0. 919	－ 0. 939	0. 895	0. 891	0. 869	－ 0. 773
R^2	0. 845	0. 883	0. 801	0. 794	0. 756	0. 597
Adjust R^2	0. 836	0. 875	0. 789	0. 781	0. 740	0. 572
F	87. 409#	120. 224#	64. 562#	61. 679#	49. 462#	23. 703#

　　注：（1）服务业比重是指服务业占GDP的比重，各分类行业部门的比重是指各分类占服务业增加值的比重。比重数据来源于荷兰格罗宁根大学增长与发展中心（GGDC）网站（http：//www. ggdc. net）；城市化率来源于国家统计局出版的《国际统计年鉴》。（2）括号内为该系数的t检验值，***代表通过了显著程度为1%的t检验，#表示通过了显著程度为1%的F检验。

　　表4－12表明，整体服务业及其分类部门（公共部门除外）比重与城市化率具有较高的关联度——相关系数R、判定系数R^2与调整后的判定系数Adjust R^2约为0.8或在0.8之上。政府公共部门比重与城市化率亦有一定关联度，但不及其他分类服务部门。

　　城市化与生产性、消费性、流通服务业比重关联度较大，其对后者的作用机理具体分析如下。

　　城市化对生产者服务业发展产生较大的推动作用。城市特别是特大型城市具有良好的软硬基础设施条件，吸引生产者服务业尤其是知识技术密集型现代生产者服务业集中集聚。此种集聚极大降低被服务企业的交易费用，优化企业的发展环境，由此带动大城市周边地区的制造业发展。此外，特大型城市往往是区域甚至是全国经济中心，全球化使其成为跨国企业指挥与控制全球产业运作的节点和中心。大型跨国企业往往在这些城市设立其管理总部及投资运营业中心，亦带动知识技术密集型生产者服务业在此集中与集聚。总之，城市是生产者服务业集聚与发展的基地，随着工业化后期与后工业化时期城市化率上升、城市化水平提高，生产者服务业占服务业的比重愈趋上升。

城市化水平与消费者服务业发展存在密切关系。消费者服务业是在城市化进程中不断繁荣发展起来的，工业化后期与后工业化时期，城市经济的良性循环较大程度上依赖于各种消费者服务需求的实现。城市化水平与消费者服务发展之所以存在密切相关关系，前文所指的城市化水平提高过程中引致的人均收入水平提高、人们闲暇时间增多是重要原因，此外，还有两关键原因，详细解释如下。

城市化从需求激发和供给创新两方面强力拉动消费者服务业发展。其一，城市化使区域市场迅速扩大，为消费者服务发展提供市场条件，带动消费者服务业发展。消费者服务业发展对市场集中度与市场容量要求较高，城市化利用其聚集效应能较快提高市场集中度，扩充市场容量，从而为消费者服务业发展创造市场条件。其二，城市利用其聚集效应使人们的消费观、价值观相互吸纳、借鉴，并通过示范效应在城市中进行传播与扩散，促进新兴消费者服务业的兴起与发展。其三，城市通过供给创新功能挖掘出更多的消费者服务需求，促进新兴消费者服务部门发展壮大。城市是知识、技术中心，可运用新技术研发全新产品与服务，辅以强大的广告宣传，将潜在的需求转化为现实的需求。譬如视频网络技术的发明激发动漫娱乐、电游娱乐等消费需求，促进相关部门迅猛发展。伴随城市化水平提高，市场潜在容量增大，新技术用于消费者服务创新的速度加快，通过供给创新创造需求的能力愈发强大，带动新兴消费者服务业迅速发展。总之，城市化从供求两方面强力拉动消费者服务业，随着城城市化率提高、城市化水平上升，消费者服务业占服务业比重趋于上升。

城市化水平提高的进程亦是人均收入水平提高的过程，人均收入水平提高，服务业占 GDP 的比重必增大，工农业比重相对减小，且服务业内部，新兴服务分支行业独立形成并逐步发展，因此，伴随城市化水平提高，与工农业生产流通密切相关、传统的流通服务业占服务业的比重反而会下降。

（三）分工水平及其作用机理

社会分工深化，亦导致流通服务业比重下降。工业化后期与后工业化时期，随着社会分工深化，新兴的服务行业部门随之独立形成、发展壮大。服务业内部，体现为新兴的服务行业部门增长加速、比重逐步提升。此原因导致流通服务业——商业、运输这两个最早形成、发展起来的传统服务行业占服务业的比重趋于下降。

社会分工形成，导致生产者服务业独立形成并发展壮大。生产者服务又称生产者服务（producer services），原先置于制造企业内部，随着社会分工水平与专业化程度提升，生产者服务开始从原先的制造企业中分离出来，成为独立的服务企业，逐步发展成为专业化的生产者服务业，而原有的制造业企业则致力于生产制造环节，至于市场调研、产品设计、包装、储运、市场营销推广等生产者服务环节，制造企业转向向专业化的生产者服务企业购买。20 世纪 80、90 年代欧美制造企业普遍出现生产者服务外包（outsourcing），即制造企业向外购买生产者服务的趋势。还需提及的是，不仅制造企业选择服务外包，不少服务企业亦选择将非核心的生产者服务如采购、后勤等外包，生产者服务业由此获得蓬勃发展。服务业结构的重要演进规律由此形成：工业化后期与后工业社会时期，生产者服务业占服务业比重呈上升态势，替代流通服务业渐占据服务业主导地位。

从作为经济发展主要线索的分工与专业化的角度分析，生产者服务专业化体现为分工与专业化的阶段性演进的产物：首先是部门专业化；其次是产品专业化、零部件专业化；再次是工艺专业化；最后是生产者服务专业化——外包的出现。生产者服务专业化（外包）——生产者服务业的形成与发展是社会分工深化产物，其又反作用于社会分工，与分工专业化构成互动机制，从而提升生产力。知识技术密集度较高的生产者服务业实质上充当人力资本与知识资本的传送器，最终将这两种能大大提高最终产出的资本导入生产过程之中从而提升生产力。换言之，可将生产者服务的提供者看作是一个专家集合体，这个集合体提供知识及技术，使生产迂回度增加，生产更加专业化、资本更为深化，并提高劳动与其他生产要素的生产力。

（四）交易费用及其作用机理

交易费用降低，亦导致后工业时期的企业选择生产者服务外包，生产者服务业由此独立形成并获得蓬勃发展。从交易费用的角度考虑，企业选择生产者服务外包的原因在于，企业将服务外包生产的费用与向外购买的交易费用之和小于企业自我生产提供服务的费用。经济全球化、信息化及社会分工深化、专业化程度提升的经济发展背景下，外包的生产费用与交易费用及运作效率占据优势。首先，提供生产者服务的企业可凭借服务于众多企业而生成规模效应进而有效控制费用。其次，生产者服务业企业借助其专业化优势，凭借其经验、知识、技术等一系列优势帮助服务外包企业在最短时间内根据形势变化调整管理操作流程，满足后者健全完善管理体系的需求。最后，快捷的信息通讯技术使得将生产者服务外包的企业与此服务提供企业沟通顺畅、交易费用大幅降低。概而言之，生产者服务以服务外包的形式成为后工业社会时期现代企业的重要中间投入，根源在于交易费用与专业化生产费用的降低可以使将服务外包的企业较大程度节约成本，还能将非核心业务剥离从而专注于能体现自身分工专业化优势的核心业务，提高自身竞争力。所以，工业化后期与后工业化时期，生产者服务业发展迅速，占服务业比重显著上升、替代流通服务业占据服务业主导地位。

　　交易费用亦可解释政府公共服务部门的发展态势。新制度经济学家科斯认为企业是市场的替代，原因在于它能节约交易费用。可以借鉴科斯的思想，将政府亦理解为市场的替代。如果说企业替代市场是能节约微观交易费用，则政府替代市场则是能节约宏观交易费用。微观交易费用是指两个市场交易主体完成一次契约所花费的各种费用；宏观交易费用则是指保证整个市场所有契约交易顺利进行并提供服务所耗费的费用。政府作为节约整个社会的宏观交易费用的组织而存在。政府通过履行职能如界定与保护产权、提供制度供给并实施制度、协调各种利益集团矛盾达到节约宏观交易费用的目的。基于政府公共服务部门的重要效应，伴随经济社会发展，政府部门的绝对规模将不断扩充。但其绝对规模不会无限扩充，政府部门相对服务部门整体的规模会保持大致稳定。与企业一样，政府在实现节约市场宏观交易费用的同时，也产生运作与管理费用，这些费用包括政府部门设立、内部管理的费用、制定、实施产权制度安排的费用，以及督查、惩治的费用。当政府所节约的宏观交易费用大于或等于政府部门运作与管理费用，政府的存在是有效的，政府的规模是适度的。如果政府规模过于庞大，将会使政府的设立与内部管理费极大增加，最终使政府运作与管理的总费用超过所节约的宏观交易费用，从而增加经济、社会的负担，阻滞经济社会发展。因此，基于交易费用的视角，工业化后期与后工业化时期，政府公共服务部门的绝对规模会保持一定增速，但其相对规模（政府部门占服务部门整体的比重）会保持大致稳定，如其绝对规模增速过快、相对规模持续上升，将很可能导致不经济、增加社会负担。

需要提及的是，上述四个深层因素——人均收入、城市化、分工与交易费用之间互为关联、相互促进。人均收入水平提高是经济发展的主要标志，而经济发展的另一重要内容——二元经济结构转换则通过城市化予以体现，分工深化是经济发展的主要线索，经济发展进程亦是因制度革新、技术进步而导致交易费用不断降低的过程。上述四个经济发展的内在因素必然两两相互作用、相互促进，以此推动工业化与工业化后期与后工业化时期经济持续发展，并共同作用于服务业内部各分类服务行业部门的发展。

下文将以图示法——图 4 - 16 直观展示发达国家工业化后期与后工业化时期服务业结构演进机理，即各分类服务部门如何受四大深层因素作用呈现不同的比重演进态势。

Ⅰ. 流通服务业

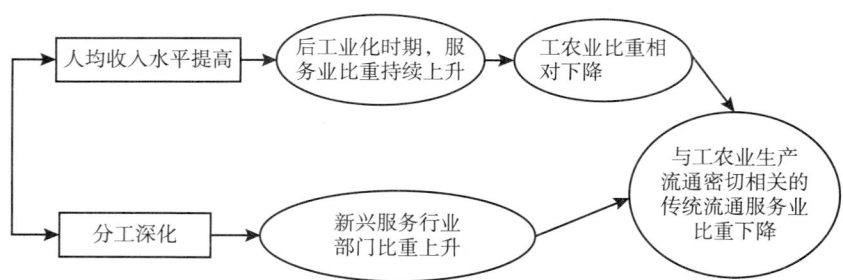

Ⅱ. 生产者服务业

Ⅲ. 消费者服务业

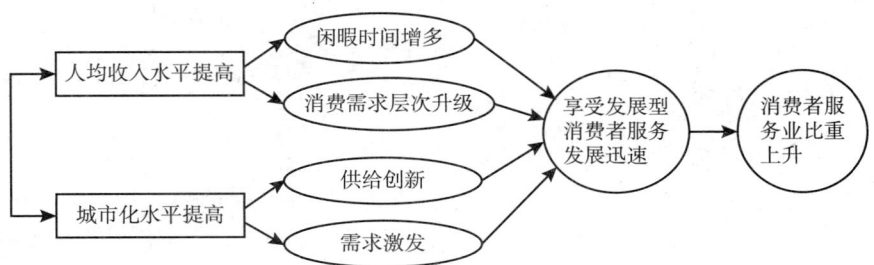

Ⅳ. 生产消费双重效用性服务业

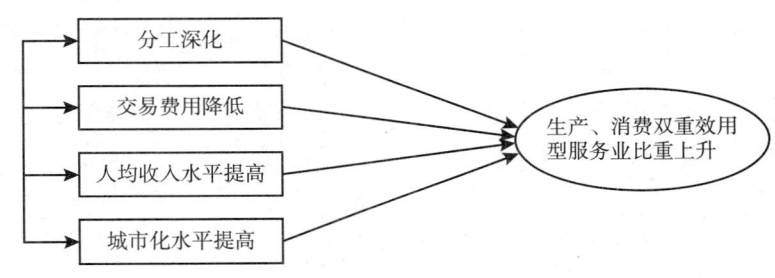

Ⅴ. 政府公共服务部门

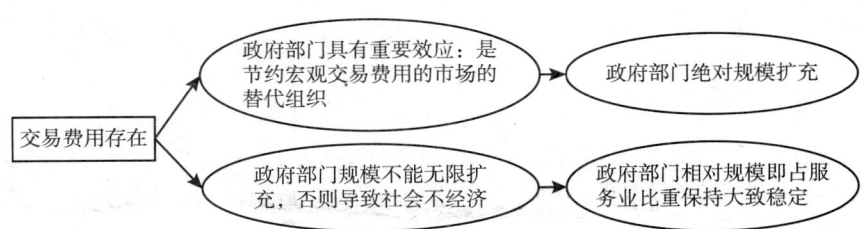

图 4 – 16 决定服务业结构演进的深层因素及其作用机理

图 4 – 16 根据前文关于四因素作用机理的文字内容绘制而成。篇幅所限，四因素传导的中间环节省略，详见Ⅱ、Ⅲ图的中间环节。

四、结论与启示

(一) 结论

服务业结构演进呈现如下一般趋势。

趋势一：不同经济发展阶段，服务业内部居于主导地位的行业不同。工业化过程中，属于流通服务业的商业、运输仓储业由于与工业生产流通密切相关，所以居于主导地位，此类服务行业占整体服务业比重居最大份额；而在工业化后期及后工业社会时期，与工农业生产与流通密切相关、传统的流通服务业比重增长放缓，生产者服务业比重呈上升态势，成为服务业内部占据主导地位的行业，表明这一阶段服务业结构的演进方向由流通服务业转为生产者服务业。换言之，流通服务业占服务业增加值的比重，与服务业占 GDP 的比重负相关；生产者服务业占服务业增加值的比重，与服务业占 GDP 的比重正相关。

趋势二：受分工、交易费用、人均收入、城市化四大经济发展的内在因素作用，生产者服务业、消费者服务业与生产、消费双重效用性服务业三大分类服务行业，占服务业的比重均呈现上升态势，生产者服务业比重上升幅度最为显著。换言之，上述分类服务业占服务业增加值的比重，均与服务业占 GDP 的比重正相关。这些具有正相关关系的分类服务行业代表工业化后期及后工业化时期服务业结构演进或升级的方向，涉及行业包括金融保险、商务服务、房地产、通讯、文化娱乐、教育医疗等。这一趋势顺应经济发展的内在要求，充分体现经济发展的全面内涵即经济运行效率提高、生产力水平提高以及人们身心素质与生活质量提升。

趋势三：政府公共服务部门的绝对规模随着经济社会发展而扩展，但受交易费用因素作用，该部门相对规模即占服务业的比重，会保持大致稳定。这是因为，如果政府部门规模盲目扩充，将会导致政府运作与管理费用之和超过其所节约宏观交易费用，从而增加经济、社会的负担。

(二) 启示

上述结论赋予我国如下启示。

启示一：遵循流通服务业发展规律，不同发展阶段，对流通服务业采取不同的发展策略。工业化初期与中期，鉴于流通服务业与工农业尤其是工业生产、流通密切相关，应积极推动流通服务业发展。工业化后期及后工业化时期，随着工业化进程渐趋结束、工业产能相对需求经常过剩，遵循流通服务业此阶段增速放缓、比重下降的发展规律，政府部门在此阶段不应将流通服务业——商业与运输仓储业作为发展重点而盲目引资扩张，否则最终会导致资源浪费、供过于求的局面发生。

启示二：遵循服务业结构演进趋势，工业化后期及后工业化时期，应积极推动代表服务业结构演进（升级）方向的生产者服务业发展。位于区域经济中心大城市的地方政府，应充分发挥大城市软硬件设施齐全的优势，采取优惠举措吸引生产者服务尤其是知识技术密集型的生产者服务业，如涉及信息资讯、软件测试、法律咨询等内容的商务服务业在此聚集，亦可吸引跨国公司在大都市建立投资运作中心与管理总部。通过大城市集聚的生产者服务业的辐射作用，带动周边地区制造业协同发展，亦可推动本地区的产业结构优化升级。

启示三：消费者服务业及生产消费双重效用性服务业亦代表服务业结构演进方向。顺应这一趋势，应积极扶持娱乐文化、家庭服务、部分可市场化的教育医疗、通讯等消费性及双重效用性服务部门发展。此举亦有利于培育新的经济增长点，推动经济可持续地发展。当前，积极发展体育休闲、动漫娱乐、文化创意与等消费性及双重效用性服务业，可使我国在全球金融经济危机持续期间寻找到新的经济支撑点，增加消费、拓展内需，实现经济平稳、持续发展。

启示四：鉴于城市化、分工与交易费用是决定服务业结构演进的深层因素，有必要通过一系列制度改进如适度放松户籍制度、消除行政性垄断、扩大对内与对外开放度、提高行政服务的效率等举措提升城市化与市场化水平，深化社会分工水平，降低交易费用。此举可推进生产者服务业、消费者服务业与生产消费双重效用性服务业加速发展，进一步优化服务业结构。

启示五：鉴于交易费用理论决定政府部门绝对规模不能盲目扩张、相对规模需适度，所以，政府公共管理服务部门应控制自身的发展规模，提高公共管理与服务的效率。同时，还应解决好越位与缺位的问题。一方面消解阻碍市场化的制度掣肘，解决好政府的"越位"问题，促进市场化水平、分工水平提高，交易费用降低；另一方面，花大力气解决市场机制不能自发解决的公共品供给问题，如老少边穷及广大农村地区的基础教育与公共医疗的供给，解决好政府的"缺位"问题。

第三节　分支服务行业部门比重计量模型及
流通服务行业比重的饱和点测算

第三章机理分析表明：属于流通服务业的商业与运输业，占服务业的比重趋于下降、占国民经济的比重大致稳定，商业与运输仓储业占国民经济的比重极有可能存在饱和点。本节拟通过计量模型将上述服务行业的比重饱和点测算出来。

一、发达国家分支服务行业部门占 GDP 与占全社会就业比重的计量模型拟合

根据表 4 - 13、表 4 - 14、表 4 - 15 数据拟合出分支（类）服务业增加值比重与就业比重模型。

表 4 - 13　　　　　1970 ~ 2006 年发达国家的人均收入（美元，1990 年价）

国家＼年份＼人均收入	1970	1980	1990	2000	2006
加拿大	11952	16664	19800	17892	26348
美国	15247	19474	23560	28220	32758
丹麦	9641	20909	23430	26128	37661
挪威	8471	22956	25470	29254	48463
法国	9210	19100	19660	20066	26625
荷兰	7670	20460	19120	21870	31083

注：1970 年、1980 年、1990 年人均收入用人均 GNP 衡量；2000 年、2006 年人均收入用人均国民总收入衡量。人均收入前后期未采取统一指标，囿于统计资料所限。人均 GNP 与人均国民总收入会有一定差异，但差异通常不大。发达国家之所以选取这六国，亦囿于统计数据，其他发达国家数据资料不全或没有。

资料来源：

张塞主编：《国际统计年鉴 1995》，中国统计出版社 1995 年版。

朱之鑫主编：《国际统计年鉴 2001》，中国统计出版社 2001 年版。

世界银行 1979 年、1982 年、1990 年、1994 年、1999 年出版物《世界发展报告》（WORLD DEVELOPMENT REPORT）。

国家统计局：《国际统计年鉴 - 2008》，中国统计出版社 2008 年版。

表 4 – 14　　　　　　1970～2006 年发达国家服务业分支行业与整体

服务业占 GDP 的比重（%）

国家与年份		商业	运输仓储	金融	房产与商务	社会服务	政府公共	其他类服务	整体服务业
加拿大	1970	12	6	2	12	5	16	7	60
	1980	11	5	2	15	5	16	6	60
	1990	12	4	3	18	6	17	6	66
	2000	10.1	3.9	5.6	17.8	5	14	7.6	64
	2006	11.5	4	5.8	18.9	5	13	8.4	66.6
美国	1970	17	4	4	13	6	16	2	62
	1980	16	4	4	15	6	16	2	63
	1990	15	3	3	19	5	17	7	69
	2000	12.8	3.3	7.6	24	7	20	0.9	75.6
	2006	12.3	3	8.3	24.8	7	21	0.3	76.7
法国	1980	12	4	4	12	5	15	5	57
	1990	12	4	4	17	5	15	6.6	63.6
	2000	9.4	3.2	4.6	22.9	5	16	13.2	74.3
	2006	9.2	3.4	4.4	25	5	16	12.9	76.9
荷兰	1970	14	6	6	7	7	16	0.8	54.8
	1980	10	4	4	11	6	18	6	59
	1990	12	4	4	15	5	16	6	62
	2000	12.4	4.2	5.4	18.9	5	14	12.7	72.6
	2006	11.5	4.2	5.9	18.7	5	16	12.3	73.6
丹麦	1970	16	8	8	9	6	16	2	65
	1980	13	7	7	13	7	21	0.8	68.8
	1990	13	6	6	17	7	20	2	71
	2000	11.7	6.1	4.5	17.9	7	19	4.4	70.6
	2006	11.5	6.7	4.8	19.1	7	20	4.5	73.6
挪威	1970	11	13	3	6	5	13	2	53
	1980	11	8	4	10	5	14	4	56
	1990	10	8	5	12	5	16	2	58

注：房产与商务是指房地产与商务服务业合计，没有两业的明细数据；社会服务是指社会社区个人服务业，具体包括市场化的教育医疗、文化娱乐与个人家庭服务，没有三业的明细数据；政府公共服务包括公共教育医疗、公共管理、国防与社会保障等；其他类服务包括通讯、旅馆饭店等没有明细数据的服务行业。之所以选取加拿大、美国、法国、荷兰、丹麦与挪威这几国，是因为这几国数据相对较全。上述几国有时会缺乏某一年的数据。

资料来源：根据以下资料计算得出：OECD, 1997: Services Statistics on Value Added and Employment, Paris: OECD Publishers；国家统计局：《国际统计年鉴–2009》，中国统计出版社 2009 年版。

表 4 - 15　　　　　　　　1970 ~ 2006 年发达国家服务业分支行业与整体
服务业占全社会就业的比重（％）

国家与年份		商业	运输仓储	金融	房产与商务	社会服务	政府公共	其他类服务	整体服务业
加拿大	1970	17	5	2	2	6	19	10	61
	1980	17	5	3	6	7	19	10	67
	1990	18	4	3	9	7	20	10	71
	2000	17.3	4.4	4.1	11.7	7	20	9.6	74.1
	2006	17.5	4.2	4.5	12.6	7	21	8.8	75.6
美国	1970	19	4	2	5	8	23	4	65
	1980	20	3	3	6	8	23	5	68
	1990	21	3	3	9	8	24	6	74
	2006	14.8	3.3	5	12.5	9	26	7.2	77.8
荷兰	1970	16	5.1	2.8	2.8	6	17	5.3	55
	1980	15.5	4.9	3.4	5.2	7	21	5.8	62.8
	1990	15.9	5.1	3.5	8.1	8	24	3.4	68
	2000	16.1	5	3.5	12	5	25	5	71.6
	2006	14.8	5.12	3.3	12	8	24	5.98	73.2
丹麦	1970	14.32	5.3	2.4	3.1	5	16.8	5.38	53.3
	1980	12	5	3.5	4.4	5	28.3	5.4	63.6
	1990	10.9	5.3	4.1	5.9	6	30.4	4.5	67.1
挪威	1970	13.4	8.5	1.9	1.8		16	12.7	62.3
	1980	14.5	6.9	2.4	2.6	8	23	13.9	71.3
	1990	14.2	6.6	3.2	5	9	27	8.4	73.4

资料来源与注同上表。没有法国就业方面的数据。

　　根据表 4 - 13、表 4 - 14、表 4 - 15 数据拟合出分支（类）服务业增加值比重与就业比重模型。下列模型中 X 表示人均收入，Y 表示整体服务业或分支（类）服务业占 GDP 或全社会就业的比重。

（一）分支服务行业部门占 GDP 比重的计量模型拟合

1. 商业

$$Y = (1.16E - 05)X - (2.55E - 10)X^2 \quad R^2 = 0.944 \quad F = 211.45 \quad SIGF = 0.0000$$

2. 运输仓储业

$$Y = (4.94E - 06)X - (1.12E - 10)X^2 \quad R^2 = 0.776 \quad F = 43.49 \quad SIGF =$$

0.0000

3. 金融保险业

$$Y = (2.11E - 06)X \quad R^2 = 0.863 \quad F = 164.453 \quad SIGF = 0.0000$$

4. 房地产与商务服务业

$$Y = (7.27E - 06)X \quad R^2 = 0.947 \quad F = 466.673 \quad SIGF = 0.0000$$

5. 社会、社区与个人服务业

$$Y = (2.46E - 06)X \quad R^2 = 0.922 \quad F = 305.704 \quad SIGF = 0.0000$$

6. 政府公共服务部门

$$Y = (7.20E - 06)X \quad R^2 = 0.924 \quad F = 317.157 \quad SIGF = 0.0000$$

7. 整体服务业

$$Y = (2.86E - 05)X \quad R^2 = 0.937 \quad F = 383.54 \quad SIGF = 0.0000$$

从上述方程的判定系数 R^2 与 F 检验值来看，所拟合而成的产出结构模型较为理想。

（二）分支服务行业部门占全社会就业比重的计量模型拟合

1. 商业

$$Y = (1.70E - 05)X - (4.12E - 10)X^2 \quad R^2 = 0.966 \quad F = 253.766$$
$$SIGF = 0.0000$$

2. 运输仓储业

$$Y = (5.44E - 06)X - (1.38E - 10)X^2 \quad R^2 = 0.899 \quad F = 80.905$$
$$SIGF = 0.0000$$

3. 金融保险业

$$Y = (1.53E - 06)X \quad R^2 = 0.948 \quad F = 343.136 \quad SIGF = 0.0000$$

4. 房地产与商务服务业

$$Y = (3.50E - 06)X \quad R^2 = 0.885 \quad F = 145.794 \quad SIGF = 0.0000$$

5. 社会、社区与个人服务业

$$Y = (3.32E - 06)X \quad R^2 = 0.912 \quad F = 197.306 \quad SIGF = 0.0000$$

6. 政府公共服务部门

$$Y = (1.06E - 05)X \quad R^2 = 0.946 \quad F = 331.669 \quad SIGF = 0.0000$$

7. 整体服务业

$$Y = (3.16E - 05)X \quad R^2 = 0.939 \quad F = 290.921 \quad SIGF = 0.0000$$

从上述方程的判定系数 R^2 与 F 检验值来看，所拟合而成的就业结构模型较为理想。

二、流通服务行业的增加值比重、就业比重的饱和点测算

从服务业结构模型中看出，分支行业部门除商业、运输仓储业外，其他的分支（类）服务行业部门的增加值比重与就业比重方程均为线性函数，其拟合图形体现为一条向右上方倾斜的直线。即这些行业部门占国民经济的比重均伴随人均收入水平上升而上升，不存在比重饱和点。商业、运输仓储的增加值比重与就业比重方程均为 X 的负二次方方程，其拟合曲线均为开口向下的抛物线，如商业与运输仓储业增加值比重方程的拟合曲线（见图 4 - 17），这说明这些抛物线即上述方程存在最大值。可令这些方程一阶导数为零，从而求出上述方程的最大值。计算结果如下：

商业增加值比重方程：$Y' = (1.16E - 05) - 2 \times (2.55E - 10) \times X = 0$ 最大值 Y = 13.2%，X = 22700 美元（1990 年价）

就业比重方程：$Y' = (1.70E - 05) - 2 \times (4.12E - 10) \times X = 0$　最大值 Y = 17.5%，X = 20600 美元（1990 年价）

运输仓储业增加值比重方程：$Y' = (4.94E - 06) - 2 \times (1.12E - 10) \times X = 0$　最大值 Y = 5.45%，X = 22100 美元（1990 年价）

就业比重方程：$Y' = (5.44E - 06) - 2 \times (1.38E - 10) \times X = 0$　最大值 Y = 5.36%，X = 19700 美元（1990 年价）

由于比重方程（计量模型）与实际情况存在一定偏差，个别国家的流通服务业比重值大于上述计算出的最大值，因此，流通服务业的比重饱和点需进行调整，不能仅定为最大值。最大值，结合发达国家流通服务业实际比重数据，进行适当地折中，得出流通服务行业比重（占 GDP 与占全社会就业）的饱和点：商业增加值比重饱和点大致是 13% ~ 15%，其就业比重饱和点大致是 17% ~ 20%；运输仓储增加值比重与就业比重的饱和点均大致是 5% ~ 7%。

商业、运输仓储业存在比重饱和点的原因，前文已述，此处作简要概括：商业与运输仓储业是服务业中最早形成、发展起来分支服务业，其发展一定阶段后增速会减缓，导致其占 GDP 与全社会就业的比重不再上升；另一方面，商业、运输业与工农业的生产、流通密切相关，随着新兴服务业形成、发展，国民经济中服务业比重上升而工农业比重相对下降，与后者生产、流通密切关联的商业与运输仓储业会因此受到影响，增速会减

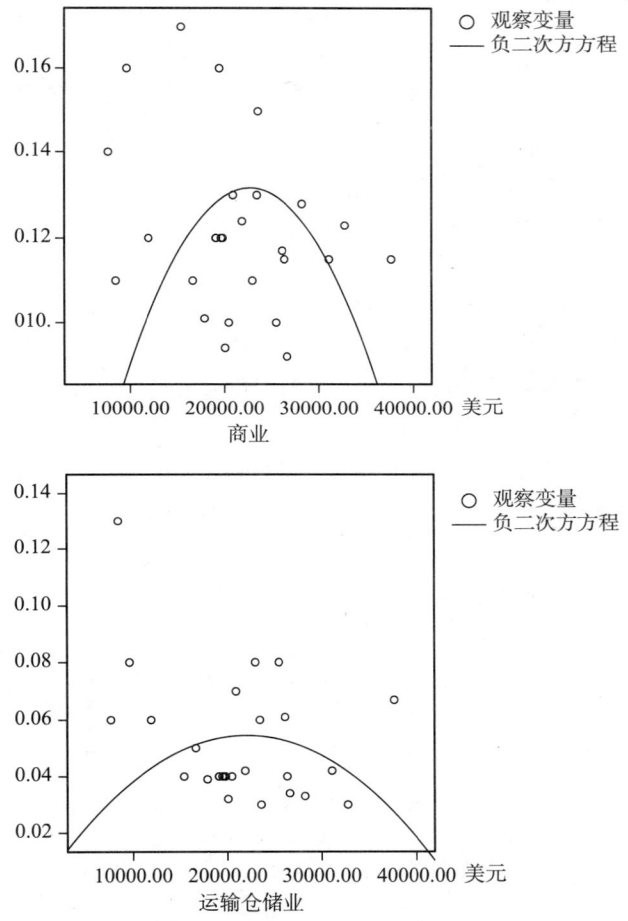

图 4 – 17 商业与运输仓储业增加值比重方程的拟合曲线

注：横坐标是人均收入（美元，1990 年价）；纵坐标分别是商业、运输仓储业占 GDP 的比重。此图根据上文商业与运输仓储业的比重方程（计量模型）拟合而成。

缓、占国民经济的比重会趋向饱和。上述规律提示我们：对于存在比重饱和点的流通服务行业，不能一味地盲目发展，在其发展速度减缓、比重趋近饱和点时，应顺应其发展规律维持其发展现状，而不应人为地、盲目地拉动此类行业扩充规模、提高增速。

第四节　小结——服务业结构长期演进
规律及对发展机理的验证

通过对发达国家工业化进程中与后工业社会时期服务业结构长期演进的统计归纳与计量分析，可以归结出以下四个结论。此结论亦体现为服务业结构长期演进的一般趋势（规律）。

第一，工业化进程中，商业、运输、金融保险业产出比重（三业合计，下同）在服务业中始终居首位，高于个人服务业和公共服务业，工业化中后期，其就业比重居首位。

三业之所以具有良好的发展态势，根本原因在于，工业化进程中，三业扮演重要角色，商业、运输、金融保险三业发展与工业增长、市场深化之间存在相辅相成的关系——相互促进、相互制约。据此意义，三业具有经济网络效应——具有社会基础设施性质与很强的外部经济性（详见第三章机理分析）。

第二，不同经济发展阶段，服务业内部处于主导地位的行业不同。工业化初、中期，属于流通服务业的商业、运输仓储业居于主导地位，此类服务行业占服务业增加值与占 GDP 的比重均呈上升态势。工业化中后期及后工业化时期，流通服务业增长放缓，其占 GDP 的比重趋于饱和点、占服务业增加值的比重趋于下降；而生产者服务业占服务业增加值与占GDP 的比重均呈上升态势，成为服务业内部占据主导地位的行业，表明这一阶段服务业结构的演进方向由流通服务业转为生产者服务业。换言之，工业化中后期及后工业化时期，流通服务业占服务业增加值的比重，与服务业占 GDP 的比重负相关；生产者服务业占服务业增加值的比重，与服务业占 GDP 的比重正相关。这与第三章机理分析得出的结论完全吻合。

第三，流通服务业增加值比重、就业比重存在饱和点。此处增加值比重是指占 GDP 的比重，就业比重是指占全社会就业的比重。商业增加值比重饱和点大致是 13% ~ 15%，其就业比重饱和点大致是 17% ~ 20%；运输仓储增加值比重与就业比重的饱和点均大致是 5% ~ 7%。

这一结论对于拟定服务业发展长期规划具有重要意义。上述规律提示我们：对于流通服务行业不能一味地盲目发展，在其发展速度减缓、占国民经济比重趋近饱和点时，应顺应其发展规律，而不应人为地、盲目地拉动此类行业扩充规模、提高增速。

第四，工业化中后期与后工业化时期，受分工、交易费用、人均收入、城市化四大经济发展的内在因素作用，生产者服务业、消费者服务业与生产消费双重效用性服务业，这三类服务业，占整体服务业增加值的比重均呈现上升态势，生产者服务业比重上升幅度最为显著。换言之，上述分类服务业占整体服务业增加值的比重，均与整体服务业占 GDP 的比重正相关。这些具有正相关关系的分类服务业，代表工业化后期及后工业化时期服务业结构演进的方向。换言之，服务业结构演进的目标结构是：生产者服务业、消费者服务业与生产消费双重效用性服务业，占整体服务业增加值的比重均上升，三业占据服务业的主体地位。具体涉及的行业部门包括金融保险、商务服务、通讯、文化娱乐、教育医疗等。这一趋势顺应经济发展的内在要求，充分体现经济发展的全面内涵即经济运行效率提高、生产力水平提高以及人们身心素质与生活质量提升。

第二、三、四点是服务业结构长期演进的规律（一般趋势），与分类服务业发展趋势机理的分析相吻合。这说明，由机理剖析与实证分析共同归结出的服务业结构长期演进的一般趋势（规律），具有普遍适用性。

第五章

发展中国家服务业内部结构
演进实证分析

第一节　不同水平发展中国家服务业结构演进分析

根据世界银行的统计资料，发展中国家按其收入水平高低分为三类：低收入、中低收入、中高收入发展中国家。中低收入与中高收入发展中国家工业化程度通常高于低收入发展中国家，主要标志是前两类国家的工业、制造业比重高于后一类国家。本章选取有代表性发展中大国①三十多年的数据，分析不同发展水平、不同工业化水平的发展中国家服务业结构的演进。

为行文简洁，本章的批发零售商业、旅馆酒店、运输仓储通讯、金融保险房地产商务服务、社会社区个人服务分别简称为商业、旅店、运仓通、金保房商、社会服务。

一、不同发展水平的发展中国家服务业增加值结构演进分析

分析服务业内部增加值结构之前，先分析三大产业增加值比重变化趋势，就低收入、中低收入发展中国家而言，因制造业比重高低一般作为衡量该类型国家工业化水平、经济发展实力的标志，所以亦将其比重单独列出，与三大产业比重一并作分析。详见表 5 - 1。

---

① 经济规模与人口规模相对较大的发展中国家，而且要有数据资料。

表 5 – 1　1970～2006年发展中国家人均收入水平及三大产业与制造业的增加值比重（占GDP，%）

国家	1970年 人均GNP	农业	工业	制造业	服务业	1980年 人均GNP	农业	工业	制造业	服务业	1990年 人均GNP	农业	工业	制造业	服务业	2000年 人均国民收入	农业	工业	制造业	服务业	2006年 人均国民收入	农业	工业	制造业	服务业
孟加拉国	/	55	9	/	36	130	54	13	7	33	210	38	15	9	47	390	26	25	15	49	480	20	28	17	52
印度	/	45	22	/	33	240	37	26	18	37	350	31	29	19	40	450	23	26	15	51	820	18	28	15	54
巴基斯坦	/	37	22	16	41	300	31	25	16	44	380	26	25	17	49	490	26	23	14	51	770	20	27	18	53
印度尼西亚	/	45	19	10	36	430	26	42	9	32	570	22	40	20	38	590	16	46	28	38	1420	12	42	28	46
埃及	/					580	22	35	28	42	600	17	29	16	54	1450	17	33	18	50	1350	15	36	17	49
平均	/	36	22	/		260	36	35	15	29	350	31	36	27	33	674	22	31	18	47	968	17	32	19	52
泰国	/	26	25	16	49	670	25	29	20	46	1420	12	39	26	48	1990	9	42	33	49	2990	10	46	35	44
菲律宾	/	30	32	25	39	690	23	37	26	40	730	22	35	25	43	1060	16	32	22	52	1420	14	32	23	54

注：孟加拉国、印度、巴基斯坦、印度尼西亚、埃及、平均为低收入水平发展中国家（美元）；泰国、菲律宾为中低收入水平发展中国家（美元）。

续表

国家	1970年 人均GNP					1980年 人均GNP					1990年 人均GNP					2000年 人均国民总收入					2006年 人均国民收入				
	人均GNP	农业	工业	制造业	服务业	人均GNP	农业	工业	制造业	服务业	人均GNP	农业	工业	制造业	服务业	人均国民总收入	农业	工业	制造业	服务业	人均国民收入	农业	工业	制造业	服务业
中低收入水平发展中国家（美元）																									
土耳其		30	27	/	43	1470	23	30	20	47	1630	18	33	24	49	2980	15	25	20	60	5400	13	22	17	65
马来西亚		29	25	12	46	1620	24	37	23	39	2320	/	/	/	/	3430	9	51	31	40	5490	8	52	30	40
中国											1530	18	32	/	50	2365	12	38	29	50	3825	11	34	26	55
平均																									
中高收入水平发展中国家（美元）																									
巴西		12	38	29	49	2050	10	37	24	53	2680	10	39	26	51	3870	5	28	15	67	4730	5	31	15	64
墨西哥		12	29	22	52	2090	10	38	24	52	2490	8	30	23	62	5110	4	28	18	68	7870	4	27	16	69
韩国		26	29	21	45	1520	16	41	28	43	5400	9	45	31	46	9800	5	41	26	54	17690	3	40	25	57
平均		/				/					3410	9	40	25	51	6260	5	32	20	63	10097	4	33	19	64

注：

(1) 人均GNP与人均国民总收入、人均国民收入，均是衡量人均收入的指标，不同年份采取不同的指标，这受限于相关统计资料。人均收入的货币单位是美元，当年价。

(2) "/" 或空白处表示缺少数据。

资料来源：根据1992年、1998年与1999年世界银行出版物《世界发展报告》（WORLD DEVELOPMENT REPORT），以及2008年、2009年《国际统计年鉴》中的相关数据。印度尼西亚、印度、墨西哥、巴西没有2006年数据，只有2005年数据。《中国统计年鉴》（中国统计出版社出版）中的相关数据计算得出。

发展中国家（低、中低、中高收入发展中国家）三大产业增加值结构演进归结如下：

（1）1970～2006年间，不论哪一层次收入国家，农业比重大体呈持续下降趋势。这一期间，工业、制造业比重在原先较低的基础上先是上升，在上升至35%～45%、制造业上升至25%～30%的幅度时，开始出现下降趋势或大体停滞，如印度尼西亚、印度、巴基斯坦、土耳其、菲律宾、巴西、墨西哥、韩国。低收入国家印度、巴基斯坦工业、制造业比重更早下滑，在工业比重未达30%、制造业比重未达20%时，即出现滞降。这一期间，服务业比重大体上呈现稳步上升趋势。

（2）2006年，低、中低、中高收入国家的服务业增加值比重一般都居三大产业之首（马来西亚、泰国除外）；比重排在第二位的产业，一般为工业；农业比重居三大产业之末。

（3）不少低收入、中低收入水平发展中国家工业制造业在没有适时调整、升级的情况下、在没有出现新的增长点的情况下，传统工业品、制成品必然伴随愈趋强大的生产能力而出现饱和趋势，引致工业制造业比重下降，但并不能就此断定此类发展中国家的工业化进程就此结束。因为，这两类国家农业就业人口占全社会就业的比重依然很高。2005年，属于低收入国家的印度尼西亚、孟加拉、巴基斯坦农业就业人口比重大致为45%～50%；属于中低收入国家的泰国、菲律宾农业就业比重大致为40%[①]。

（4）2000～2006年，中低收入国家服务业增加值比重均值，略高于低收入国家，但这两类国家与中高收入国家相比，存在明显差距（见表格均值）。整体而言，经济收入水平与服务业比重成正相关关系，中高收入国家服务业比重，明显高于低、中低收入国家的；中低收入国家服务业比重高于低收入国家的。

统计资料中，发展中国家服务业结构方面的数据稀缺，有代表性的发展中大国（经济规模与人口规模相对较大的发展中国家）的数据更少，且只有20世纪80年代以后的数据，详见表5-2、表5-3与表5-4。

---

① 国家统计局：《国际统计年鉴-2009》，中国统计出版社2009年版。

表 5 – 2　　　　　1985～2005 年印度与印度尼西亚（低收入国家）
分类服务业与三大产业的增加值比重（%）

年份		占服务业				占 GDP			
		1985	1995	2005	/	1985	1995	2005	/
印度	批零商业	32.3	32	22.8		12.5	13	12.3	
	旅馆酒店	1.9	2	2.6		0.7	1	1.4	
	商旅合计	34.2	34	25.4		13.2	14	13.7	
	运输仓储	13.8	15	/		5.3	6		
	通讯	1.8	3	/		0.7	1		
	运仓通合计	15.6	18	13		6	7	7	
	金融保险	9.1	14	13.1		3.5	6	7.1	
	房地产和商务服务	12.8	7	18.1		5	3	9.8	
	金保房商合计	21.9	21	31.2		8.5	9	16.9	
	社会社区个人服务	14.6	14	17.6		5.6	6	9.5	
	政府服务	13.8	13	12.8		5.3	5	6.9	
	服务业	100	100	100		38.6	41	54	
	农业					33	29	18	
	工业					28.4	30	28	
	制造业					17.9	20	15	

年份		占服务业				占 GDP			
		1985	1990	2000	2005	1985	1990	2000	2005
印度尼西亚	商业旅馆	38.8	43	42	35.9	15.9	17	16.1	16.5
	运输通讯	15.4	14	12.2	12	6.3	6	4.7	5.5
	金保房商	15.8	17	21.6	23.5	6.5	7	8.3	10.8
	社会社区个人服务	10.1	8	11.3	14.4	4.1	3	4.3	6.6
	政府服务	20	18	12.9	14.2	8.2	7	5.0	6.5
	服务业	100	100	100	100	40.9	40	38.3	45.9
	农业					23.2	22	16	12
	工业					35.8	38	46	42
	制造业					16	20	28	28

注：

（1）分类服务业增加值比重是指服务业各分类行业占服务业增加值与占 GDP 的比重；三大产业比重是指三大产业增加值占 GDP 的比重。

（2）增加值比重指当年价比重；空白处或/表示没有数据。

（3）社会社区个人服务包括教育医疗、文化娱乐与个人家庭服务。运输通讯包括运输仓储通讯。

资料来源：根据以下资料计算得出：

（1）UNITED NATIONS, 1999：NATIONAL ACCOUNTS STATISTICS：MAIN AGGREGATES AND DETAILED TABLES, NEW YORK：UNITED NATIONS PUBLISHERS.

（2）OECD, 1997：SERVICES STATISTICS ON VALUE ADDED AND EMPLOYMENT, PARIS：OECD PUBLISHERS.

（3）国家统计局：《国际统计年鉴 – 2009》，中国统计出版社 2009 年版。

表 5 - 3　1985 ~ 2006 年菲律宾与土耳其（中低收入国家）分类服务业与三大产业的增加值比重（%）

年份		占服务业			占 GDP		
		1985	1995	2006	1985	1995	2006
菲律宾	批零商业	36.2	28	26.8	14	14	14.5
	旅馆酒店	3.1	3	3.2	1	2	1.7
	商旅合计	39.3	31	30	15	16	16.2
	运输仓储	11.2	7	/	5	3	
	通讯	2.6	2	/	1	1	
	运通合计	13.8	9	11.8	6	4	6.4
	金融保险	7.5	9	10.5	3	4	5.7
	房地和商务服务	16.4	17	17.4	7	8	9.4
	金保房商	23.9	26	27.9	10	12	15.1
	医疗教育	4.3	11	/	2	5	
	娱乐文化	2	2	/	1	1	
	个人家庭服务	4.5	5	/	2	2	
	社会社区个人服务	10.9	18	15.5	5	8	8.4
	政府	12.2	16	14.8	5	8	8
	服务业	100	100	100	40	48	54.2
	农业				25	22	14
	工业				35	30	32
	制造业				25	23	23
土耳其	批零商业	34.2	32	20	16.8	17	13
	旅馆酒店	5	6	4.9	2.5	3	3.2
	商旅合计	39.2	38	24.9	19.2	20	16.2
	运输通讯	26.1	26	20.5	12.8	13	13.3
	金融保险	4.6	6	13.8	2.2	3	9
	房地产商务服务	14.8	6	20.6	7.3	3	13.4
	金保房商	19.4	12	34.4	9.5	6	22.4
	社会社区个人服务	4.8	7	11.8	2.4	4	7.7
	政府服务	10.5	17	8.3	5.1	9	5.4
	服务业	100	100	100	49.1	52	65

数据来源与注同表 5 - 2。社会社区个人服务包括医疗教育、娱乐文化与个人家庭服务。

表 5 – 4   1985～2006 年韩国与墨西哥（中高收入国家）
分类服务业与三大产业的增加值比重（%）

年份		占服务业			占 GDP		
		1985	1995	2006	1985	1995	2006
韩国	商业旅馆	31.6	24	17	13.8	11	9.7
	运输通讯	16.9	15	12.8	7.3	7	7.3
	金保房商	26.9	36	36	11.7	17	20.5
	社会社区个人服务	7.9	9	19.7	3.4	4	11.2
	政府服务	16.7	16	14.4	7.2	8	8.2
	服务业	100	100	100	43.5	47	56.9
	农业				12.9	9	3
	工业				42.5	44	40
	制造业				30.4	27	25
墨西哥	批零商业		22	21.4		16	14.8
	旅馆酒店		7	6.9		5	4.8
	商旅合计	47.8	29	28.3	28.1	21	19.6
	运输仓储	/	12	/	/	8	/
	通讯	/	2	/	/	2	/
	运通合计	11.4	14	11.3	6.7	10	7.8
	金保房商	13.1	29	24.3	7.7	21	16.9
	社会社区个人服务	15.8	16	29.3	9.3	11	20.3
	政府服务	11.8	12	6.8	6.9	9	4.7
	服务业	100	100	100	58.7	0.72	69.3

数据来源与注同表 5 – 2。

1985～2006 年间不同收入水平发展中国家服务业增加值结构演进归结如下：

（1）1985～2006 年，商业占服务业的比重一般呈下降态势，占 GDP 的比重一般保持不变。这与多数国家工业、制造业比重呈下降趋势有关。上一章已作分析，属于流通服务业的商业与工业、制造业存在密切关联。

（2）运输仓储业占服务业的比重一般呈下降态势，占 GDP 的比重一般保持不变或略降。这与多数国家工业、制造业比重呈下降趋势有关。上一章已作分析，属于流通业的运输仓储业与工业、制造业存在密切关联。

（3）不论哪一收入水平发展中国家，通讯业比重在服务业中占据的比重一般不大，并大体保持不变或微升趋势。旅馆酒店业也是类似趋势。

（4）金融保险业是与经济发展、市场化水平提升关系比较密切的服务业，伴随人均收入水平提高、市场化程度深化，金融保险业占服务业与占GDP的比重，均呈现显著上升趋势，特别在中高收入水平阶段（市场化程度也趋于提高），上升趋势尤为明显。

（5）房地产与商务服务在较低收入国家占据GDP的比重，相对较高收入国家而言偏低一些。在中高收入国家，市场化程度较低收入国家成熟，与市场深化、分工深化密切关联的商务服务比重呈现明显上升趋势，而与商务服务业关系密切的房地产业比重随之也呈上升趋势。

（6）社会社区个人服务业占服务业与占GDP的比重，总体呈上升趋势，中高收入国家上升趋势尤为明显。可见，当经济增长到一定程度后，伴随收入水平提高、经济社会进步，对属于社会服务的医疗教育、娱乐文化的需求和供给会显著增长。

（7）大体上，发展中国家政府部门占服务业与占GDP的比重变化不定，有的国家上升、有的大致不变、有的下降。这是政府部门的发展是个较复杂的问题，不仅受制于经济因素，而且受制于政治与社会因素。每个国家的具体情况不一，导致政府部门比重出现不同的变化趋势。

（8）2005年、2006年不同发展水平的发展中国家作横向对比，得到以下结果。①商业旅店、运输通讯占GDP比重，低、中低、中高收入国家之间不存在显著差异，商业旅店的比重一般在12%～15%，运输仓储通讯的比重一般在7%左右。②金保房商、社会社区个人服务占GDP的比重，在不同层次国家之间却存在一定的差异：中低、中高收入国家金保房商比重通常明显高于低收入国家；中高收入国家社会社区个人服务比重，高于中低、低收入国家。即这两类服务业比重与收入水平大体成正相关关系。③中低、中高收入国家是金保房商比重，或者社会社区个人服务比重居于第一位，低收入国家一般是商业旅店比重居第一位；发展中国家居于第一位的分类服务业占GDP比重一般在15%～20%。④发展中国家政府服务占GDP比重大致都在10%以内，不同收入水平国家政府部门比重变化，尚无规律可寻。

二、不同水平的发展中国家服务业就业结构演进分析

发展中国家各产业就业方面的数据一般分成四类：商业旅馆、运输通讯、金保房商（金融保险房地产商务服务的简称）、社政服务（社会社区

个人服务与政府服务的简称）。详见表 5 - 5、表 5 - 6 与表 5 - 7。

表 5 - 5　　1980 ~ 2007 年巴基斯坦、印度尼西亚（低收入国家）三大产业
　　　　就业结构与服务业内部就业结构的变化趋势 （%）

巴基斯坦					印度尼西亚				
年份	1980	1990	2000	2007	年份	1982	1990	2000	2007
占全社会就业					占全社会就业				
商业旅店	11	12	13.5	14.4	商业旅店	15	16	20.5	20.6
运输通讯	5	5	5.0	5.2	运输通讯	2	2	5.1	6.0
金保房商	1	1	0.8	1.5	金保房商	1	1	3.0	1.4
社政服务	10	11	14.2	14.4	社政服务	12	12	8.4	10.1
服务业	27	29	33.5	35.5	服务业	30	31	37	38
农业	53	51	48.5		农业	55	54	45.5	
工业	20	20	18		工业	15	15	17.5	
占服务业就业					占服务业就业				
商业旅店	42	41	40.3	40.6	商业旅店	49	48	54.6	54.1
运输通讯	18	17	15	14.5	运输通讯	10	10	13.7	15.7
金保房商	3	2	2.4	4.3	金保房商	1	2	8.0	3.6
社政服务	37	40	42.3	40.6	社政服务	40	40	23.7	26.6

　　注：运输通讯是运输仓储通讯的合计；金保房商是金融保险房地产商务服务的合计；社政服务是社会社区个人服务与政府服务的合计。空白处表示没有数据或缺乏数据。
　　资料来源：根据以下统计资料中的表格数据计算得出：
　　（1）ILO，2001：YEARBOOK OF LABOUR STATISTICS，GENEVA：ILO PUBLISHERS.
　　（2）ECONOMIC AND SOCIAL COMMISSION FOR ASIA THE PACIFIC，2000：STATISTICAL YEARBOOK FOR ASIA AND THE PACIFIC，BANGKOK：ESCAP PUBLISHERS.
　　（3）国家统计局：《国际统计年鉴 - 2009》，中国统计出版社 2009 年版。

表 5 - 6　　　　1980 ~ 2007 年菲律宾与泰国（中低收入国家）三大产业
　　　　就业结构与服务业内部就业结构的变化趋势 （%）

菲律宾				泰国			
年份	1980	1989	2007	年份	1981	1990	2007
占全社会就业				占全社会就业			
商业旅店	10	14	21	商旅金保	10	10	23.9
运输通讯	4	5	7.7	运输通讯	2	2	2.8
金保房商	2	2	6.9	社政服务	11	10	10.1
社政服务	16	18	11.3	服务业	23	22	36.8
服务业	32	39	46.9	农业	64	64	

续表

菲律宾				泰国			
年份	1980	1989	2007	年份	1981	1990	2007
农业	52	45		工业	13	14	
工业	16	16		占服务业就业			
占服务业就业				商旅金保	42	44	65.2
商业旅店	32	36	44.8	运输通讯	9	11	7.5
运输通讯	13	13	16.5	社政服务	49	45	27.3
金保房商	5	5	14.7				
社政服务	50	46	24				

注：菲律宾没有1990年与2000年数据；泰国没有1980年与2000年的数据。泰国没有商业旅店、金融保险房地产商务服务的明细数据。空白处表示没有数据或缺乏数据。

数据来源同表4－5。

表5－7　　　　1980～2007年墨西哥、韩国（中高收入国家）三大产业
就业结构与服务业内部就业结构的变化趋势（%）

墨西哥					韩国				
年份	1980	1990	2000	2007	年份	1980	1989	2000	2007
占全社会就业					占全社会就业				
商业旅店	14	17	26.6	29.1	商业旅店	19	21	27.2	24.4
运输通讯	4	6	4.5	4.5	运输通讯	5	5	5.9	6.4
金保房商	2	3	6.3	7.7	金保房商	2	5	10.9	13.5
社会社区个人	16	12	13.1	11.4	社政服务	11	14	17.2	21.7
政府	12	14	4.6	4.8	服务业	37	45	61.2	65.9
服务业	48	52	55.1	57.6	农业	34	20	10.7	
占服务业就业					工业	29	35	28.1	
商业旅店	30	33	48.4	50.6	占服务业就业				
运输通讯	9	11	8.2	7.9	商业旅店	52	47	44.4	37.1
金保房商	4	5	11.4	13.4	运输通讯	12	11	9.7	9.7
社会社区个人	33	24	23.1	19.9	金保房商	7	11	17.8	20.4
政府	24	27	8.3	8.3	社政服务	29	31	28	32.9

注：韩国没有1990年数据。空白处表示没有数据或缺乏数据。

数据来源同表5－5。

1980～2007 年，不同发展水平的发展中国家三大产业就业结构与服务业内部就业结构演进归结如下。

（1）发展中国家就业结构比重变化与增加值结构比重变化大体一致：发展中国家农业、服务业的就业比重伴随其增加值比重降、升；工业增加值比重上升时，其就业比重亦随之上升，增加值比重下降时，就业比重或不变或随之下降。

（2）2000 年，低收入、中低收入发展中国家三大产业就业比重由高到低依次是农业、服务业、工业，中高收入国家就业比重由高到低依次是服务业、工业、农业。结合增加值比重分析可以发现，低、中低收入国家三大产业中农业增加值比重最低而就业比重却最高，这说明这些国家农业生产率水平低下，农业劳动力转移缓慢。

（3）不管发展中国家工业制造业就业比重升降，服务业都是这些国家吸收剩余劳力的主要领域。如果工业比重下降，服务业不仅要吸收农业剩余劳力，还要吸收工业剩余劳力。

（4）一般情形下，不同层次收入水平的发展中国家之间，服务业的就业比重会显现层次之间的差别，一般而言，中高收入高于中低收入，中低收入高于低收入。

（5）低、中低、中高收入发展中国家服务业分类行业比重存在显著差异的是：金保房商的比重（占全社会就业，下同），中高收入国家依次高于中低、低收入国家，由低收入国家占全社会就业 1.5% 上升至中高收入国家的 10% 左右（2007 年数据，下同）；社政服务的比重，则由低、中低收入占全社会就业的 10%～15% 上升至中高收入的 15%～20%。从整体而言，低、中低、中高收入发展中国家，在金保房商、社政服务两类服务比重之间存在显著差异，这与此类国家增加值比重的差异大体一致，增加值比重的差异也集中在这两类服务业上。

（6）低、中低、中高国家的运输仓储通讯服务大致占全社会就业的 5%～10% 左右（2007 年数据，下同），占服务业的 10%～15%；商业旅店占全社会就业比重大致在 15%～25%，而占服务业就业比重大致占 40%～50%。

（7）不论哪一收入水平发展中国家，商业旅店与社政服务占服务业就业的比重都占绝对优势，两类服务业占服务业就业比重之和达到 70%～80%。

三、本节小结[①]

（1）发展中国家三大产业就业结构变化趋势与其增加值结构变化趋势大体一致：服务业、工业与农业的就业比重随各自增加值比重升降。

（2）一些发展中国家在工业增加值比重上升至 35% ~ 45%、制造业增加值比重上升至 25% ~ 30% 时即出现下降趋势，但不能以此断定这些国家尤其是其中的低收入、中低收入国家的工业化过程就此结束，这两类国家农业的增加值、就业比重依然偏高。

（3）2000 ~ 2007 年，低、中低、中高收入水平发展中国家服务业增加值比重一般居于三大产业之首；农业增加值比重最低；低、中低收入发展中国家农业就业比重最高。由此可以发现，低收入、中低收入发展中国家农业生产率水平低下、剩余劳力转移缓慢，这些国家即使出现工业制造业比重下降，亦不表明其完成工业化进程。

（4）发展中国家工业制造业比重无论是升或降，服务业都是发展中国家剩余劳动力吸纳的主要领域，这是因为其服务业就业比重始终高于工业就业比重。这一特征明显不同于发达国家历史时期状况——工业而不是服务业成为农业剩余劳力吸纳的主要领域，发达国家通过工业吸纳农业剩余劳力、完成二元结构转换。而发展中国家，服务业是剩余劳动力吸纳的主要领域，服务业不仅要吸纳农业剩余劳力，而且要吸纳工业剩余劳力。

（5）对于低、中低、中高收入水平发展中国家而言，经济发展水平与服务增加值、就业比重一般成正相关关系。

（6）发展中国家商业、运输仓储业增加值比重与工业制造业增加值比重关联较大，尤其是商业，与后者比重同升降；金融保险房地产商务服务的增加值比重伴随人均收入水平提高、市场化程度趋深而提升。

（7）发展中国家商业旅店服务（商旅服务）、社会社区个人与政府服务（社政服务）这两大类服务，占服务业就业比重之和达到 70% ~ 80%。

（8）不同收入水平的发展中国家，商业旅店、运输通讯的增加值与就业比重不存在显著差异；金融保险房地产商务服务的增加值与就业比重存在显著差异；社会社区个人服务比重亦存在较明显差异。这印证了第四章

[①] 三大产业增加值结构涵盖的时期是 20 世纪 70 年代至 2006 年，三大产业就业结构与服务业内部结构涵盖的时期是 20 世纪 80 年代至 2007 年。"比重"一词之前如不作限定，则是指占 GDP 比重或占全社会就业比重。

的结论，金保房商、社会服务的比重与人均收入水平成正比，上述服务比重伴随人均收入水平提高而提高，这两类服务比重上升，表明服务业结构演进（升级）的方向。

第二节　发展中国家产业结构状况的成因与影响

一、发展中国家产业结构状况的成因

上节提及，发展中国家服务业是发展中国家剩余劳动力吸纳的主要领域，这一特征明显不同于发达国家历史时期状况，发达国家历史时期工业而不是服务业，是农业剩余劳力吸纳的主要领域。原因在于：发展中国家在工业发展过程中可以充分利用后发优势在较短时期内提高工业技术装备水平从而较大程度上减少劳动力使用。发达国家早期工业结构升级即从轻工业到重化工业的过程较为漫长，而包括发展中国家在内的后发国家则不需要经历同样的漫长过程，因为它们可以充分利用后发优势，引进发达国家现成技术设备，在较短时期内充分实现技术装备水平提高，大大缩短向重化工业化迈进所需的时间，具体表现为工业生产率相对相近历史时期发达国家而言大幅提高、劳动力使用大大减少。工业吸收农业剩余劳力大幅减少，所以，发展中国家服务业成为剩余劳力吸纳的主要领域。

二、发展中国家产业结构状况产生的影响

（一）剩余劳力流入非正式部门产生的影响

发展中国家工业吸收农业剩余劳力大幅减少，服务业成为剩余劳力吸纳的主要领域，而这些劳力绝大多数又是流入城市的非正式部门（IN-FORMAL SECTOR）。

非正式部门理论及概念。1969 年，托达罗引入"就业概率"和"预期收入"概念建立城乡劳动力转移模型，他提出发展中国家劳动力转移分为两个阶段：第一阶段，农村非熟练劳动力在移入城市后首先在城市传统部门就业；第二阶段，在城市传统部门的劳动力和城市失业人员一齐在现

代工业部门的劳动力市场上寻找工作。这样就把刘易斯二元结构模型中劳动力由农业向工业的一次性转移分解为农业部门—城市传统部门—现代工业部门这样一个转移模式。如果说刘易斯模型所依据的背景是发达国家早期经济发展，那么托达罗理论模型无疑更贴近现代发展中国家经济发展现实，即转移到城市中的农村劳力能够被现代工业部门吸纳的数量越来越少，大部分劳力只能长期滞留在城市传统部门，被这一部门很多小规模、家庭式运作单位如小商小贩、小手工业者等以及被个人家庭服务所吸纳。在理论上，这一领域被视为非主流劳动力市场，是经济发展中暂时现象，会逐步缩小乃至消失，因此这一领域又被称为非正式部门。事实上，这一部门并不如预期一般会随着发展中国家经济收入水平大幅提高而大幅缩减。如拉美国家 1950～1980 年 30 年间人均收入基本翻了两番，非正式部门比重却只是轻微下降——平均而言由 1950 年的占就业人口 46% 略微下降至 42%。在东亚，虽然制造业所吸纳劳动力相对较高，但大部分劳力也是由服务业的中小企业吸纳，20 世纪 70 年代中至 80 年代所增加就业人口中，韩国的 50%、中国香港的 62%、新加坡的 70% 为非正式部门所吸纳（HAROLD LUBELL，1991）。发展中国家城市中存在"二元结构"的现实与发达国家早期大相径庭。鉴于此，国际性组织如 ILO 开始重视对非正式部门研究，1993 年该组织对非正式部门作了一个描述定义：（1）非正式部门是指这样一些商品和服务的生产单位，它们的主要经营目的是为经营者提供就业和获得收入的机会；它们的组织程度低、劳动和资本作为生产要素几乎不加区别、规模小，劳动关系是偶然的雇佣关系或者个人关系和社会关系，而不是规范的合同安排；（2）非正式部门的生产单位具有家庭企业特征，企业固定资产不属于企业属于家庭，企业收支与家庭收支常常不予区分；（3）从事经济活动时并不有意避税和逃避社会保障义务，也不是有意侵犯其他行政法规，因此，要将非正式部门与地下经济区别开来。一般文献中，"非正式部门"这个概念使用广泛，现多指微型企业或不受监管的经济活动。

服务业是非正式部门的主要组成产业，以拉美国家为例，非正式部门中商业、运输、狭义服务业（如小旅馆饭店、个人家庭生活服务业等）比重占到 70%～87%，而制造业和建筑业比重仅占 13%～30%（HAROLD LUBELL，1991）。农业剩余劳力以及从城市夕阳工业部门中失业而又无法在现代工业部门找到工作的人绝大多数都集中在非正式部门的主要产业——服务业如商业、旅馆饭店业、城市运输、个人家庭服务等传统服务业，导致这些行业就业比重居高且生产率水平低下（见上一节小结）。滞留在服务业传统部门、绝大多数组织形式为微型（家庭）企业的劳动力受教育程度普遍较低，加之这些企业对劳动力吸收不及涌入的剩余劳力，致使劳动力工资收入水平很低，一部分甚至低于法定最低工资。

非正式部门具有一定的积极作用，如供广泛就业机会，为农业剩余劳力和因城市工业结构调整而失业的劳力提供就业和收入来源，对于经济、政治稳定产生一定的积极效应。但不可否认，非正式部门亦存在一定的消极作用。它影响传统服务业与服务业生产效率提高，阻碍其现代化进程。非正式部门的过度发展还会加剧发展中国家的结构失衡，不仅城乡间存在二元结构，城市中亦存在二元结构——作为非正式部门的传统部门与现代部门并存，加大二元结构转换的难度，并拉大社会收入差距，诱发更多社会问题。

（二）发展中国家工业化进程滞缓产生的影响

一些发展中国家出现工业化滞转趋势——工业增加值比重上升至35%～45%、制造业上升至25%～30%的幅度时即出现下降的趋势，不能以此断定这些国家尤其是其中的低收入、中低收入国家的工业化进程就此结束，这两类国家农业增加值、就业比重依然偏高，且农业生产率水平低下。

不管低收入发展中国家还是中低收入发展中国家，工业制造业增加值比重下降造成的共同影响是农业比重下降更趋缓慢，延缓二元经济结构转换。前文提及发展中国家工业部门尤其是制造业部门由于技术装备水平提高较快导致对劳力吸收大幅减少，加之工业制造业比重下降，更是进一步延缓对农业剩余劳力的吸收，导致农业比重下降缓慢。2005 年，属于低收入国家的印度尼西亚、孟加拉、巴基斯坦农业就业占全社会就业的比重大致为45%～50%；属于中低收入国家的泰国、菲律宾农业就业比重大致为40%[①]。工业化过程滞缓导致农业比重下降缓慢，必然影响城乡二元结构转换，以及城市中二元结构——城市传统部门与现代部门之间的转换，对低、中低收入发展中国家长期经济发展造成不利影响。

综上所述，发展中国家自身发展特点不同于发达国家早期：其利用后发优势较快提高工业、制造业技术装备水平，使得农业剩余劳力主要滞留

---

① 国家统计局：《国际统计年鉴－2009》，中国统计出版社 2009 年版。

在城市传统部门——具有非正式部门性质的传统服务业中，城市中二元结构产生有利作用的同时也对经济增长与发展产生负面影响。低收入水平发展中国家工业化过程滞缓，会导致农业剩余劳力转移更趋延缓，影响发展中国家二元经济结构转换，对经济长远发展造成不利影响。

第三节　小　结

一些发展中国家在工业增加值比重上升至35%～45%、制造业增加值比重上升至25%～30%时即出现下降趋势，但不能以此断定这些国家尤其是其中的低收入、中低收入国家的工业化进程就此结束，原因在于，这两类国家农业增加值、就业比重依然偏高，且农业劳动生产率水平低下。

发展中国家工业、制造业比重无论是升或降，服务业都是发展中国家剩余劳动力吸纳的主要领域，这是因为其服务业就业比重始终高于工业就业比重。这一特征明显不同于发达国家历史时期状况——工业而不是服务业成为农业剩余劳力吸纳的主要领域。而发展中国家，作为剩余劳动力吸纳主要领域的服务业，不仅要吸纳农业剩余劳力，而且要吸纳工业剩余劳力。

不同收入水平的发展中国家，商业旅店、运输通讯的增加值与就业比重[1]不存在显著差异；金融保险房地产商务服务的增加值与就业比重存在显著差异；社会社区个人服务的比重亦存在较明显差异。这印证了第四章的结论，金融保险房地产商务服务、社会社区个人服务（包括市场化的娱乐文化、教育医疗与个人家庭服务）的比重与人均收入水平成正比，上述服务比重伴随人均收入水平提高而提高，这两类服务比重上升，表明服务业结构演进的方向。

发展中国家产业结构状况的成因与影响如下：

发展中国家自身发展特点不同于发达国家早期：其利用后发优势较快提高工业、制造业技术装备水平，所以，工业不是吸纳农业剩余劳力的主要部门，农业剩余劳力主要滞留在城市传统部门——具有非正式部门性质的传统服务业中，如商业、运输业、个人家庭生活服务业等。

城市中二元结构产生有利作用的同时也对经济增长与发展产生负面影

---

① 此处的比重是指占 GDP 与占全社会就业的比重。下同。

响。负面影响更为突出。它影响传统服务行业与服务业整体生产率水平提高，阻碍其现代化进程。非正式部门的过度发展还会加剧发展中国家的结构失衡，不仅城乡间存在二元结构，城市中亦存在二元结构——作为非正式部门的传统部门与现代部门并存，加大二元结构转换的难度，并拉大社会收入差距，诱发更多社会问题。

低、中低收入水平发展中国家工业化过程滞缓，即工业、制造业增加值比重上升至一定幅度即出现下降或停滞趋势，会进一步延缓农业剩余劳力转移，延缓发展中国家二元经济结构转换，对经济长远发展造成不利影响。

第六章

中国改革开放以来服务业内部结构演变态势分析

第一节 中国改革开放以来服务业增长及结构演变分析
——兼与相近发展水平国家比较

一、1978～2010 年中国产业结构演变态势分析

表 6-1、表 6-2 与图 6-1、图 6-2 演示的是 1978～2010 年间，中国三大产业占 GDP 与占全社会就业比重的变化趋势。

表 6-1　　　　　　1978～2010 年中国三大产业占 GDP 的比重 （%）

年份	1978	1980	1982	1984	1986	1988	1990	1992	1994	1996	1998	2000	2002	2004	2006	2008	2010
农业	28.2	30.2	33.4	32.1	27.2	25.7	27.1	21.8	19.8	19.7	17.6	15.1	13.7	13.4	11.1	10.7	10.1
工业	47.9	48.2	44.8	43.1	43.7	43.8	41.3	43.4	46.6	47.5	46.2	45.9	44.8	46.2	48	47.5	46.8
服务业	23.9	21.6	21.8	24.8	29.1	30.5	31.6	34.8	33.6	32.8	36.2	39	41.5	40.4	40.9	41.8	43.1

资料来源：国家统计局：《中国统计年鉴 2011》，中国统计出版社 2011 年版。

1978～1990 年，农业增加值比重先升后降，首尾年份变化不大，1978年是 28.2%，1990 年是 27.1%；1990～2010 年，农业增加值比重下降幅度较大，由 1990 年的 27.1% 下降至 2010 年的 10.1%，下降的相对幅度是63%，说明这一阶段工业化进程加快。1978～2010 年，农业就业比重总体呈现大幅下降态势，由 1978 年的 70.5% 降至 2010 年 36.7%，下降的相对

幅度是 48% 。

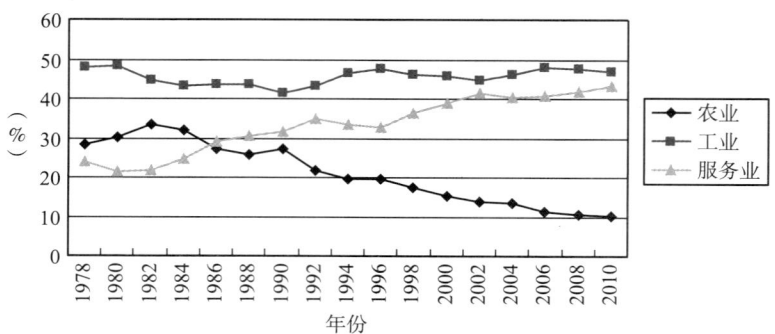

图 6 - 1　1978～2010 年中国三大产业占 GDP 的比重

表 6 - 2　　　　1978～2010 年中国三大产业占全社会就业的比重 （%）

年份	1978	1980	1982	1984	1986	1988	1990	1992	1994	1996	1998	2000	2002	2004	2006	2008	2010
农业	70.5	68.7	68.1	64	60.9	59.3	60.1	58.5	54.3	50.5	49.8	50	50	46.9	42.6	39.6	36.7
工业	17.3	18.2	18.4	19.9	21.9	22.4	21.4	21.7	22.7	23.5	23.5	22.5	21.4	22.5	25.2	27.2	28.7
服务业	12.2	13.1	13.5	16.1	17.2	18.3	18.5	19.8	23	26	26.7	27.5	28.6	30.6	32.2	33.2	34.6

资料来源：国家统计局：《中国统计年鉴 2011》，中国统计出版社 2011 年版。

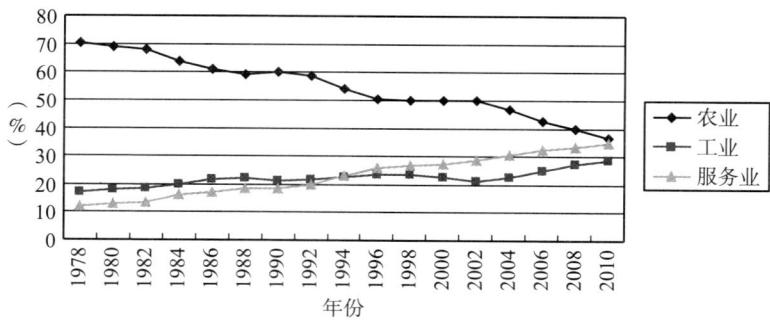

图 6 - 2　1978～2010 年中国三大产业占全社会就业的比重

　　1978～2010 年，服务业增加值比重演变大致分成五个阶段：1978～1992 年，上升；1992～1996 下降；1996～2002 年，上升；2002～2006 年，下降；2006～2010 年，上升。即 1978～2010 年间，服务业增加值比重变化呈现 M + V 型。1978～2010 年，工业增加值比重变化亦大致分成上述五个阶段：1978～1992 年，下降；1992～1996 上升；1996～2002 年，下降；2002～2006 年，上升；2006～2010 年，下降。即 1978～2010 年间，工业增加值比重变化呈现 W +"倒 V"型。服务业与工业的变化态势正好相反，这个特征值得探究。1978～2010 年，工业增加值比重虽有起伏，但首尾年份变化不大，1978 年是 47.9%、2010 年是 46.8%。1978～2010 年，服务业增加值比重变化较大，由 1978 年 23.9% 年上升至 2010 年 43.1%，上升的相对幅度为 80%，其中，1978～1992 年增加值比重上升幅度较快，由 23.9% 升至 34.8%，上升相对幅度为 46%。

1978～2010 年，服务业、工业就业比重总体呈现上升态势：服务业由 1978 年 12.2% 升至 2010 年 34.6%，上升相对幅度是 184%，就业上升幅度远大于增加值上升幅度；工业由 1978 年的 17.3% 升至 2010 年的 28.7%，上升相对幅度是 66%。1994 年之前，服务业就业比重小于工业；1994 年之后，服务业就业比重加快上升，渐超工业就业比重，说明 1994～2010 年服务业吸纳就业的能力强于工业。

二、1978～2010 年中国服务业结构演变态势分析

表 6－3 与表 6－4 显示中国服务业内部结构的演变态势。

表 6－3　　　　　　1978～2010 年服务业各分支部门占服务业
增加值与占 GDP 的比重（%）

年份	1978	1980	1985	1990	1995	2000	2005	2010
服务业	23.9	21.6	28.7	31.6	32.9	39	40	43.1
交仓邮	**20.9**	**21.7**	**16.3**	**19.1**	**16**	**15.8**	**14.7**	**14.5**
	4.995	4.687	4.678	6.04	5.264	6.162	5.88	6.24
商业	**27.8**	**19.7**	**31**	**21.3**	**21.1**	**21**	**18.4**	**18.3**
	6.644	4.255	8.897	6.73	6.942	8.19	7.36	7.89
住宿餐饮	**5.1**	**4.8**	**5.3**	**4.9**	**5.8**	**5.5**	**5.7**	**5.8**
	1.219	1.037	1.521	1.55	1.908	2.145	2.28	2.5
金融业	**7.8**	**7.6**	**10.1**	**16.1**	**13.8**	**10.6**	**8.5**	**9.1**
	1.864	1.642	2.899	5.09	4.54	4.134	3.4	3.9
房地产业	**9.2**	**9.8**	**8.3**	**10.4**	**11.7**	**10.7**	**11.3**	**11.4**
	2.199	2.117	2.382	3.29	3.849	4.173	4.52	4.8

续表

年份	1978	1980	1985	1990	1995	2000	2005	2010
科技商务服务业				**8**	**11.8**	**13.6**	**14.4**	**14.5**
				2.53	3.882	5.304	5.76	6.3
教文卫体社				**9.1**	**8.9**	**10.4**	**13.3**	**13.3**
				2.88	2.928	4.056	5.32	5.7
行政党政机关社团				**8.7**	**7.9**	**8.7**	**9.3**	**9.0**
				2.75	2.599	3.393	3.72	3.8
居民服务与其他服务				**2.5**	**3.1**	**3.7**	**4.3**	**4.3**
				0.79	1.02	1.443	1.72	1.85

注：交仓邮是交通仓储邮政的简称，教文卫体社是教育文化卫生体育社会保障的简称。科技商务服务业包括地质勘查水利管理业、科学研究与综合技术服务业、信息传输计算机服务与软件业、租赁与商务服务业等。黑体数值表示服务业各分支部门占服务业增加值的比重，未作黑体的数值表示服务业及分支部门占 GDP 的比重。

资料来源：国家统计局：《中国统计年鉴 2011》，中国统计出版社 2011 年版。

表 6－4　　　　1978～2010 年服务业各分支部门就业占服务业就业与
占全社会就业的比重（％）

年份	1978	1980	1985	1990	1995	2000	2005	2010
服务业	12.2	13.1	16.8	18.5	24.8	27.5	31.4	34.6
交仓邮	**19.8**	**18.9**	**15.3**	**20.7**	**15.6**	**14.9**	**13.1**	**12.6**
	2.42	2.48	2.57	3.83	3.88	4.12	4.08	4.35
商业	**26**	**22.6**	**27.6**	**22.8**	**24.2**	**23.3**	**20.1**	**19.5**
	3.17	2.96	4.64	4.22	6.12	6.41	6.31	6.75
住宿餐饮	**9.4**	**9.5**	**9.3**	**9.6**	**10.4**	**10.4**	**11.5**	**11.6**
	1.15	1.24	1.56	1.78	2.57	2.85	3.61	4.01
金融业	**1.8**	**1.8**	**1.9**	**3.3**	**2.4**	**2.2**	**1.9**	**1.8**
	0.22	0.24	0.33	0.61	0.59	0.61	0.6	0.62
房地产业	**0.6**	**0.4**	**0.3**	**0.71**	**0.67**	**0.74**	**0.75**	**0.8**
	0.07	0.05	0.05	0.13	0.17		0.24	0.28
科技商务服务业	**2.8**	**4.2**	**4.8**	**5.7**	**8.3**	**8.9**	**9.9**	**10.5**
	0.34	0.55	0.81	1.05	2.06	2.45	3.11	3.63
教文卫体社	**12.2**	**12.3**	**12.5**	**14.7**	**15.1**	**15.2**	**17.4**	**17.3**
	1.49	1.61	2.11	2.72	3.74	4.17	5.46	5.98

续表

年份	1978	1980	1985	1990	1995	2000	2005	2010
行政党政机关社团	**14.2**	**14.5**	**12.7**	**9.1**	**8.5**	**9.1**	**9.9**	**9.7**
	1.73	1.9	2.13	1.68	2.11	2.52	3.11	3.35
居民服务与其他服务	**13.2**	**15.7**	**15.4**	**13.5**	**14.9**	**15.1**	**15.5**	**16.1**
	1.61	2.06	2.59	2.51	3.72	4.15	4.87	5.57

注：交仓邮是交通仓储邮政的简称，教文卫体社是教育文化卫生体育社会保障的简称。科技商务服务业包括地质勘查水利管理业、科学研究与综合技术服务业、信息传输计算机服务与软件业、租赁与商务服务业等。黑体数值表示服务业各分支部门占服务业就业的比重，未作黑体的数值表示服务业及分支部门占全社会就业的比重。

资料来源：国家统计局：《中国统计年鉴2011》，中国统计出版社2011年版。

改革开放以来中国服务业结构演变态势归结如下[①]：

（1）交通仓储、商业占服务业增加值与就业比重均显著下降，这是服务业结构演变的一个重要特征。这印证机理分析的观点，工业化中后期，流通服务业占服务业比重呈现下降态势，其地位逐渐被其他服务业替代。不过，需提及的是，两业占GDP与全社会就业的比重不一定与其占服务业比重变化态势相同，这是因于两业虽无其他服务行业部门增长快，占服务业比重相对下降，但较之非服务部门而言，增长较快，因此占GDP与全社会就业的比重并不呈现下降态势，1978~2010年，两业占GDP比重总体呈现小幅上升态势，占全社会就业的比重则呈现较明显上升态势。

（2）金融业发展呈现较明显的阶段性特征，1978~1990年，金融业的增加值与就业比重均呈现出显著上升态势；而1990~2010年，金融业的增加值比重与就业比重，呈现下降（占服务业增加值与就业及占GDP）或大致不变态势（占全社会就业）。

（3）房地产、住宿餐饮、科技商务服务、教文卫体社、居民服务与其他服务等服务行业增加值与就业比重均呈现显著上升趋势。上述诸业占GDP与占全社会就业比重上升的相对幅度[②]均超过服务业整体占国民经济的上升幅度，科技商务服务、教文卫体社、居民服务与其他服务三个部门的比重上升幅度尤为突出，远远超过服务业整体的比重上升幅度。

（4）政府机关与社会团体1990~2010年间占服务业增加值与就业比

① 此处的增加值、就业比重，如不加限定，均指占服务业增加值、就业与占GDP、占全社会就业的比重。为求表述简洁，教育文化卫生体育社会保障简称为教文卫体社。

② 上升相对幅度（%）=（基期比重－初始期比重）/初始期比重×100。

重微升，占 GDP 与占全社会就业比重的上升幅度较之占服务业比重上升更大。

（5）目前，就服务业结构比重来看，服务业增加值构成如下：传统服务业交通仓储与商业约占服务业增加值的 1/3，作为现代服务业代表的金融与房地产业约占 20%，消费者服务业（包含住宿餐饮、居民服务）约占 10%，科技商务服务业约占 15%，政府服务与教文卫体社合计约占 20%。服务业就业构成如下：交通仓储与商业约占服务业就业的 1/3，金融与房地产业约占 3%，消费者服务业约占 30%，科技商务服务业约占 10%，政府服务与教文卫体社合计约占 25%。除传统服务业交通仓储与商业占服务业比重呈下降态势之外，其他服务部门占服务业比重均呈现上升态势。

概而言之，改革开放以来服务业结构演变大致与前文机理分析吻合：流通服务业占服务业比重下降、地位渐被科技商务服务业替代，具有生产者服务属性的科技商务服务业、消费者服务业比重显著上升，政府服务部门在规模未过度之前，比重呈现稳步上升态势。较不合理之处在于，作为国民经济"血液"、在国民经济中占有重要地位的金融业 1990 年以来比重呈现不变或下降趋势，似于服务业结构演变一般趋势不符，其原因值得探究。

三、中国与相近水平发展中国家服务业结构的比较

表 6-5 与表 6-6 是中国与相近发展水平国家服务业分支部门比重与三大产业比重的比较。

表 6-5　　　　2008 年中国与相近水平国家服务业分支部门及

三大产业增加值比重比较（%）

	印度	印度尼西亚	泰国	菲律宾	埃及	巴西	均值	中国 A	占 GDP 均值	中国 B	差距
商贸	28.1	28.1	32.1	26.84	22.1	24.1	26.8	20.58	13.94	8.1	-41.9
旅馆饭店	2.65	6.4	10.7	3.314	4.7	4.9	5.45	6.376	2.83	2.5	-11.7
运仓通	16.2	14.2	16.2	14.28	17.3	14.2	15.3	16.48	7.96	6.5	-18.4
金融	10.3	11.2	8.12	9.111	19.8	9.2	11.3	9.591	5.84	3.7	-36.7
房租商	16.2	7.2	6.14	16.78	4.55	14.3	10.9	16.96	5.65	7.4	31.01

续表

	印度	印度尼西亚	泰国	菲律宾	埃及	巴西	均值	中国A	占GDP均值	中国B	差距
公管社保	11.9	22.1	10.1	13.76	17.7	15.1	15.1	10.38	7.86	4.1	-47.8
教育卫生等	14.8	11.2	16.7	15.91	13.7	19.3	15.1	19.63	7.85	7.7	-1.9
农业									12.13	11	/
工业									35.9	47	/
服务业									51.93	42	-19.2

注：

1. 运仓通、房租商、公管社保分别是运输仓储通讯、房地产租赁商务服务、公共管理与社会保障的简称。教育卫生等包括教育卫生及社会与个人服务。

2. 均值是指印度等发展中国家服务业分支部门占服务业比重的平均值；中国A是指中国服务业分支部门占服务业的比重。占GDP均值是指印度等发展中国家服务业分支部门占国民经济比重的平均值。中国B是指中国服务业分支部门占国民经济的比重。

3. 差距是指差距的相对幅度（％），公式如下：（中国服务业分支部门占国民经济比重－相近水平国家占国民经济比重均值）/相近水平国家均值×100。

资料来源：根据国家统计局：《2010国际统计年鉴》，中国统计出版社2010年版绘制、计算而成。

表6-6　　　　2008年中国与相近水平国家服务业分支部门及

三大产业就业比重比较（％）

	印度尼西亚	泰国	菲律宾	埃及	巴西	均值	中国A	占GDP均值	中国B	差距
商贸	41.5	40.1	43.6	23.5	34.6	36.6	23.5	16.96	7.38	-56.5
旅馆饭店	10.4	17.4	6.11	4.01	7.13	9.01	12.88	4.17	4.04	-3.03
运仓通	15.3	8.14	17.33	14.5	9.18	12.9	14.34	5.97	4.5	-24.6
金融	1.94	2.57	2.364	1.85	2.36	2.22	2.128	1.03	0.67	-34.9
房租商	1.29	4.93	5.163	4.39	11.1	5.38	7.8	2.49	2.45	-1.72
公管社保	19.8	8.29	10.48	20.3	9.91	13.8	12.7	6.37	3.99	-37.4
教育卫生等	9.76	18.4	14.96	31.5	25.7	20.1	26.7	9.31	8.38	-9.92
农业								34.9	39.6	/
工业								18.78	27.2	/
服务业								46.3	33.2	-28.3

数据来源与注同上表。

　　首先，比较三大产业比重。就三大产业的增加值比重而言，中国农业比重与几国均值非常接近，约为12％；而工业比重却远高于几国均值——约高出11个百个点，达47％；由此造成中国服务业的比重比几国均值低近 10 个百分点，达 42%。这充分说明中国的产业结构特色，是制造业、工业作为主导产业与主体产业的国家。三大产业的就业比重结合三大产业的增加值比重进行比较，可以得出以下观点：（1）尽管中国农业增加值比重与几国均值非常接近，可其就业比重却比后者高出近 5 个百分点，达 40%，这说明中国农业相对生产率水平低下[1]，中国农业剩余劳力转移中国较之相近水平国家更为艰巨。（2）中国工业就业比重高过几国均值 8 个百分点，达 27%；而中国服务业就业比重比几国均值低近 13 个百分点，是 33%，这说明中国服务业即便 1992 ~ 2008 年间吸纳就业能力超过工业、成为吸纳就业的主力军，但在吸纳劳力尤其是吸纳农村剩余劳力方面仍有较大潜力可挖。

其次，比较服务业内部各分类行业占服务业的比重。就印尼等国的增加值比重与就业比重而言，居于服务业前几位的是商贸、教育卫生、政府公共管理、运输仓储及通讯。而居于中国服务业前几位的分类行业略有差别，它们是商贸、教育卫生、房地产租赁及商务服务、运输仓储及通讯。在中国，房地产租赁及商务服务居于分类服务业前几位，说明中国新兴服务业的崛起，因此不能笼统地概括中国服务业内部层次低。

再次，比较服务业各分类服务业占 GDP 及占全社会就业的比重。中国服务业增加值比重与就业比重均远低于几国均值，增加值比重与就业比重差距的相对幅度（（中国比重 - 均值水平）/均值水平 × 100）分别是 19%、28%。就业比重的差距更大。就分类服务业增加值比重差距而言，除房地产租赁商务服务外，其他服务行业如运输仓储通讯、旅馆饭店、教育卫生等业均与几国均值水平存在差距，政府公共管理、商贸、金融三业的差距最大，差距相对幅度依次是 -48%、-42%、-37%。就分类服务业就业比重差距而言，所有的分类服务业均与均值水平存在差距，商贸、政府公共管理、金融三业的差距最大，差距相对幅度依次是 -57%、-37%、-35%。以上数据说明两个问题：一是中国经济的市场化程度与市场经济完善程度很可能不及相近收入水平国家，一国商业、金融业的发展水平往往反映该国经济市场化进程及市场经济的发育完善程度，而在市场经济深化进程中，政府公共管理亦有较大的发展空间；二是中国商贸就业比重与均值差距最大，表明其吸纳就业的潜力很大。还需提及的是，中

---

① 2008 年，中国农业相对生产率、印度等国农业相对生产率均值水平分别是 0.27、0.35。根据《2010 国际统计年鉴》计算得出。

国房地产租赁商务服务业占 GDP 的比重高于均值水平，是中国唯一超过均值水平的分类服务业，这说明中国此类新兴服务业的发展状况略胜于相近水平国家，印证上文的观点，不能笼统地概括中国服务业结构层次低。

综上所述，诚然，中国服务业的增加值比重与就业比重，与相近水平国家比较有不小的差距，即便如此，不能就此直接归结为中国服务业发展水平低。原因之一在于，中国的产业结构特质——长期以来以制造业、工业作为主导产业与主体产业，造成中国服务业比重较低，诚然，这是中国国情生成的现象。原因之二在于，中国房地产租赁商务服务业占 GDP 的比重高于均值水平，表明中国此类新兴服务业的发展状况超过相近水平国家，因此，不能笼统地概括中国服务业结构层次低进而推断服务业发展水平低。毋庸置疑，伴随中国现代化、二元结构转换进程深化，工业增加值、就业比重保持稳定或略有下降，农业的增加值与就业比重会出现显著下降，因此，中国服务业的增加值、就业比重必会出现较大幅度的上升，中国的各分类服务业都很有可能会出现较快增长——无论是其增加值比重还是就业比重，与相近水平国家差距较大的商贸、金融、政府公共管理增长的潜力更大。政府可通过适度的政策推动上述服务部门发展。还须指出的是，与相近水平国家相比，中国农业相对生产率水平更低、农业剩余劳力转移更为艰巨，中国服务业就业比重即便超过工业、成为吸纳就业的主力军，但与相近水平国家的差距，较之增加值比重的差距更大，因此，现阶段亟须发掘服务业尤其是商贸、家庭个人服务等分类服务业吸纳就业的潜力，推动服务业吸纳就业的政策是必需的。服务业不仅要吸纳大量农村剩余劳力，还要吸纳制造业、工业结构转型生成的剩余劳力，无疑，现阶段中国服务业吸纳剩余劳力的任务是艰巨的。

第二节　中国改革开放以来服务业增长和结构演变的成因及效应

一、成因分析

影响中国服务业增长与结构演变的因素包括：制度、劳动生产率、中间需求、城镇化、国际竞争力与统计因素。下文将一一进行分析。

（一）制度因素

国策所造成中国特有产业结构及经济增长模式、体制变更与制度举措创新、现有制度安排等制度层面的因素对服务业及其分类行业部门增长产生深刻影响。

1. 就增加值比重变化态势而言，服务业依附于工业，这一特征因长期国策所造成的中国特有产业结构及经济增长模式而生成

前文指出，1978～2010 年间，服务业增加值比重升降构成五阶段——形成 M + V 型，而同期工业增加值比重降升构成相反的五阶段——形成 W + "倒 V"型。这绝非偶然。中国长期的"工业立国"国策形成中国特有的产业结构：三大产业中以工业、制造业作为主导产业与主体产业，工业比重比相近水平发展中国家高出 10 余个百分点。中国的经济增长自然与占有主导与主体地位的工业休戚相关：工业比重上升阶段，中国经济增长呈高速增长态势，工业比重下降阶段，中国经济增长增速亦随之下滑。中国经济增长态势主要依赖于制造业、工业增长势头，这一特征在 1992 年确立市场经济体制后体现得尤为明显。市场经济是有周期的，1992～2010 年间，工业比重在 1992～1996 年、1996～2002 年、2002～2006 年，2006～2010 年四个阶段分别呈现上升、下降、上升、下降态势，依赖于制造业、工业带动的中国经济增长分别表现为繁荣、衰退、复苏、繁荣至再次衰退。如果说工业增加值比重阶段性变化态势为顺周期，服务业增加值比重阶段性变化态势必然表现为逆周期。1978～2010 年，工业与服务业的增加值比重呈现此消彼涨的关系，1992 年实现市场经济体制之后，这种关系体现得尤为明显：经济增长繁荣期源于制造业、工业的拉动，工业比重处于上升阶段，服务业比重则相对下降；经济衰退期源于制造业、工业增速下滑，工业比重处于下降阶段，服务业比重则相对上升。增加值比重变化态势，服务业依附于工业的特征彰显。

2. 中国服务业及分类行业部门增长态势根源于体制变更与政策举措变动

第一，中国的经济体制改革的推行与深化是中国服务业及其分支行业20 世纪 80 年代迅速发展的主要原因。

1978 年党的十一届三中全会具有重大历史意义，它确立"以经济建设为中心"、"对内改革、对外开放"等重要的指导思想，僵化的计划经济体制由此松动，中国的经济发展列车也在停顿 10 年之后也由此步入正轨并加速运行起来。经济体制改革在 20 世纪 80 年代中期得到进一步深化——这一时期确立"有计划的商品经济"的体制改革目标，80 年代中后期，商品、市场、价值、价值规律等概念已深入人心，商品经济发展较前一阶段有较大程度地跃升。服务业发展与商品经济发展密切相关。这是因为，服务生产和服务产品，从其本性考察，是与商品经济联系在一起的（李江帆，1990）①。因此，20 世纪 80 年代的经济体制改革与商品经济发展，促进服务业的较快速地发展，服务业中与商品经济发展尤为密切的商品、资金融通部门——商业餐饮、金融保险发展尤为迅速，这种状况一直持续到 1992 年。1992 年较 1978 年，服务业的增加值比重增加近 11 个百分点，这是体制变迁所释放的巨大能量，其中，商业餐饮、金融保险分别上升近 3、4 个百分点。此外，还需提及的是，伴随商品经济发展，思想意识也发生较大转变，原先普遍存在服务业低人一等的看法逐步被摒弃，从事商贸、餐饮等服务业工作的人越来越多，加之，服务业的非公有制经济成分发展很快，亦推动服务业加速发展。

第二，1992 年小平南方谈话之后掀起经济发展高潮，地方政府为追求政绩大力发展短期能见效的加工制造业，人为的政策举措促使 1992～1996 年工业比重较快上升，服务业增加值比重则相对较快下降。

在人为政策举措推动下，短期能见效的加工制造业蓬勃发展，工业比重由 1992 年 43.4% 升至 1996 年的 47.5%，上升 4 个百分点；同期，服务业比重则由 34.8% 下降至 32.8%，下降两个百分点。2002～2006 年间工业、服务业此升彼降关系与 1992～1996 年相同。2002～2006 年，经济逐步复苏渐入繁荣是亦是源于制造业、工业增速上升，工业增加值比重上升导致服务业比重相对下降。

第三，1996～2002 年间经济增速减缓，宏观调控有关刺激内需的政策给服务业的发展带来契机。

1996～2002 年，受东亚金融危机、经济周期影响，中国经济增速减缓，为刺激经济增长，多管齐下、扩张内需的政策予以实施，扩大服务消费需求成为其中的重要举措，服务业由此引来发展契机。1996～2002 年间，服务业增加值比重增长的 9 个百分点中，属于满足最终消费需求的教育文化体育卫生服务、居民服务、住宿餐饮服务分别贡献近 2.5、1.5、0.5 个百分点。政策推动服务业发展的作用由此可见一斑。

---

① 李江帆：《第三产业经济学》，广东人民出版社 1990 年版。

第四，1992 年以来国企改革的深化、经济增长方式转变，使得大量从业人员脱离原先的工业制造业领域进入服务业领域，造成 1992～2010 年间服务业就业比重显著上升，渐超工业就业比重。

自 1992 年党的十四大提出建立社会主义市场经济体制后，国企改革的进程明显加快，建立现代企业制度、国企进行战略性重组与"抓大放小"、战略上调整国有经济布局等举措相继推出。1992 年之后，决策层面亦强调经济增长方式转变，提高经济运营效率，由粗放式经营转为集约式经营。国企改革深化、国有经济战略性调整与重组再加之经济增长方式转变、经济运营效率提升不可避免造成大量的下岗失业人员，这些人员脱离原先的工业制造业领域再就业时多半进入服务业领域，尤其是劳动密集型的服务业领域，如商业、住宿餐饮、低端的科技商务服务、教育文化体育卫生、居民服务等领域。工业领域劳动力转移加之大量农村剩余劳力转移使得 1992～2010 年服务业就业比重较大幅度上升，上升约 15 个百分点，由 19.8% 升至 34.6%，多为劳动密集型服务行业部门作的贡献。可见，体制变革、经济增长方式转变政策的推出对服务业就业产生重大影响，使得 1992～2010 年服务业就业吸纳能力渐超工业。

3. 现有的制度安排阻滞服务行业的市场化进程，制约服务行业的长远发展

第一，一些服务部门过分强调其兼有的社会属性，垄断性较强，无论对内资还是对外资，存在较多的市场准入限制。

一些服务部门被过分强调其兼有的社会属性，如金融作为调节经济的手段、文化传媒作为意识形态的属性、民航电信铁路强调其涉及国家经济安全的属性等，导致金融、保险、电信、民航、铁路、新闻出版、广播电视等部门，至今仍保留十分严格的市场准入限制，政府或国有经济垄断经营严重。对内对民营资本存在较多限制，对外在外资准入资格、进入形式、股权比例和业务范围等方面限制亦不少。上述部门主要为政府或国有经济垄断经营，一些服务产品的价格还由政府制定和管理，市场竞争不充分，且生产率水平偏低、创新能力欠缺、竞争力偏弱，制约这些行业部门长远发展。譬如，我国金融业 1990 年以来服务业的增加值与就业比重均呈现下降态势，与相近水平国家相比，其占 GDP 与占全社会就业比重均呈现较大差距（前文已述），主要原因在于金融业高度垄断——四大国有银行占有 70% 以上的贷款市场份额，竞争力不足导致创新不足、效率较低、发展滞缓。

第二，一些服务行业带有自然垄断性质，但是不少自然垄断却演变成行政性垄断，政企不分现象突出。

服务业不少行业如电信、民航、铁路运输等领域都具有自然垄断性质，即受制于服务产品的自然特性和生产特点，上述行业领域的供给者数量需加以限制，才能形成和维持服务生产的经济规模，否则将造成社会不经济。自然垄断特性本无可非议，然而当前这种自然垄断特性却演变成行政性垄断。这些具有自然垄断性的行业目前基本上是实行政企合一、政府垄断经营的管理体制。在这种体制下，政府既是管制政策的制定者和监督执行者，又是具体业务的垄断经营者，从而产生行政性垄断。行政性垄断的主体是政府及其行政管理机构，它们运用种种手段构成进入壁垒，维护本系统企业的垄断地位。地方政府甚至用地方法规将其合法化。行政性垄断部门如铁路运输、航空运输往往导致政企不分，政府在生产经营、人财物等方面进行直接与间接控制，隶属这些行业的国有企业成为虚拟法人，既不具备法人财产权，也不具备完整的生产经营权，不能成为以市场为导向、自主展开生产经营的真正意义的"企业"。这些被政府直接染指且又享有行政性垄断特权的服务行业往往有效供给不足、服务质量堪忧，其企业不思进取、创新缺少长远发展动力。

第三，政府职能越位、缺位现象同时并存，亦是制约服务行业部门长远发展。

上文指出，一些服务行业部门因过分强调其兼有的社会属性，导致政府或国有经济垄断经营，某些自然垄断部门演变成行政性垄断，政企不分、政府直接干扰企业生产经营，服务产品由政府部门定价等状况，均为政府职能越位的体现。而农村教育、医疗卫生、社会保障等农村公共服务品的供给，却因中央与地方政府责权利划分不明、地方政府财力有限，严重短缺，城乡公共服务差距越来越大，政府职能此处明显缺位。

第四，企事业单位"办社会"现象普遍，制约生产、生活服务业发展。

不少国有企业出于职工福利与安置富余人员等方面考虑，至今仍将满足职工及其子女需要的餐饮、医疗、教育等具有后勤性质、福利性质的服务设施及服务统统包揽下来，此外，大多数科技商务服务如车队、物流、设计、营销等亦在企业内部消化，此种作法一方面造成企业较大负担而且因经费紧缺而导致此类服务供给不足、服务质量与运作效率低下，另一方面阻碍享受发展服务型消费资料、科技商务服务且属于竞争性产品或准公共产品性质的服务行业的独立化进程，造成中国生活服务业、生产服务业发展较之相近发展水平的发展中国家有相当差距（详见上文）。

第五，政策不平等导致服务企业负担重，经营成本高。

长期以来，在政策优惠举措制定方面一直偏重工业，造成服务业、工业政策上不平等。税收方面，部分服务行业重复纳税，服务企业负担较重。如物流等经常发生大量业务外包的行业，按理应抵扣外包收入后纳税，但发包方按照整个营业收入纳税的同时，分包方也按照分包协议上的价款纳税，由此出现重复纳税。制造企业获得的税收优惠较多，如某些特定企业可获得所得税、营业税、房产税、市政公用设施建设费等不同程度的减免，而服务企业优惠力度与范围远不及工业企业。使用土地与水电气的价格方面，服务企业普遍高于工业企业。政策不平等导致服务企业负担重，经营成本高。

（二）供给因素——劳动生产率

表 6 - 7 是服务业与工业劳动生产率状况。

表 6 - 7　　　　　　　　服务业与工业的劳动生产率比较

年份	工业劳动生产率（亿元/万人）	服务业劳动生产率（亿元/万人）	差距的相对幅度（％）
1978	0.25	0.18	-28.99
1979	0.27	0.17	-35.99
1980	0.28	0.18	-37.59
1981	0.28	0.18	-35.74
1982	0.29	0.19	-33.12
1983	0.3	0.2	-33.56
1984	0.32	0.23	-28.73
1985	0.37	0.31	-16.95
1986	0.4	0.34	-15.17
1987	0.45	0.38	-15.06
1988	0.54	0.46	-14.75
1989	0.61	0.54	-11.49
1990	0.56	0.49	-11.74
1991	0.65	0.59	-8.732
1992	0.82	0.71	-12.34
1993	1.1	0.84	-23.48

续表

年份	工业劳动生产率 （亿元/万人）	服务业劳动生产率 （亿元/万人）	差距的相对幅度 （%）
1994	1.47	1.04	−28.86
1995	1.83	1.18	−35.39
1996	2.09	1.3	−37.69
1997	2.27	1.46	−35.47
1998	2.35	1.62	−30.99
1999	2.5	1.76	−29.42
2000	2.81	1.95	−30.47
2001	3.04	2.19	−27.87
2002	3.42	2.37	−30.73
2003	3.88	2.57	−33.88
2004	4.37	2.81	−35.77
2005	4.83	3.09	−36.06
2006	5.37	3.37	−37.18
2007	5.74	3.53	−38.50
2008	6.23	3.75	−39.81
2009	6.65	3.98	−40.15
2010	6.98	4.06	−41.83

资料来源：根据国家统计局：《中国统计年鉴2011》，中国统计出版社2011年版计算而成。差距相对幅度的计算公式是：（服务业劳动生产率−工业劳动生产率）/工业劳动生产率×100。

从表6−7可以看出，1978~2010年间，服务业劳动生产率保持递增态势，但其增长速度不及工业，以至于与工业劳动生产率之间始终保持差距。从服务业与工业劳动生产率差距的相对幅度来看，1978~1992年间，差距总体呈缩小态势，由1978年的−28.9%缩小至1992年的−12.3%；但1992~2010年间，差距总体呈扩大之势，由1992年的−12.3%扩大至2010年−41.8%。服务业劳动生产率增长较工业慢，体现为1992~2010年服务业就业比重加快上升、渐超工业就业比重。

（三）需求因素——体现为中间需求的科技商务服务

表6−8展示中国服务需求的收入弹性。

表 6 – 8　　　　　　　　　中国服务需求的收入弹性

部门与时期		收入弹性
服务业	1978 ~ 2000 年	0.96
	1978 ~ 1990 年	0.97
	1991 ~ 2000 年	0.86
分部门 （1991 ~ 2000 年）	交通运输仓储和邮电通信业	0.26 *
	批发零售商业与餐饮业	0.85
	金融保险业	0.33 **
	房地产业	2.13 **
	社会服务业	0.89
	卫生体育与社会福利业	0.37
	教育文化艺术和广播影视业	0.37 ***
	科学研究和综合技术服务业	0.54
	国家机关政党机关和社会团体	0.16 **
	其他服务业	0.38

注：*、** 和 *** 表示收入弹性在 0.1、0.05 和 0.01 的水平上显著异于 1。转引自程大中：《中国服务业增长的特点、原因及影响》，载《中国社会科学》2004 年第 2 期。

由表 6 – 8 可以看出，除房地产需求的收入弹性大于 1 外，服务业及其分部门需求的收入弹性均小于 1（但有几个弹性系数不是很显著），且差异较大。这说明随着收入水平提升，对服务产品的最终消费需求是增加的，但实际增加幅度不同：房产需求增加幅度大于收入水平增加幅度，显示较强的弹性，但服务业及其余分部门的需求增加幅度不及收入水平增幅。此外，批发和零售商业与餐饮业、社会服务业需求收入弹性较高，其余部门的收入弹性均很小。这表明，一方面中国服务的最终需求与服务部门发展处于不均衡状态，另一方面，中国的收入水平即经济发展水平仍较低（程大中，2004）。上述分析表明，现阶段，对服务产品的最终需求并不是促动服务业增长的重要原因。

如果说最终需求不是重要原因，那么体现为中间需求的、具有生产者服务属性的科技商务服务业，却与服务业增加值与就业增长存在密切关系。笔者将 1990 ~ 2010 年间科技商务服务业与服务业增加值比重、就业比重数据利用 spss 11.5 软件拟合成以下线型模型：

$LNY1 = 3.148 + 0.299LNX1$

R Square $= 0.883$　Adjusted R Square $= 0.825$　D. W. $= 2.749$

F $= 15.128$　Sig. $= 0.060$

S. E. = 0. 113 0. 077

T = 27. 972　3. 89　Sig. = 0. 001　0. 060

LNY2 = 2. 885 + 0. 481LNX2

R Square = 0. 995 Adjusted R Square = 0. 992　D. W. = 2. 054

F = 367. 52　Sig. = 0. 003

S. E. = 0. 020 0. 025

T = 142. 20　19. 171　Sig. = 0. 000　0. 003

X1、Y1、X2、Y2 分别表示科技商务服务业增加值比重（占 GDP，下同）、服务业增加值比重、科技商务服务业就业比重（占全社会就业，下同）、服务业就业比重。时期是 1990～2010 年。

上述两模型拟合效果较为理想，尤其是就业比重模型，拟合效果很理想。这说明科技商务服务业增加值、就业比重与服务业增加值、就业比重存在较高关联度，增加值比重关联度接近 0.9，就业比重关联度接近 1。两对数线型模型亦表明：当科技商务服务业的增加值比重每增加 1 个百分点时，服务业增加值比重会增加 0.299 个百分点；当科技商务服务业的就业比重每增加 1 个百分点时，服务业就业比重会增加 0.481 个百分点。可见，体现为中间需求的科技商务服务业对服务业增长的拉动作用明显，就业拉动尤为明显。2010 年较 1990 年，服务业增加值、就业比重分别增长约 11、15 个百分点，这其中科技商务服务业的增长功不可没，科技商务服务增加值与就业比重均呈现显著上升趋势，占 GDP 与占全社会就业比重上升的相对幅度均远超服务业整体（详见上文分析）。

综上所述，对服务产品的最终需求不是服务业增长的重要原因，体现为中间需求的、具有生产者服务属性的科技商务服务业的增长，是拉动服务业增长的重要原因。

（四）城镇化因素

表 6-9 展示城镇化率与服务业比重之间的相关程度。

表 6-9　　　　1978～2010 年城镇化率与服务业及分部门比重的相关程度

与城镇化率的相关系数	
服务业增加值比重	0. 957 **
服务业就业比重	0. 983 **
住宿餐饮增加值比重	0. 961 **

与城镇化率的相关系数	
住宿餐饮就业比重	0.988 **
房地产增加值比重	0.952 **
房地产就业比重	0.965 **
科教文卫增加值比重	0.991 **
科教文卫就业比重	0.989 **
居民服务增加值比重	0.988 **
居民服务就业比重	0.982 **
科技商务服务增加值比重	0.944 *
科技商务服务就业比重	0.984 **

注:

** 指相关关系在 1% 的水平上是显著的（双尾检验），* 指相关关系在 5% 的水平上是显著的（双尾检验）。增加值、就业比重是指服务业及其分部门增加值占 GDP、就业占全社会就业的比重。科教文卫增加值比重、居民服务增加值比重、科技商务服务增加值比重数据的时间期限是 1990 ~ 2010 年（无 1978 ~ 1989 年数据），服务业及其他分部门增加值、就业比重数据的时间期限均是 1978 ~ 2010 年。

资料来源：根据《中国统计年鉴2011》相关数据计算得出。

从表 6 - 9 中的相关系数可以看出，城镇化率与服务业及其分部门增加值、就业比重相关程度较高，均在 0.94 以上。可见，城镇化率是影响服务业及消费者服务、科技商务服务部门增长态势的重要因素。城镇地区是消费者服务与科技商务服务的聚集地。消费者服务往往与收入水平有关，当人均收入水平较低时，人们通常只是需要满足温饱的实物产品，只有收入水平提高，用于提升生活水准与身心素质的食宿、居住、家庭与个人、教育文化卫生体育等服务产品的消费才有可能。城镇地区的收入水平通常高于农村地区，城镇化率与住宿餐饮、房地产、居民服务、科教文卫比重呈现较高的正相关关系。城镇地区亦是科技商务服务尤其是较高层次科技商务服务的聚集地。中国的科技商务服务主要作为工业的中间投入（申玉铭等，2007；程大中，2006），而制造业、工业主要是聚集在城镇地区，且较高层次的科技商务服务如商务服务、法律财务咨询、计算机软件服务、设计服务等往往蕴含较高的人力资本与知识资本，城镇是人力与知识资本的主要聚集地，所以，城镇地区亦是科技商务服务的主要聚集地。

1978 ~ 2010 年间，中国的城镇化率始终保持递增态势，由 1978 年的

17.9% 上升至 2010 年的 49.9%①，上升了 32 个百分点，上升的相对幅度是 179%。正因为城镇化率是影响服务业及消费者服务、科技商务服务部门增长态势的重要因素，所以，同期的服务业及住宿餐饮、房地产、居民服务、科教文卫、科技商务服务等服务部门的增加值与就业比重均保持显著上升态势（详见上节分析）。

（五）国际竞争力因素

国际竞争力亦是影响服务部门增长态势的重要因素。服务贸易状况是服务部门国际竞争力的重要体现。2010 年，我国服务贸易总额为逆差——-221 亿美元，其中，运输、金融保险、专有权使用费与特许费、旅游、电影影像等项均为逆差，其他服务部门为贸易顺差②。出现贸易逆差的服务部门中运输与保险的贸易逆差尤为突出，两部门分别为 -290 亿、-140 亿美元。这说明运输、保险两部门的国际竞争力偏弱。另有一些典型数据可证明我国金融保险业国际竞争力偏弱。从 2004 年全球 1000 家大银行的排名来看，排名第一的花旗银行的一级资本为 744.15 亿美元，不良资产率为 2.06%；而国内排名最高的中国银行的一级资本为 348.51 亿美元，但其不良资产率却高达 5.12%，国内四大银行中国工商银行的不良资产率甚至高过 18.99%③。保险业方面，根据瑞士再保险统计，截至 2004 年年底，我国保险业占全球保险市场的份额排名虽位居第 11，但保费收入规模仅 521.71 亿美元，相当于美国的 4.75%，韩国的 76%；保险密度在全球排名第 72，人均保险金额 40.2 美元，相当于美国的 1.07%，韩国的 2.8%；保险深度排名第 42，保费收入占 GDP 比重为 3.26%，低于美国的 9.36% 和韩国的 9.52%④。国际竞争力偏弱导致中国的运输、金融保险业在对外开放度日益提高、国际竞争力愈趋激烈的时代背景下发展滞缓：两业占服务业比重均呈现下降态势（详见上节分析）。当然，深究根源，导致两业国际竞争力偏弱的深层原因还在于制度因素：金融保险业垄断性较强，无论对内资还是对外资，存在较多的市场准入限制；民航、铁路运输自然垄断演变成行政性垄断，政企不分现象突出。制度因素形成的市场化

---

① 《中国统计年鉴 2011》。

② 根据国家外汇管理局编的 2010 年中国国际收支平衡表计算得出。

③ The Banker, July 2005, pp. 251–286.

④ 中国社科院财贸经济研究所：《中国服务业发展报告 No. 6——加快发展生产者服务业》，社会科学文献出版社 2008 年版。

掣肘导致两业竞争力偏弱，故提升竞争力还需从制度根源入手。

（六）统计因素

我国尚未建立起完善的服务业经常性统计调查制度，导致服务业统计遗漏、统计不全的现象突出。

1. 服务行业特点导致统计遗漏、统计不全的现象突出

服务业中一些行业具有零、散、碎、小的特点，特别是居民服务中的美发、洗浴、美容、修理等行业都难有健全的营业额记录制度，统计只是靠抽样调查与企业自主申报，经营者为了逃税会假报状况。此外，一些行业如餐饮、娱乐、零售商业虽然有一定规模和相对健全的营业记录，但由于管理疏漏及消费者领取发票意识不强，为了逃税，这些行业亦会有瞒报情形。还需提及的是，服务业中有大量的非正规就业，包括临时就业、小时工、农民工季节性就业等情形，这些情形都无健全的统计制度，因此服务业就业的统计遗漏尤为严重（李冠霖，2005）。

2. 不少新兴服务行业的私营企业和个体经营单位未建立经常性统计调查制度，统计遗漏现象严重

新兴服务行业如物业管理、计算机服务、租赁服务、网上购物、信息咨询、会计师服务、律师服务等，私营企业和个体经营单位未建立经常性统计调查制度，其经常性资料来源经常处于空白状态。

3. 非营利性服务部门增加值低估与统计遗漏现象突出

核计行政事业单位增加值和非营利性单位的增加值时，所用的劳动者报酬（占本行业增加值的 70% 以上）资料绝大部分取自"工资统计年报"，而工资报表中劳动者报酬瞒报、少报现象严重，大量不规范收入不在其中反映。由此导致服务业增加值低估。上文所提及的后勤性质、福利性质的服务附属于企事业单位，造成此类服务真实增加值无法计量，亦从统计意义上造成中国服务业增加值的低估。此外，大量非营利性服务部门开展的营利性业务没有进入增加值统计范畴，造成低估与统计遗漏。譬如，教育部门开办的培训性质的课程班、研修班，科研部门业余时间提供的科研服务，文化部门的走穴性演出，医疗部门许多创收性业务等，均未纳入正规的统计范围或统计不够全面。

以上三方面合计对服务业增加值低估的影响是严重的。此外，农村工业、农业增加值高估，亦导致服务业增加值相对低估。农村工业统计曾经长期不在国家统计局系统直接统计调查范围之内，而是由有关部门根据以层层汇总形式得到的相关报表统计出来。全国第三次工业普查结果表明：
农村工业总增加值被高估 18000 亿元，占全部农村工业总增加值的 40%
（许宪春，2000）。经常性农业统计中也存在增加值高估问题。农村工业、
农业的增加值高估，导致 GDP 中工业、农业比重高估和服务业比重相对
低估。正因为上述诸情况，2005 年全国第一次经济普查之后，对服务业的
基础数据进行大幅度的调整，服务业增加值调增了 2.13 万亿元，调增幅
度超过 30%（李勇坚，2007）。即便如此，由于目前我国统计制度不健
全，服务业增加值与就业低估情况依然存在，一定程度上影响与相近水平
国家的比较结果。

二、现阶段服务业对经济发展的效应分析

图 6 - 3 是 1990 ~ 2010 年三大产业对 GDP 增长的贡献率。

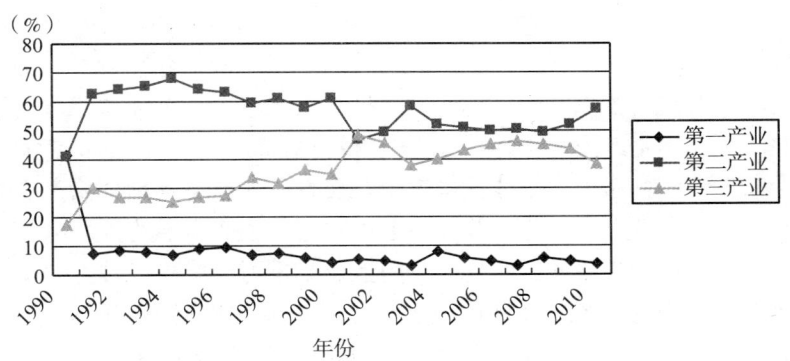

图 6 - 3　1990 ~ 2010 年三大产业的贡献率

注：根据《中国统计年鉴 2011》中的相关数据绘制而成。产业贡献率指各产业增加值增量与
GDP 增量之比。

1990 ~ 2010 年间，服务业（第三产业）与第二产业的贡献率远远高
于农业（第一产业），农业的贡献率一般在 10% 以下。服务业的贡献率虽
远高于农业，但与第二产业相比却有不少差距，除了 2001 年服务业贡献
率陡然上升，略超第二产业外，其余年份均有差距。90 年代，服务业贡
献率比广义工业（第二产业）低 20 ~ 30 个百分点，差距甚大，2001 年

后，差距较前期有所缩小，2010 年贡献率差距仍有 19 个百分点①。

虽然服务业与工业的差距有所缩小，但不可否认的是，中国现阶段——工业化中后期，对中国经济起引擎与主导作用的仍是工业，服务业对经济增长的直接推动作用较长期次于工业。

现阶段，服务业对中国经济增长无法起到如制造业、工业一般的主导与引擎拉动作用，但不可否认的是，服务业对于工业及中国经济的可持续性发展产生难以准确估量的外溢效应。外溢效应主要体现在以下四个方面。

（一）现阶段，具有生产者服务属性的科技商务服务业，对我国制造业、工业产生显著的外溢效应，促进其经济效率与竞争力提升

科技商务服务业对工业、制造业产生显著的外溢效应，具体体现为以下几方面。

其一，科技商务服务业提高经济效率与生产要素效率。杨小凯指出，经济效率越来越取决于在不同生产活动之间建立起来的互相联系，而不仅仅取决于生产活动本身的生产率状况，科技商务服务正是通过建立此种联系对经济效率、生产力产生外溢效应。可将科技商务服务的提供者看作是一个专家集合体，这个集合体提供知识及技术，使生产迂回度增加，生产更加专业化、资本更为深化，并提高劳动与其他生产要素的生产率。

其二，科技商务服务业亦是提升制造业竞争力的必要条件。科技商务服务业提高制造企业产前如设计研发、产后环节如物流营销的运作效率，降低交易费用。以人力资本与知识资本为载体的科技商务服务业通过设计、研发、培训等环节提升制造业的创新与学习能力，提升其知识技术密集度与竞争力。科技商务服务如研发、设计、营销推广等构成制造企业价值链活动的战略环节，为制造企业提供更多附加值。

其三，科技商务服务业是以工业企业为重心的产业集群的构成要素和黏合剂，促进产业集群格局形成和集群升级。迈克尔·波特认为，产业集群是在既竞争又合作的特定领域内，彼此关联的公司、专业化供货商、服务供应商和相关产业的企业以及政府和其他相关机构（例如大学、规则制

---

① 2010 年，服务业与广义工业对经济增长的贡献率分别是 38.5%、57.6%。详见《中国统计年鉴 2011》。

定机构、智囊团、职业培训机构以及行业协会等）的地理集聚体。毋庸置疑，工业企业是产业集群的重心，但需注意的是，科技商务服务企业及机构组织亦是产业集群必不可少的构成要素。如美国经济学家瑞德（Riddle，1986）所言，服务业（主要是科技商务服务业，笔者注）是促进其他产业增长的过程产业（process industries）……是经济的黏合剂，是便于一切经济交易的产业，是刺激商品生产的推动力。正是通过科技商务服务业的黏合作用——科技商务服务企业、机构与制造企业密切协同，才能构筑具有较高水准的社会化分工与协作体系、紧密联结为一体的产业集群。产业集群内，科技商务服务业能提升工业产前和产后的运作效率、提升工业创新与学习能力、构成工业企业价值链活动战略环节，从而提升工业的竞争力（详见机理分析），促进产业集群优化升级。

其四，科技商务服务业与工业的协同定位效应促进大经济区域产业集聚与发展。城市特别是特大型城市具有良好的软硬基础设施条件，全球化使其成为跨国企业指挥与控制全球产业运作的节点和中心。大型跨国企业往往在特大型的世界性都市如上海、广州设立其管理总部及投资运营业中心，从而带动科技商务服务业在这些城市的集中与集聚；另一方面，城市中现代科技商务服务业的集中与集聚，极大降低服务对象的交易费用、优化企业的发展环境，由此带动大都市周边地区制造业的发展。科技商务服务业与制造业的协同定位效应促进大经济区域产业集聚，科技商务服务业能有效降低大经济区如长三角、珠三角集聚产业的交易费用、提高其运作效率并能增强其知识技术密集度与国际竞争力。

（二）消费者服务部门的蓬勃发展满足经济发展水平提升时代背景下人们较高层次的消费需求，推动经济可持续性发展

改革开放以来，消费者服务部门蓬勃发展，住宿餐饮、居民服务、房地产、教育文化体育卫生等部门占服务业与占国民经济的比重呈现显著上升态势，这是经济发展水平提升的时代背景下，人们提升生活水准与身心素质的内心渴求转化为现实的较高层次的消费需求引致的良好结果。服务业结构的此种变化态势是经济发展的内在要求，是经济发展全面内涵的充分体现：经济增长最终是为了使国民的生活水准提升、使他们身心素质获得更好发展。此外，近几年，随着人民币升值趋势加快、环保意识增强，长期以来依靠低附加值、劳动密集型、外向型的加工制造业及高能耗、短期能出效益的能源型工业拉动经济增长的格局必须要改变，消费者服务的

稳定增长能满足人们较高层次的消费需求从而有效扩大内需，且低能耗又能吸纳就业，能推动经济可持续性发展。

（三）服务业比重增大能促进经济平衡增长，减少波动性

服务产品由于非实物特性不可能像工业制成品那样得以大规模生增加值来、引发生产过剩危机，服务的这种特性无疑增加经济运行的稳定性，服务业比重越高，缓冲经济增长波动频率与幅度的作用相对越大。中国服务业增加值比重在 1998 年 35% 之前，中国经济增长率的波动较大，如图 6 - 4 所示，1978 ~ 1988 年，GDP 增长率走势似 W 型，1988 ~ 1998 年，似倒 N 型，1998 ~ 2010 年，中国服务业增加值比重均在 35% 之上——显著高于前两个时期，GDP 增长态势相对平稳，减少了大起大伏。这说明服务业比重增大能促进经济平衡增长，减少波动性。

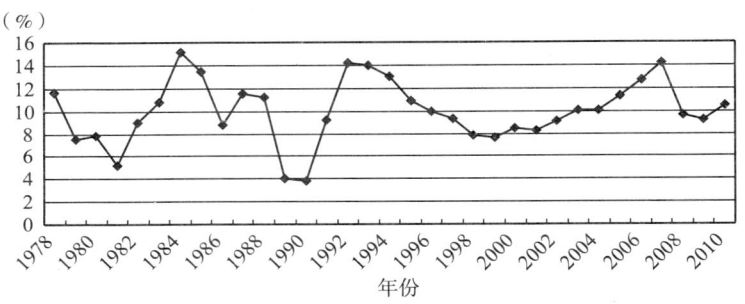

图 6 - 4　1978 ~ 2010 年中国 GDP 增长率走势

注：根据《中国统计年鉴 2011》有关数据绘制而成。横坐标表示年份，纵坐标表示该年份的 GDP 较上一年的增长率。

（四）改革开放以来服务业吸纳就业的能力显著上升，有效促进二元经济结构转换，削弱"成本病"对于经济增长的侵蚀，且对工业体制改革的深化产生外溢效应

改革开放以来，服务业就业比重稳步上升，特别是 1994 之后，服务业就业比重加快上升，渐超工业就业比重，这说明 1994 ~ 2010 年服务业吸纳就业的能力已超过工业。上文指出，中国农业的就业比重高于相近水平国家、劳动生产率水平明显低于后者，中国二元经济结构转换的任务较之相近水平国家更为艰巨。服务业就业比重稳步上升、吸纳剩余劳力的能

力愈来愈强，对于农村剩余劳力的加快转移、二元经济结构加速转换发挥重要作用。还需指出的是，农业在中国属于技术相对"停滞"的部门，根据鲍莫尔的"成本病"模型，经济总体增速将渐进性地趋同于技术进步相对落后的"停滞"部门的劳动生产率增速（详见第一章文献综述）。如果农业劳动生产率长期滞缓，将会侵蚀经济总体增长。正因为服务业吸纳农村剩余劳力能力渐趋增强、农村剩余劳力转移加快，一定程度提升技术停滞部门的农业劳动生产率，削弱"成本病"对于经济总体增长的侵蚀。此外，1992 年以来国企改革的深化、经济增长方式转变，使得大量从业人员脱离原先的工业制造业领域进入服务业领域，服务业在吸纳农村剩余劳力的同时亦大量吸纳工业富余人员，使得工业体制改革得以深化。体制改革转轨阶段，服务业正承担清除工业体制改革"路障"，减轻改革阵痛的功能，对工业体制改革的深化产生外溢效应。

评价服务业意义时，不能只盯着其生产率及对经济增长的贡献率，服务业对于工业及中国经济可持续性发展产生难以准确计量的外溢效应。服务业是难以测度的部门，对服务业外溢效应的计量更是难上加难。有学者尝试对这一难题进行测度。顾乃华（2006）借鉴两部门模型，就服务业对工业与经济增长的外溢效应进行测度。他的结论是：1993～2002 年，服务业增加值每增加 1 个百分点，通过外溢效应可带动工业增长 0.875 个百分点，通过发挥对工业的外溢效应，大约可促使整个经济增长 0.525 个百分点。由于服务业外溢效应的计量是世界性难题，不可避免顾乃华的计量方法会有一定瑕疵，不过他的计量结果透露重要信息：服务业的外溢效应较为显著。

综上所述，现阶段，服务业对中国经济增长无法起到如制造业、工业一般的主导与引擎拉动作用，但不可否认的是，服务业对于工业及中国经济的可持续性发展产生较为显著的外溢效应。重视服务业外溢效应的同时仍要提及两个需关注的问题。一是服务业剩余劳力吸纳能力的提升不能以劳动生产率的下降为代价，吸纳就业同时仍需提升自身生产率水平，削弱"成本病"对于经济增长的侵蚀。服务业的劳动生产率水平虽高于农业，但与工业比还有不小差距（详见上文），如果说农业属于鲍莫尔的"成本病"模型中的"停滞"部门，那么服务业属于此模型中的"渐进停滞部门"，服务业在大量吸纳农、工业剩余劳力的同时增加值增长趋缓进而导致生产率水平下降，那么根据"成本病"模型，总体经济增长将会渐被属"停滞"部门的农业、"渐进停滞部门"的服务业所拖累，经济增速会下滑。因此，服务业在吸纳就业的同时需提升自身生产率水平，削弱"成本病"对于经济总体增长的侵蚀。对于小、零、散的服务部门在吸纳就业的同时可通过变革经营业态的方式实现产业化经营，商业、餐饮、居民服务等原本规模经济特征不是很明显的服务部门通过连锁经营、特许加盟、服务标准化等方式获得规模经济效应。这些服务部门通过服务生产、市场推广及客户服务等方面标准化可实现产业化经营，从而提升生产率水平。二是提升服务业的国际竞争力、改善服务贸易，避免类似"非工业化"的问题造成对中国经济增长与国际收支的拖累。"非工业化"理论除包含鲍莫尔"成本病"模型的类似观点——服务业的低生产率会影响经济总体增长外，还有一重要观点：非工业化过程中，服务业比重上升、工业制造业比重下降，而服务业的可贸易性有限，所以，对于国际收支而言，服务业比重上升不能弥补工业制造业比重下降，从而造成国际收支不断恶化。当前，中国的服务贸易状况堪忧——服务贸易长期逆差（前文已述），随着服务业比重与服务业对外开放程度的提高、低附加值劳动密集型制造业出口创汇能力的下降，服务业的国际竞争力与服务贸易状况如不能得到提升与改善，长此以往，中国的国际收支与经济增长无疑会受到拖累。因此，亟须从制度入手，减少市场准入壁垒，提高对内与对外开放度，破除行政性垄断，深化市场化进程、增加竞争主体，革新国有服务企业体制，以提升服务业运营效率与国际竞争力、改善服务贸易状况。唯有如此，才能避免因服务业比重提升而产生类似"非工业化"的问题造成对中国经济增长与国际收支的拖累。

第三节　小　　结

　　1978～2010 年中国服务业增长呈现以下两大显著特征。其一，就增加值比重而言，服务业与工业的比重变化态势正好相反：1978～2010 年，工业增加值比重变化态势呈现 W + "倒 V"型，服务业增加值比重变化态势则呈现 M + V 型。其二，1994 年之后，服务业就业比重加快上升，渐超工业就业比重，说明 1994～2010 年服务业吸纳就业的能力强于工业。

　　1978～2010 年，中国服务业结构演变表现为以下几点。第一，交通仓储、商业占服务业增加值与就业的比重均显著下降，这是服务业结构演变的一个重要特征。第二，房地产、住宿餐饮、科技商务服务、教文卫体社、居民服务与其他服务等服务部门增加值与就业比重①均呈现显著上升趋势，政府机关与社会团体增加值与就业比重亦上升，但上升幅度不及前几个部门。第三，金融业发展呈现较明显的阶段性特征，1990 年之前，金融业的增加值与就业比重均呈现出显著上升态势；而 1990 之后，金融业的增加值与就业比重呈现下降或大致不变态势。总之，改革开放以来，我国服务业结构演变大致与前文机理及一般趋势分析吻合：流通服务业占服务业比重下降、地位渐被具有生产者服务属性的科技商务服务业替代，科技商务服务业、生活服务业比重显著上升，政府服务部门在规模未过度之前，比重呈现稳步上升态势。与一般趋势不太吻合之处在于，作为国民经济"血液"、在国民经济中占有重要地位的金融业 1990 年以来比重呈现不变或下降态势。

中国服务业的增加值与就业比重与相近水平国家比较有不小的差距，即便如此，不能就此直接归结为中国服务业发展水平低。原因之一在于，中国的产业结构特质——长期以来以制造业、工业作为主导产业与主体产业，造成中国服务业比重较低，诚然，这是中国国情生成的现象。其二在于，中国房地产租赁商务服务业占 GDP 的比重高于相近水平国家的均值，表明中国此类新兴服务业的发展状况超过相近水平国家，因此，不能笼统地概括中国服务业结构层次低进而推断服务业发展水平低。中国服务业增长潜力很大，各分类服务业都很有可能会出现较快增长——无论是其增加值比重还是就业比重，与相近水平国家差距较大的商贸、金融、政府公共管理增长的潜力更大。与相近水平国家相比，中国农业相对生产率水平更低、农业剩余劳力转移更为艰巨，中国服务业就业比重即便超过工业、成为吸纳就业的主力军，但与相近水平国家的差距较之增加值比重差距更大，因此，现阶段亟须发掘服务业尤其是商贸、生活服务等部门吸纳就业的潜力，推动服务业吸纳就业的政策是必需的。服务业不仅要吸纳大量农村剩余劳力，还要吸纳制造业、工业结构转型生成的剩余劳力，无疑，现阶段中国服务业吸纳剩余劳力的任务是艰巨的。

影响服务业增长及其分部门比重变化态势的主要因素有六个。第一，制度因素。主要有三点：就增加值比重变化态势而言，服务业依附于工业，这一特征因长期国策所造成的中国特有产业结构及经济增长模式而生

---

① 这一段的增加值、就业比重，如不加限定，均指占服务业增加值、就业与占 GDP、占全社会就业的比重。为求表述简洁，教育文化卫生体育社会保障简称为教文卫体社。

成；中国服务业及分类行业部门增长态势根源于体制变更与政策举措变动；现有的制度安排阻滞服务行业的市场化进程，制约服务行业的长远发展。第二，供给因素——劳动生产率。服务业劳动生产率与工业有较大差距，1992 之后差距有扩大之势，导致服务业就业比重同一时期上升较快。第三，需求因素——中间需求。对服务产品的最终需求不是服务业增长的重要原因，体现为中间需求的、具有生产者服务属性的科技商务服务业的增长，是拉动服务业增长的重要原因。第四，城镇化率因素。这是影响服务业及生活服务、科技商务服务部门增长态势的重要因素，所以，改革开放以来服务业及住宿餐饮、房地产、居民服务、科教文卫、科技商务服务等服务部门的增加值与就业比重均保持显著上升态势。第五，国际竞争力因素。亦是影响服务部门增长态势的重要因素。服务贸易状况是服务部门国际竞争力的重要体现。我国服务贸易总额为逆差，运输与金融保险的贸易逆差尤为突出。深究根源，导致国际竞争力偏弱的深层原因还在于制度因素。第六，统计因素。服务行业特点导致统计遗漏、统计不全的现象突出；不少新兴服务行业的私营企业和个体经营单位未建立经常性统计调查制度，统计遗漏现象严重；非营利性服务部门增加值低估与统计遗漏现象突出。

现阶段，服务业对中国经济增长无法起到如制造业、工业一般的主导与引擎拉动作用，但不可否认的是，服务业对于工业及中国经济的可持续性发展产生难以估量的外溢效应。外溢效应主要体现在以下四大方面。第一，现阶段，具有生产者服务属性的科技商务服务业，对我国制造业、工业产生显著的外溢效应，促进其经济效率与竞争力提升。第二，消费者服务部门的蓬勃发展满足经济发展水平提升时代背景下人们较高层次的消费需求，推动经济可持续性发展。第三，服务业比重增大能促进经济平衡增长，减少波动性。第四，改革开放以来服务业吸纳就业的能力显著上升，有效促进二元经济结构转换，削弱"成本病"对于经济增长的侵蚀，且对工业体制改革的深化产生显著外溢效应。

重视服务业外溢效应的同时仍要提及两个需关注的问题。一是服务业剩余劳力吸纳能力的提升不能以其劳动生产率的下降为代价，服务业吸纳就业同时仍需通过革新业态、提高产业化、标准化程度提升自身生产率水平，削弱"成本病"对于经济增长的侵蚀。二是提升服务业的国际竞争力、改善服务贸易，避免类似"非工业化"的问题造成对中国经济增长与国际收支的拖累。

第七章

21 世纪初期中国服务业内部
结构演进趋势估测
——基于演进规律与中国时代背景

第一节 21 世纪初期中国服务业整体发展
趋势定性分析及整体比重估测

一、服务业发展趋势的定性分析——基于国际经验与中国时代背景

（一）中国正处于由中等收入水平朝中上等收入乃至更高收入水平迈进的阶段（见表 7-1），从国际经验来看，人均收入达到中等收入水平之后向更高收入水平迈进的过程，即为服务业比重显著上升的过程

表 7-1   2010 年中国及不同收入水平国家的人均 GNI
（人均国民总收入）与三大产业比重

	人均 GNI （美元，按官方汇率计算）	三大产业比重均值（%） （农业/工业/服务业）
中国	4260	10.1/46.7/43.2
中下等收入国家	2037	11.9/42.7/45.5
中等收入国家	3763	8.7/36.1/55.3
中上等收入国家	5876	6.1/30.7/63.2
高收入国家	38517	1.7/25.9/72.4

资料来源：国家统计局：《2011 年国际统计年鉴》，中国统计出版社 2011 年版。

从人均 GNI（人均国民总收入）来看，中国的人均收入水平（4260美元）明显超过中下等收入国家（2037 美元），达到中等收入国家水平（3763 美元），但与中上等收入国家水平（5876 美元）还有较大差距。中国已步入中等收入水平国家之列，这是中国 30 余年来改革开放所取得的伟大成就。但从服务业的比重来看，中国服务业的比重是 43.2%，与中等收入国家的服务业比重均值 55.3% 相差甚远，甚至低于中下等收入国家的比重均值 45.5%。这说明，中国服务业比重有很大的上升空间。

表 7 - 1 表明：从中下等收入至中等收入再至中上等收入最后至高收入水平，经济发展、人均收入水平每上升至一个更高层次，服务业比重呈现显著上升态势，上述四层次服务业比重平均值分别是 45.5%、55.3%、63.2%、72.4%。即为国际普遍经验。

综上所述，中国服务业比重现在远低于同等收入国家的比重均值，预示中国服务业比重有很大的上升空间。而且，21 世纪初期，中国处于由中等收入水平朝中上等收入水平乃至更高收入水平迈进的阶段，依据国际经验，人均收入达到中等收入水平之后向更高收入水平迈进的过程即为服务业比重显著上升的过程，这预示 21 世纪初期，中国服务业很可能进入增长加速、比重显著上升的发展阶段。

（二）从 21 世纪初期中国经济发展的时代背景来看，中国面临"四深化"、"两升级"与"两转换"，这亦决定中国服务业很可能进入增长加速、比重显著上升的发展阶段

中国面临的"四深化"分别是指工业化、市场化、国际化与城镇化进程深化；"两升级"分别是指产业结构与消费需求升级；"两转换"是指经济增长模式与二元经济结构转换。上述八大因素对中国服务业发展均产生重大影响。

中国当前处于工业化中后期，早已建立完备的工业体系，制造业、工业产能规模极具扩大，现已成为全球重要的制造业生产基地。即便如此，中国制造业、工业依然面临严重掣肘，低附加值劳动密集且外向型制造模式面临强大国际竞争与人民币加速升值的严峻考验，高能耗、高污染、粗放型扩张的工业生产模式亦不能实现可持续性长远发展。因此，工业化进程的深化需改变原有的制造生产模式，增加制造业知识技术含量与国际竞争力，这就需要设计、研发、信息咨询、营销、物流等诸多科技商务服务环节予以配合。从当前趋势来看，科技商务服务由内在化向外置化转换，

已不可避免。独立化的科技商务服务业蓬勃发展，将有助于提升制造业知识技术含量与国际竞争力，并增加其附加值。此外，工业化进程深化意味着工业结构的优化升级，高能耗、高污染、粗放型扩张的工业行业将通过关停并转进行压缩，长期以来依靠此类型工业行业谋求增长速率的"单条腿"的经济增长模式需向依靠工业与服务业均衡、协调发展的"双条腿"的模式转换。这即是两转换之一的经济增长模式转换。

中国亦处于市场化进程深化时期，新一轮经济改革的重点无疑是服务业。当前，我国管制与垄断状况最突出的产业是服务业，如金融、通讯、铁路运输、民航运输、文化、教育、医疗卫生、咨询传媒等部门，市场竞争均乏力。这些部门或存在较高的市场准入壁垒，民营、外资等非国有经济进入较难；或将自然垄断演变成行政性垄断，政府决定生产运营重大决策与服务产品的定价。上文分析指出，制度因素——市场化滞缓、竞争乏力已成为制约服务业发展的关键因素。正因为如此，中共十六届三中全会已经提出，要加快推进垄断行业的改革，主要是指上述服务行业的改革，改革包括放宽准入领域、降低准入条件、培育多元化竞争主体等方面。服务业成为新一轮改革的重点，制度革新将使服务业迎来重大发展契机。

国际化深化的进程中，中国服务业成为新一轮扩大开放的重点，承接国际服务业转移、发展服务外包业务的趋势不可阻挡。我国以往的开放重点是制造业领域，加入WTO之后，我国服务业正按入世承诺逐步扩大开放，开放的重点正由制造业转向服务业。而且，服务业是一个全球化程度较高的行业，20世纪90年代以来，服务业领域的跨国投资占全球跨国投资的60%左右[1]，所以，服务业正成为中国吸引外资、对外开放的新热点。中国服务业对外开放的方式主要有吸收外商直接投资、发展服务外包业务。吸收外商直接投资不仅可以使中国服务业吸收资本与经验，更能吸纳先进技术。这是因为，与制造业相比，服务业的跨国流动会产生更明显的技术示范与带动效应，因为服务业所有业务都要通过对客户的服务来实现，很难进行技术保密，母国公司与海外子公司的技术水平基本相当，不可能像制造业那样，将"技术水平高"的业务留在母公司，只将中低水平的业务转移给海外企业。发展服务外包业务现已成为服务业对外开放重要方式，后台支持、客服中心、呼叫中心、数据处理、人力资源服务、理赔

---

[1]　江小涓、李辉：《服务业与中国经济：相关性和加快增长的潜力》，载《经济研究》2004年第1期。

服务与薪酬服务均是进入中国的跨国公司所需要外包的热点领域，可成为我国发展服务外包的重点领域，一些人力资本占优势的大都市亦可承接离岸外包业务如软件编程等，总之发展服务外包业务是中国服务业发展的新增长点。

改革开放以来，中国城镇化进程渐趋深化，特别是 20 世纪 90 年代，城镇化进程加快，1990 年城镇人口占总人口的比重是 26.4%，2010 年这一比重上升至 49.9%，上升的相对幅度高达 89%[①]。预计伴随经济发展、二元经济结构转换，城镇化将依然保持较高速率，根据上文分析，城镇化率与科技商务服务、生活服务业部门呈现显著的正相关关系，所以，预测，中国服务业将因城镇化进程深化、城镇化保持较高增长速率而获得良好发展契机。

两升级分别是指产业结构与消费需求升级。中国工业长期一枝独秀、工业占主体与主导地位的产业结构需向工业服务业均衡发展、服务业在国民经济中的地位趋于上升的方向转换。这是经济发展与产业结构演变规律内在决定的。消费需求升级是指近些年来城镇居民消费结构升级加速，由原来温饱、基本生活资料型消费模式转变为以手机、轿车、房地产三热点为依托结合享受发展型服务消费品的消费模式。我国城镇居民手机、轿车、房地产三个需求热点的形成，符合发展中国家消费升级的一般规律，从消费高增长趋势出现至市场进入相对饱和状况持续的时间较长，扩张需求的潜力很大。而且，这三个消费热点对服务业的带动效应明显：房地产业本身就属服务业，住宅消费会带动其他服务行业如物业管理、装修等服务行业发展；手机消费能带动电讯服务、手机维修、零售购物等服务行业发展，通常手机消费者使用的电讯服务费用要高于手机购买费用好几倍；汽车消费会带动汽车市场、维修、汽车保养美容等服务行业发展，国际经济表明，汽车制造业对相关服务业的带动效应显著，带动系数达到 2 以上[②]。除上述三热点外，随着人均收入水平提高，城镇居民对享受发展型服务消费品亦开始涉足，如美容美发、健身健美、旅游、分时度假、娱乐体育、文化教育、医疗保健等，带动生活服务部门蓬勃发展。

两转换除上文提及的经济增长模式转换之外，还包括二元经济结构转换。这是指农村剩余劳力加速转移，农业由传统落后的部门逐步转变为生

---

① 国家统计局：《中国统计年鉴》，中国统计出版社 2011 年版。
② 同上。

产率水平较高的现代部门，农民生活水平由于生产率水平提升、产业化程度提高而极大提升，城乡生活水平趋于一体化。二元经济结构转换的关键是农村大量剩余劳力的转移，近两年中国农业就业比重高达40%，比相近水平国家高出近5个百分点（详见上一章第一节），表明中国农村剩余劳力转移的任务要比后者艰巨得多。在制造业、工业就业吸纳能力渐不及服务业的情形下（详见上一章第一节），服务业成为大部分农村剩余劳力吸纳的主体，客观上要求服务业须有较大的发展，才能吸纳如此众多的剩余劳力，较顺利完成二元结构转换。

综上所述，中国正处于由中等收入水平朝中上收入乃至更高收入水平迈进的阶段，国际经验表明，人均收入达到中等收入水平之后向更高收入水平迈进的过程即为服务业比重显著上升的过程。从经济发展背景来看，中国经济面临"四深化"——工业化、市场化、国际化与城镇化进程深化，面临"两升级"——产业结构与消费需求升级，面临"两转换"——经济增长模式与二元经济结构转换，此种时代背景下，中国服务业获得重大发展契机。中国服务业将进入加速增长、在国民经济中地位上升的发展阶段，这是基于国际经验与中国经济发展所处时代背景得出的客观结论。

二、2015年服务业增加值、就业比重的估测

21世纪初期，中国将依然是全球重要的制造业生产基地，这是中国在国际分工中所处的地位，这一时期中国工业化进程仍会进一步深化，但是考虑到中国工业增加值相对于相近水平发展中国家而言已经偏高，以及中国服务业比重增大的势头，估计中国工业增加值比重这一时期一般不会超过50%，估计这一时期的工业比重会近似于2000～2010年的比重。2000～2010年中国工业增加值与就业的平均比重（占GDP或占全社会就业，下同）分别是45.2%、21.5%[1]，以此为基准，作5%左右的幅度波动，则预计2015年中国工业的增加值、就业比重分别是42.3%～47.5%、20.4%～22.6%。2010年较2000年，中国农业增加值、就业比重年均降速分别为5.0%、1.9%。21世纪初期，中国二元经济结构转换进程将会进一步深化——农业比重仍会持续下降，如果依照2000～2010年农业增

---

[1] 《中国统计年鉴2011》。

加值、就业比重下降速度，中国农业增加值、就业比重将进一步分别下降至8.8%、38.5%，以此为基准，作10%左右的幅度波动，则预计2015年中国农业的增加值、就业比重分别是7.9%~9.7%、34.5%~42.5%。

根据2015年中国工业、农业的大致比重，可以预测出该年中国服务业的增加值、就业比重大致是42.9%~49.9%、34.9%~45.1%，如取均值，则为46.5%、40.1%。

第二节　21世纪初期中国服务业结构演进趋势定性
分析与服务业分支行业部门比重估测

一、服务业结构演进的定性分析

基于中国经济发展的时代背景与服务业结构演进规律，对服务业分支部门增加值与就业比重的变化趋势进行定性分析。

（一）交通仓储与商业

服务业结构演进一般规律与改革开放以来服务业结构演进态势均表明：商业与交通仓储占服务业增加值与就业比重呈现下降趋势。主要原因有三：工业社会化大生产产能过剩影响与工业产品生产、流通密切相关的流通服务业的增长；服务业比重增大、工农业比重相对减少影响与工农业产品的流通与运输密切相关的流通服务业的增长；新兴服务行业的形成、发展导致流通服务业占服务业比重相对下降（详见机理分析）。因此，预计两业占服务业增加值与就业的比重仍将呈下降趋势。但由于中国的商业与交通仓储业占GDP与占全社会就业比重均未达到饱和点（详见第三、五章），距离比重饱和点仍有不少的增长空间，且其占国民经济的比重与相近水平国家相比有一定差距，商业的差距尤为突出，所以两业占GDP与全社会就业的比重仍将呈现上升趋势。这意味着商业与交通仓储两业的增速虽比其他服务部门慢，但较之一些非服务部门而言，增速仍较快。

（二）金融保险业

受制于制度原因——垄断程度较高导致国际竞争力与创新发展能力均

欠缺，1990～2010 年，金融业的增加值与就业比重呈现下降（占服务业增加值与就业及占 GDP）或大致不变态势（占全社会就业），且对比相近水平国家比重差距较大。但这并不代表未来发展趋势。随着人均收入水平提升与经济市场化、工业化进程趋深，与经济发展、市场化、工业化密切关联的金融保险业（详见机理分析）将呈现良好发展趋势。如果不利于金融业发展的体制因素与政策因素能够消除或明显弱化，预计金融保险业增速会超过 GDP，略超服务行业平均增速，占国民经济的比重会上升，占服务业比重会略升。

（三）房地产业

20 世纪 90 年代以来，中国房地产业占服务业增加值与就业比重上升，其中一个很重要原因在于住房体制改革极大释放居民潜在的住房消费需求从而促进房地产业高速成长。随着时间推移，这一因素对房地产业增长的推动作用将逐步减弱，而且中国房地产业暴利时代结束，房地产业受宏观调控影响较大，这些都是影响房地产业增长的不利因素。但考虑到我国房地产业与相近水平国家相比仍有一定差距（详见第一节）以及我国城镇居民消费结构升级、城镇化进程加快带动居民住房消费需求增长等因素，预计，房地产业增速较前一时期可能会明显减缓。但仍然会保持一定的增长势头。因此，预计今后几年房地产业增速与服务行业平均增速大致相当，占服务业增加值与就业比重大致稳定，占 GDP 与全社会就业比重呈现略升态势。

（四）科技商务服务业

中国当前处于工业化中期，制造业、工业产能规模扩张迅猛，现已成为全球重要的制造业生产基地。即便如此，中国制造业、工业依然面临严重掣肘，低附加值劳动密集且外向型制造模式面临强大竞争与人民币加速升值的严峻考验，因此，工业化进程的深化需改变原有的制造生产模式，增加制造业知识技术含量与国际竞争力。具有生产者服务属性的科技商务服务业将成为制造业达成这一目的的关键因素。其一，独立化、从原制造企业中分离出来的科技商务服务因具有专业化优势而具有较高的运作效率，从而使产业集群这一系统的运作更具效率，并且能有效减少交易费用。其二，制造业所使用的科技商务服务的投入中（如研发、设计、信息资讯、营销）包含有大量的密集的人力资本、技术资本与知识资本，从而使制造业增加值中含有更多的难以竞争和模仿以及持续创造价值的要素。其三，专业化的科技商务服务如研发、设计、营销、物流等通过构筑产品差异性、巩固顾客联盟、降低运作费用为制造企业增强竞争力，并构建制造企业价值链活动的战略环节。鉴于这一时代背景及科技商务服务业的效应，预计科技商务服务业的将继续保持较高速增长，占服务业与占国民经济比重将呈现上升或显著上升的趋势。

（五）生活服务业（住宿餐饮、居民服务与其他服务）

现阶段是我国消费需求升级的阶段。消费需求升级是指近些年来城镇居民消费结构升级加速，由原告温饱、基本生活资料型消费模式转变为以手机、轿车、房地产三热点为依托结合享受发展型服务消费品的消费模式。我国城镇居民手机、轿车、房地产三个需求热点的形成，符合发展中国家消费升级的一般规律，从消费高增长趋势出现至市场进入相对饱和状况持续的时间较长，扩张需求的潜力很大。而且，这三个消费热点对服务业的带动效应明显：房地产业本身就属服务业，住宅消费会带动其他服务行业如物业管理、装修等服务行业发展；手机消费能带动手机维修、零售购物等服务行业发展；汽车消费会带动汽车市场、维修、汽车保养美容等服务行业发展。除上述三热点外，随着人均收入水平提高，城镇居民对享受发展型服务消费品亦开始涉足，如旅游、分时度假、美食旅住、健身美容、娱乐文体、保洁保姆等家庭与个人服务，从而带动生活服务部门蓬勃发展。消费需求升级阶段决定生活服务业占服务业与占国民经济比重将呈现上升或显著上升的趋势。

（六）教育文化卫生体育社会保障与政府公共管理服务

伴随人均收入水平与国家财力水平提高，旨在提升人们身心素质与生活水准的教育文化卫生体育将获得较大发展。一方面，政府会增加此类公共品如老少边穷地区的科教文卫与社会保障、基础教育医疗等公共服务品的财政投入，保证此类公共品生产、供给。另一方面，教育文化卫生体育会渐渐引入市场化因素，属于非基础性、非公共性的领域可放宽市场准入条件，国有经济、非国有经济、外资经济均渐渐实行国民待遇，促进彼此之间展开公平竞争，提供多层次的优质服务，满足不同层次的服务需求。社会保障亦要引入市场化因素，对于城镇地区，个人缴费机制被引入以避免社保的道德风险。在国家财力支持与制度环境渐趋改善的情形下，教育文化卫生体育社会保障会继续保持良好发展势头，占服务业与国民经济的比重将呈现上升趋势。

"瓦格纳法则"[①] 表明：在经济发展过程中，随着人均收入水平的提高，人们对公共物品需求的增长将超过人均收入的增长，导致公共部门（政府部门）的相对规模也相应增长。且现阶段，中国的政府公共服务部门发展尚未过度、与相近水平国家相比尚有一定差距，所以，政府公共管理服务会保持一定的增长势头。但考虑到政府部门会以提高绩效为目的裁减冗员，压缩、撤销不能顺应市场经济体制要求甚至是市场体制"绊脚石"的相关职能部门，政府部门扩张速度会因此减缓。当然，对于经济社会发展所需的政府公共管理部门则不但不需压缩，还需一定程度扩充规模。综上所述，预计政府公共管理服务部门的增速会与服务部门平均增速大致持平，占服务业与占国民经济的比重呈略升趋势，因服务业增速预计超过国民经济整体，所以，政府公共服务部门占国民经济比重的上升幅度较之占服务业更大。

二、2015 年与 2020 年服务业分部门占 GDP 与占全社会就业比重估测

（一）服务业及其分部门增加值比重与就业比重计量模型拟合

1. 关联因素分析与数据获取

钱纳里在其与赛尔奎因合著的《发展型式，1950～1970》一书中试图用一般模型概括经济发展与产业结构变化之间的关系。一般模型是：

$$X = \alpha + \beta_1(LN\ Y) + \beta_2(LN\ Y)^2 + \gamma_1(LN\ N) + \gamma_2(LN\ N)^2 + \varepsilon F$$

X 表示产业的比重，Y、N 分别表示人均收入、人口数量。可见人均收入与人口数量是影响产业结构变化（包括服务业结构变化）的重要变量：

（1）人均 GDP。人均 GDP 是反映一国经济发展水平变化的重要变量。经济发展与结构变化相互作用。伴随经济发展水平变化，一国的产业结构也会发生相应的变迁。因此，在研究增加值结构比重变化时，人均 GDP

---

① 19世纪德国经济学家瓦格纳指出，人们对于公共物品的收入需求弹性较高，由此推导出，在经济发展过程中，随着人均收入的提高，人们对公共物品的需求增长将超过人均收入的增长，从而造成公共部门的相对规模也相应增长。这一观点被后人称为"瓦格纳法则"。

将是需要考虑的重要的解释变量。

（2）人口数量。人口数量是反映一国发展状况的基本变量——代表国家的规模与资源条件，它影响一国经济发展、结构变化。分析产业结构变化时，亦需要考虑这个变量。

根据上一章分析，城镇化与制度因素是服务业结构演进的重要关联因素。所以，还需加上这两个因素。

（3）城镇化因素。城镇地区是生活服务与科技商务服务的聚集地，城镇化率是影响服务业及生活服务、科技商务服务部门增长态势的重要因素（详见上一章）。衡量城镇化率的指标——城镇人口占总人口的比重是分析服务业发展以及服务业结构比重变化时需要考虑的重要变量。

（4）制度因素。制度因素是影响服务业分部门发展及服务业结构比重变化的重要因素（详见上一章）。制度因素笔者设计通过服务业非公有制单位职工比重来衡量，即服务业非公有（非国有与非城镇集体）单位职工人数占三大产业非公有单位职工人数总和的比重。

上述数据均可从《中国统计年鉴》直接获取或通过该年鉴相关数据计算提出，详见表7-2。

表7-2　　　　　　　　计量模型的解释变量与被解释变量

年份	人均GDP（元）	人口数量（万人）	城镇人口比重（%）	服务业非公有单位职工比重（%）	服务业占GDP比重（%）	服务业占全社会就业比重（%）
1978	381	96259	17.92		23.9	12.2
1979	419	97542	18.96		21.6	12.6
1980	463	98705	19.39		21.6	13.1
1981	492	100072	20.16		22.0	13.6
1982	528	101654	21.13		21.8	13.5
1983	583	103008	21.62		22:4	14.2
1984	695	104357	23.01	8.11	24.8	16.1
1985	858	105851	23.71	13.6	28.7	16.8
1986	963	107507	24.52	15.1	29.1	17.2
1987	1112	109300	25.32	19	29.6	17.8
1988	1366	111026	25.81	18.2	30.5	18.3
1989	1519	112704	26.21	12.7	32.1	18.3
1990	1644	114333	26.41	13.8	31.6	18.5

续表

年份	人均 GDP（元）	人口数量（万人）	城镇人口比重（%）	服务业非公有单位职工比重（%）	服务业占GDP比重（%）	服务业占全社会就业比重（%）
1991	1893	115823	26.94	13.7	33.7	18.9
1992	2311	117171	27.46	13.4	34.8	19.8
1993	2998	118517	27.99	16.6	33.7	21.2
1994	4044	119850	28.51	16.7	33.6	23.0
1995	5046	121121	29.04	16.3	32.9	24.8
1996	5846	122389	30.48	17.7	32.8	26.0
1997	6420	123626	31.91	18.4	34.2	26.4
1998	6796	124761	33.35	18.6	36.2	26.7
1999	7159	125786	34.78	18.8	37.7	26.9
2000	7858	126743	36.22	19.3	39.0	27.5
2001	8622	127627	37.66	20.2	40.5	27.7
2002	9398	128453	39.09	20.2	41.5	28.6
2003	10542	129227	40.53	20.5	41.2	29.3
2004	12336	129988	41.76	20.9	40.4	30.6
2005	14103	130756	42.99	20.9	40.0	31.4
2006	16500	131448	44.34	21.0	40.9	32.2
2007	20169	132129	45.89	21.3	41.9	32.4
2008	23708	132802	46.99	21.2	41.8	33.2
2009	25608	133450	48.34	21.1	43.4	34.1
2010	29992	134091	49.95	21.2	43.1	34.6

资料来源：表中数据除服务业非公有单位职工比重外，均可从《中国统计年鉴2011》中直接获取。服务业非公有单位职工比重（%）通过各年中国统计年鉴表格中的相关数据计算得出。

2. 模型拟合

（1）增加值计量模型拟合。

将1978~2010年服务业当年价增加值比重（%）分别与同一时期的上述因素分别作回归分析，用计量的方法判断服务业当年价增加值比重与上述变量的相关性。在与服务业非公有单位职工比重作回归分析时取1984~2010年数据，此解释变量1984年之前无数据。由此得到以下计量模型。

$LNY = 2.142 + 0.167LNX1$　　$R\ Square = 0.886$　$Adjusted\ R\ Square = 0.881$

$LNY = -21.090 + 2.105LNX2$　　$R\ Square = 0.930$　　$Adjusted\ R\ Square = 0.927$

LNY = 0. 811 + 0. 789LNX3　　R Square = 0. 889　　Adjusted R Square = 0. 885

LNY = 2. 932 + 0. 181LNX4　　R Square = 0. 476　　Adjusted R Square = 0. 450

Y 表示服务业增加值比重，X1、X2、X3、X4 分别表示人均 GDP、人口数量、城镇人口比重、服务业非公有企业职工比重。

上述回归分析表明：人均 GDP、人口数量、城镇人口比重与服务业增加值比重的相关程度，较之服务业非公有企业职工比重大，但后者与服务业增加值比重的相关程度亦接近 0.5。上述四个回归方程分别表明，当人均 GDP、人口数量、城镇化人口比重、服务业非公有企业职工比重分别增长 1%，服务业增加值比重将分别增长 0.167%、2.105%、0.789%、0.181%. 确定上述四个因素为回归元，与回归子——服务业增加值比重构筑多元回归模型，然后借助软件 SPSS11.5、利用线型回归中的向后剔除法逐次剔除使方差分析中 F 值最小的回归元，最后得到以下拟合结果较为理想的模型：

LNY = − 39. 780 − 0. 246LNX1 + 3. 739LNX2 + 0. 474LNX3

R Square = 0. 969　Adjusted R Square = 0. 964　D. W. = 1. 180

F = 189. 950　Sig. = 0. 000

S. E. = 6. 352　0. 043　0. 573　0. 085

T = − 6. 263　− 5. 667　6. 529　5. 552　Sig. = 0. 000　0. 000　0. 000　0. 000

服务业增加值的多元回归模型中，回归元人均 GDP 前的偏回归系数为负，其含义是，在三个回归元共同起作用的回归模型中，假设其他两个回归元不变，则人均 GDP 每减少（增加）1%，服务业增加值比重增加（减少）0.246%。此回归系数为负，是三回归元共同作用导致的结果，并不表明人均 GDP 与服务业增加值比重呈现负相关关系，上文已作分析，在单元回归中，两者呈现正相关关系。

上述模型的拟合优度（即判定系数 R SQUARE 及其较正）、T 检验、F 检验的结果均较为理想，D. W. 检验稍差。总体检验效果较为理想。因此可考虑将人均 GDP（X1）、人口数量（X2）、城镇化率（X3）这三个变量作为主要回归元构筑增加值模型，得到下面一系列的服务业分支部门增加值比重模型：

LNY1 = − 73. 568 − 0. 422LNX1 + 6. 738LNX2

R Square = 0. 999　Adjusted R Square = 0. 998　D. W. = 2. 747

F = 967.357 Sig. = 0.001

S. E. = 2.125 0.014 0.191

T = -34.640 -30.299 35.192 Sig. = 0.001 0.001 0.001

$LNY2 = 36.914 - 3.282LNX2 + 1.015LNX3$

R Square = 0.545 Adjusted R Square = 0.091 D. W. = 0.772

F = 1.199 Sig. = 0.455

S. E. = 22.807 2.059 1.748

T = 1.619 -1.520 1.356 Sig. = 0.247 0.268 0.308

$LNY3 = -146.631 - 0.498LNX1 + 13.684LNX2 - 2.291LNX3$

R Square = 0.986 Adjusted R Square = 0.942 D. W. = 2.719

F = 22.295 Sig. = 0.152

S. E. = 22.178 0.152 2.009 0.393

T = -6.612 -3.282 6.810 -5.832 Sig. = 0.096 0.188 0.093 0.108

$LNY4 = -48.852 + 4.443LNX2 - 0.528LNX3$

R Square = 0.996 Adjusted R Square = 0.993 D. W. = 2.671

F = 284.490 Sig. = 0.004

S. E. = 4.363 0.413 0.143

T = -11.196 10.757 -3.689 Sig. = 0.008 0.009 0.066

$LNY5 = -135.855 + 12.185LNX2 - 1.583LNX3$

R Square = 0.994 Adjusted R Square = 0.989 D. W. = 2.103

F = 175.368 Sig. = 0.006

S. E. = 20.155 1.857 0.468

T = -6.740 6.562 -3.386 Sig. = 0.021 0.022 0.077

$LNY6 = -44.836 + 3.923LNX2$

R Square = 0.997 Adjusted R Square = 0.996 D. W. = 2.636

F = 892.309 Sig. = 0.000

S. E. = 1.541 0.131

T = -29.099 29.872 Sig. = 0.000 0.000

$LNY7 = -3.947 - 0.154LNX1 + 1.879LNX3$

R Square = 0.984 Adjusted R Square = 0.982 D. W. = 1.272

F = 311.508 Sig. = 0.003

S. E. = 0.285 0.045 0.179

T = -13.843 -3.460 10.473 3.992 Sig. = 0.005 0.074 0.009

LNY8 = − 111. 263 − 0. 472LNX1 + 9. 936LNX2

R Square = 0. 974　Adjusted R Square = 0. 948　　D. W. = 2. 936

F = 37. 700　　Sig. = 0. 026

S. E. = 22. 997　0. 129　　2. 056

T = − 4. 838　　− 3. 671　4. 834　　− 3. 635　Sig. = 0. 040　0. 067　0. 040

说明：

①Y1、Y2、Y3、Y4、Y5、Y6、Y7、Y8 分别表示交通仓储邮政、商业、金融保险、房地产、科技商务服务、生活服务、教育文化卫生体育社会保障、政府服务等服务业分支部门的增加值比重（占 GDP,%）。其中，生活服务是住宿餐饮与居民服务的加总。上述服务分支部门的增加值比重数据均可通过中国统计年鉴计算得出，篇幅所限，不作表格数据罗列。

②上述一系列服务业分支部门模型通过线性回归中向后剔除法最终拟合而成，除商业增加值计量模型拟合优度与各种检验效果很不理想外，其他七个模型效果均较为理想，如这些模型的拟合优度均在 0. 94 以上。这表明除商业外，其他服务分支部门增加值模型均可用作增加值比重的外推预测。商业比重的预测另选他法，下文会有介绍。

（2）就业计量模型拟合。

将 1978 ~ 2010 年服务业占全社会就业比重（%）与表 7 - 2 中的解释变量分别作回归分析，用计量的方法判断服务业就业比重与上述变量的相关性。在与服务业非公有单位职工比重作回归分析时取 1984 ~ 2006 年数据，此解释变量 1984 年之前无数据。由此得到以下计量模型。

LNY = 1. 073 + 0. 250LNX1　　R Square = 0. 990　　Adjusted R Square = 0. 990

LNY = − 32. 573 + 3. 054LNX2　　R Square = 0. 980　　Adjusted R Square = 0. 980

LNY = − 0. 844 + 1. 157LNX3　　R Square = 0. 959　　Adjusted R Square = 0. 957

LNY = 0. 084 + 1. 077LNX4　　R Square = 0. 659　　Adjusted R Square = 0. 641

Y 表示服务业就业比重，X1、X2、X3、X4 分别表示人均 GDP、人口数量、城镇人口比重、服务业非公有企业职工比重。

上述回归分析表明：人均 GDP、人口数量、城镇人口比重与服务业就业比重的相关程度，较之服务业非公有企业职工比重大，但后者与服务业就业比重的相关程度亦接近 0. 66。上述四个回归方程分别表明，当人均 GDP、人口数量、城镇化人口比重、服务业非公有企业职工比重分别增长 1%，服务业就业比重将分别增长 0. 250%、3. 054%、1. 157%、1. 077%。确定上述四个因素为回归元，与回归子——服务业就业比重构筑服务业就业比重多元回归模型，然后借助软件 SPSS11.5、利用线型回归中的向后剔除法逐次剔除使方差分析中 F 值最小的回归元，最后得到以下拟合结果较为理想的模型：

$LNY = 17.713 + 0.330LNX1 - 1.497LNX2 + 0.072LNX4$

R Square = 0.998　　Adjusted R Square = 0.998　　D. W. = 0.930

F = 3032.513　　Sig. = 0.000

S. E. = 3.189　　0.022　　0.286　　0.024

T = 5.554　15.086　-5.237　3.040　Sig. = 0.000　0.000　0.000　0.007

服务业增加值的多元回归模型中，回归元人口数量前的偏回归系数为负，其含义是，在三个回归元共同起作用的回归模型中，假设其他两个回归元不变，则人口数量每减少（增加）1%，服务业就业比重增加（减少）0.38%。此回归系数为负，是三回归元共同作用导致的结果，并不表明人口数量与服务业就业呈现负相关关系，上文已作分析，在单元回归中，两者呈现正相关关系。

上述模型的拟合优度（即判定系数 R SQUARE 及其较正）、T 检验、F 检验的结果均较为理想，D. W. 检验稍差。总体检验效果较为理想。因此可考虑将人均 GDP（X1）、人口数量（X2）、服务业非公有单位职工比重（X4）这三个变量作为主要回归元构筑就业模型，得到下面一系列的服务业分支部门就业比重模型：

$LNY1 = -100.070 - 0.398LNX1 + 9.138LNX2 - 0.639LNX3$

R Square = 0.991　Adjusted R Square = 0.978　　D. W. = 3.005

F = 76.559　　Sig. = 0.013

S. E. = 12.246　　0.087　　1.104　　0.180

T = -8.171　-4.544　8.278　-3.549　Sig. = 0.015　0.045　0.014　0.071

$LNY2 = -0.126 + 0.090LNX1 - 1.585LNX3 + 2.322LNX4$

R Square = 0.996　Adjusted R Square = 0.991　　D. W. = 3.404

F = 180.584　　Sig. = 0.006

S. E. = 0.264　　0.031　　0.166　　0.250

T = -0.477　2.953　-9.569　9.304　Sig. = 0.680　0.098　0.011　0.011

$Y3 = -39.461 + 3.715LNX2 - 1.222LNX4$

R Square = 0.963　Adjusted R Square = 0.938　　D. W. = 2.240

F = 38.628　　Sig. = 0.007

S. E. = 5.301　　0.502　　0.214

T = −7.444　7.394　−5.701　Sig. = 0.005　0.005　0.011

Y4 = −0.361 + 0.063LNX1

R Square = 0.970 Adjusted R Square = 0.963　D. W. = 2.726

F = 131.074　Sig. = 0.000

S. E. = 0.047　0.006

T = −7.637　11.449　Sig. = 0.002　0.000

Y5 = 109.542 + 1.350LNX1 − 10.551LNX2 + 1.338LNX3

R Square = 0.998 Adjusted R Square = 0.996　D. W. = 2.056

F = 434.657　Sig. = 0.002

S. E. = 29.085　0.210　2.618　0.436

T = 3.766　6.420　−4.030　3.068　Sig. = 0.064　0.023　0.056　0.092

LNY6 = 40.290 + 0.478LNX1 − 3.728LNX2 + 0.396LNX4

R Square = 1.000 Adjusted R Square = 0.999　D. W. = 1.477

F = 4522.156　Sig. = 0.000

S. E. = 3.122　0.026　0.278　0.068

T = 12.906　18.254　−13.405　5.797　Sig. = 0.006　0.003　0.006　0.028

LNY7 = −1.449 + 0.326LNX1

R Square = 0.994 Adjusted R Square = 0.992　D. W. = 2.599

F = 619.107　Sig. = 0.000

S. E. = 0.112　0.013

T = −12.927 24.882　Sig. = 0.000　0.000

LNY8 = 82.130 + 0.382LNX1 − 7.714LNX2 + 0.876LNX3 + 0.965LNX4

R Square = 1.000 Adjusted R Square = 0.999　D. W. = 2.627

F = 1920.237　Sig. = 0.017

S. E. = 3.351　0.027　0.299　0.065　0.104

T = 24.507　14.175　−25.803　13.576　9.322　Sig. = 0.026 0.045　0.025　0.047　0.068

说明：

①Y1、Y2、Y3、Y4、Y5、Y6、Y7、Y8 分别表示交通仓储邮政、商业、金融保险、房地产、科技商务服务、生活服务、教育文化卫生体育社会保障、政府服务等服务业分支部门的就业比重（占全社会就业,%）。其中，生活服务是住宿餐饮与居民服务的加总。上述服务分支部门的就业比

重数据均可通过中国统计年鉴计算得出，篇幅所限，不作表格数据罗列。

②金融、房地产、科技商务服务三业的被解释变量未取对数，原因在于如取对数，拟合效果很不理想，如不取对数，则拟合效果较为理想。交通仓储邮政、商业、科技商务服务、政府服务还采用了城镇化率作为解释变量，是因为对于上述部门的计量模型而言，加入这一变量，拟合效果更好。

③上述一系列服务业分支部门模型通过线性回归中向后剔除法最终拟合而成，8个模型效果均较为理想，这些模型的拟合优度均在0.94以上。这表明上述服务分支部门就业模型均可用作就业比重的外推预测。

（二）2015年与2020年服务业及分支部门增加值与就业比重估测

预测2015年与2020年服务业及其分支部门的增加值与就业比重，需先估计出这两年的人均GDP、人口数量、城镇人口比重、服务业非公有制单位职工人数比重。第一步需做的工作是大致估测出上述四指标2010～2020年的年均增速。

1. 人均GDP

2000～2010年人均GDP的年均增长速率是10.8%。中国2010～2020年间，由中等收入水平国家渐迈入中上等收入水平国家行列，随人均GDP的提升、经济增长的基点越来越高，加之体制改革与结构调整均进入艰难的攻坚阶段，经济的增速会明显放缓，所以将人均GDP 2010～2020年的年均增速大致定为8.5%。

2. 人口数量

2000～2010年，中国人口的年均增速是0.62%。改革开放以来，计划生育的国策愈渐深入人心，人口增长得到有效控制。预计今后数年，大致同属一辈人的生育观念不会有大变化，人口增长速率会大致保持平稳甚至略有下降，所以将2010～2020年人口增长速率大致定为0.6%。

3. 中国城镇人口比重

2000～2010年，中国城镇人口比重年均增速是3.2%。随着二元经济结构转换加速，城镇人口比重提升呈加速之势。保守估测2010～2020年该比重年均增速大致为3.35%。

4. 服务业非公有制单位职工人数比重

2000～2010年，该比重的年均增速0.55%。今后几年是服务业体制改革的攻坚阶段，随着制度革新，服务业市场化程度会有明显提升。作为衡量服务业市场化程度的重要指标——服务业非公有制单位职工人数比重亦会呈现较明显上升趋势。预计该比重 2010～2020 年年均增速大致为 0.8%。

根据上述四个指标 2010 年的数据与上文估测的未来年均增速，得到表 7－3。

表 7－3　　　四解释变量未来年均增速及 2015 年、2020 年数据预测

	人均 GDP 增速（%）	人口增速（%）	城镇人口比重增速（%）	服务业非公有单位职工比重增速（%）
2010～2020 年	8.5	0.6	3.35	0.8
预测结果	人均 GDP（元）	人口（万人）	城镇人口比重（%）	服务业非公有单位职工比重（%）
2015 年	37568.03	138774.1	58.93	22.44
2020 年	57803.08	142987.6	69.49	23.53

将表 7－3 数据代入服务业及其分支部门的增加值与就业比重各模型，从而估算出 2015 年、2020 年服务业及其分支部门占 GDP 与占全社会就业的比重。详见表 7－4 与表 7－5。

表 7－4　　　2015 年与 2020 年服务业及分支部门占 GDP 比重估测（%）

	服务业	交仓邮	商业	金融保险	房地产	科技商务服务	生活服务	教文卫体社	政府服务	合计
2015 年	46.27	5.87	—	2.28	4.56	6.84	4.57	7.89	3.78	—
部分数据修正		6.74	8.9	4.75	4.56	6.84	4.57	7.89	3.78	48.03
2020 年	50.25	5.98	—	1.87	5.2	7.95	5.65	10.32	4.51	—
部分数据修正		7.27	9.61	5.16	5.2	7.95	5.65	10.32	4.51	55.67

表 7－5　　　2015 年与 2020 年服务业及分支部门占全社会就业比重（%）估测

	服务业	交仓邮	商业	金融保险	房地产	科技商务服务	生活服务	教文卫体社	政府服务	合计
2015 年	40.17	3.79	4.96	0.72	0.31	4.29	11.28	7.36	4.06	36.76
部分数据修正		4.59	7.14	0.79	0.31	4.29	11.28	7.36	4.06	39.82
2020 年	44.19	3.78	4.36	0.78	0.33	4.77	12.53	8.38	4.54	39.47
部分数据修正		5.03	7.82	0.87	0.33	4.77	12.53	8.38	4.54	44.27

注：

（1）商业因其增加值比重计量模型拟合效果很不好，所以未通过此模型估测商业未来的增加值比重。其未来比重的修正数据来源详见下文。

（2）2015 年与 2020 年服务分支部门的比重数据依据拟合出来的模型计算得出，随后又对这些数据的部分数据进行修正。如数据下画横线，则表明数据进行了修正；如无，则未作修正。

　　科技商务服务、房地产、生活服务、教文卫体社、政府服务这五大部门的数据未作修正，原因如下。计量模型根据历史数据拟合，上述五个部门历史数据不论是增加值比重还是就业比重的演进态势均与服务业结构演进一般趋势相吻合，即伴随人均收入水平提升，提升经济运行效率与竞争力的科技商务服务业、旨在提升国民身心素质与生活水准的生活服务部门增加值与就业比重均会呈上升趋势，政府服务部门比重未过度之前，亦会呈现稳步上升趋势。上述五个部门依据历史数据所作的计量模型，在进行外推预测时会延续一般趋势所呈现的上升趋势，符合服务业结构演进规律，不需要进行修正。

　　交通仓储邮政（以下简称交仓邮）、商业、金融保险三部门之所以进行修正，原因如下。交仓邮与商业虽然占服务业比重呈现下降趋势，符合客观规律，但是，因两业占 GDP 与占全社会就业的比重均未达到饱和点（详见发达国家这一章），且与相近水平国家比还有不小的差距，所以两业占 GDP 与占全社会就业的比重均有一定的增长空间。正因为如此，预计2015 年、2020 年两业占 GDP 与占全社会就业的比重还应保持增长趋势。但两业的计量模型根据历史数据得出，两业 2000 ~ 2010 年的增加值与就业比重均呈现下降态势，所以，所得出的计量模型在进行外推预测时受此段数据影响较大，2015 年、2020 年比重很可能低估，所以需要对两业2015 年与 2020 年比重进行修正。金融业的数据修正原因如前两业。金融业 1990 ~ 2010 年增加值与就业比重呈现显著下降态势，不符合一般趋势。前几章指出，随着人均收入水平提升与市场化程度趋深，金融业占国民经济比重亦呈现上升趋势。因此，金融业根据有悖一般趋势的历史数据拟合而成的模型，进行外推预测，会一定程度延续历史数据态势，造成比重低估，需要进行修正。

　　交仓邮、商业、金融保险业 2015 年与 2020 年增加值比重数据修正如下。通过服务业的增加值计量模型，测算出 2015 年、2020 年服务业增加值比重分别是 46.37%、50.25%，2010 ~ 2020 年服务业比重的年均增速是 1.69%。根据上文的定性分析，交仓邮、商业比重的增速将低于服务业，大致定为 1.6%，金融保险业比重的增速将高于服务业，大致定为 1.75%。再依据 2010 年三业增加值比重，计算出交仓邮、商业、金融保险 2015 年增加值比重分别是 6.74%、8.9%、4.75%，这三个数据即为三业 2015 年的修正比重；三业 2020 年增加值比重分别是7.27%、9.61%、5.16%，这三个数据即为三业 2020 年的修正比重。

　　交仓邮、商业、金融保险业 2015 年与 2020 年就业比重数据修正如下。通过服务业的就业计量模型，测算出 2015 年、2020 年服务业就业比重分别是 40.17%、44.19%。2010～2020 年服务业比重的年均增速是 2.06%。根据上文的定性分析，交仓邮、商业比重的增速将低于服务业，大致定为 1.95%，金融保险业比重的增速将高于服务业，大致定为 2.15%。再依据 2010 年三业就业比重，计算出交仓邮、商业、金融保险 2015 年就业比重分别是 4.59%、7.14%、0.79%，这三个数据即为三业 2015 年的修正比重；三业 2020 年就业比重分别是 5.03%、7.82%、0.87%，这三个数据即为三业 2020 年的修正比重。

　　毋庸置疑，上述估测的比重与未来的真实状况难免存在偏差，但笔者选择拟合效果相对较好的模型估测比重，且根据服务业分支部门发展趋势的定性分析对部分比重数据进行修正，力求缩小偏差，所以，上表修正之后的比重数据具有一定的参考价值。上述预测表明：大约 2015 年，我国服务业占 GDP 比重、占全社会就业比重大致分别是 47.1%、40.0%；2020 年，两比重大致分别为 53.0%、44.3%。这些数据是据计量模型直接计算的服务业比重值，与调整后各分支行业部门比重加总值的平均值。

第三节　小　　结

　　中国正处于由中等收入水平朝中上等收入水平迈进的阶段，国际经验表明，人均收入达到中等收入水平之后向更高收入水平迈进的过程，即为服务业比重显著上升的过程。从经济发展背景来看，中国经济面临"四深化"——工业化、市场化、国际化与城镇化进程深化，面临"两升级"——产业结构与消费需求升级，面临"两转换"——经济增长模式与二元经济结构转换，此种时代背景下，中国服务业获得重大发展契机。中国服务业将进入加速增长、在国民经济中地位上升的发展阶段，这是基于国际经验与中国经济发展所处时代背景得出的客观结论。

　　依据中国经济发展的时代背景与服务业结构演进规律，对中国服务业结构演进趋势做出研判：商业、交通仓储占服务业比重会继续下降，但占国民经济的比重仍会上升[①]；金融业占服务业比重略升，占国民经济的比

---

　　① 占服务业的比重是指占服务业增加值与占服务业就业的比重。占国民经济的比重是指占 GDP 与占全社会就业的比重。

重上升；房地产业占服务业比重大致稳定，占国民经济的比重略升；科技商务服务业、生活服务业、教育文化卫生体育社会保障占服务业与国民经济比重会显著上升；政府公共管理服务占服务业与占国民经济的比重均呈略升趋势。

借助计量模型，对服务业及其分支部门的 2015 年与 2020 年增加值与就业比重进行估测。2015 年，我国服务业占 GDP 比重、占全社会就业比重大致分别为 47.1%、40.0%；2020 年，两比重大致分别为 53.0%、44.3%。服务业分支部门增加值与就业比重的估测见本章第二节。

第八章

中国以往服务业发展政策经验教训与国外服务业发展政策借鉴

第一节　中国以往服务业发展政策经验教训

一、服务业发展政策的历史回顾

（一）20 世纪 80 年代，对发展服务业重要性的认识明显提升，确立发展"第三产业"的战略目标，但未有具体政策出台

20 世纪 80 年代，中国开始进行经济体制改革。随着体制改革的深入，对发展服务业重要性的认识有所提升。1985 年以国务院办公厅转发国家统计局《关于建立第三产业统计的报告》为标志，肯定了第三产业（服务业）在国民经济中的地位，尽管缺乏第三产业的总体发展目标，但前三十年"重工轻服"的做法相比已有明显进步。1985 年起国家统计局开始使用 GNP 为统计指标，并发布了第三产业统计数据，正式使用"第三产业"一词，推动学界深入研究服务业经济理论。

1985 年，党的十二届四中全会通过《中共中央关于制定国民经济和社会发展第七个五年计划的建议（草案）》。此建议（草案）明确了服务业的重要地位与战略意义："第三产业的兴起和发达是社会分工进一步发展和劳动生产率不断提高的必然趋势，是现代化经济的一个重要特征"；把"加快发展为生产和生活服务的第三产业，逐步改变第三产业同第一、第二产业此例不相协调的状况"列为经济建设的重要战略布局。该建议（草案）还确定了第三产业发展的重点领域："大力发展为生产和生活服务的第三产业，特别是要大力开展咨询服务，积极发展金融、保险、信息等事业"。

（二）20世纪90年代，对服务业加快发展的认识进一步深化，第一次专门出台关于服务业发展的中央文件

1992年，党中央与国务院出台了《关于发展第三产业的决定》。这是专门关于服务业最早的一个中央文件。该文件明确了加快第三产业发展的重要意义，"不再将第三产业视为非生产性的行业而加以歧视"。同时，还提出了加快第三产业发展的目标和重点，要求："第三产业增长速度要高于第一、第二产业，第三产业增加值占国民生产总值的比重和就业人数占社会劳动者总人数的比重，力争达到或接近发展中国家的平均水平"。

20世纪90年代，亦出台了若干关于重点服务行业部门发展的文件，并进行体制改革。

1993年，国务院出台了《国务院关于金融体制改革的决定》。该文件提出金融体制改革目标，提出建立政策性金融与商业性金融分离，以国有商业银行为主体、多种金融机构并存的金融组织体系。1998年，信息产业部成立，着手进行电信服务业改革，为电信业日后三大次重组、形成市场竞争格局奠定基础。

（三）21世纪初始十年，即"十五"与"十一五"期间，发展服务业的政策力度加大，以市场化为着力点，对服务业重点行业部门体制进行改革

2001年，国务院办公厅转发国家计委《"十五"期间加快发展服务业若干政策措施的意见》，要各地区、各部门结合本地区、本部门的实际情况，认真贯彻执行。文件既是"十五"时期加快发展我国服务业的纲领性文件，也是加入WTO后，应对服务业面临的挑战、增强我国服务业竞争力的重要举措。文件明确了服务业发展的方向和重点，提出了要采取的政策措施，对于促进服务业健康发展起到了积极作用。

"十一五"期间服务业发展政策如下。国务院发布《中华人民共和国国民经济和社会发展十一五规划纲要》，提出了"坚持市场化、产业化、社会化方向，拓宽领域、扩大规模、优化结构、增强功能、规范市场，提高服务业的比重和水平"，对明确中国服务业发展目标和推进服务业体制改革具有重要意义。2007年国务院出台了《关于加快发展服务业的若干意见》是"十一五"时期间中央政府加快服务业发展的指导性文件。《关于加快发展服务业的若干意见》重申发展服务业的重要意义，提出了促进服务业发展的基本原则和指导思想。《关于加快发展服务业的若干意见》提出了要科学调整服务业发展布局、优化服务业结构、完善服务业功能、深化服务业体制改革、提高服务业对内对外开放水平和加大服务业投入等目标。2008年，国务院办公厅出台《关于加快发展服务业若干政策措施的实施意见》。实施意见包括：加大垄断行业改革力度，推进投资主体多元化，引入竞争机制；稳妥推进市政公用事业市场化改革；放宽农村地区银行业金融机构市场准入政策的落实；教文广电、社会保障、医疗卫生、体育等部门对本领域能够实行市场化经营的服务，抓紧研究放宽市场准入、鼓励社会力量增加供给的具体措施。2010年，国家发改委下发了《国家发展改革委关于开展服务业综合改革试点工作的通知》，拟对服务业全面综合改革进行试点。

二十余年的服务业改革与发展政策成果明显：使服务业增长潜能得以充分释放，服务业规模不断扩大，占GDP的比重由1978年的24%增长到2010年的43%；服务业结构与质量明显提升；服务业领域的改革开放不断深化，特别是自然垄断型领域的改革取得成效；在促进经济稳定增长、吸纳社会就业方面取得成效。即便如此，亦需要总结服务业改革与发展政策的经验教训，以便为今后服务业政策制定提供借鉴。

二、以往服务业发展政策的经验教训

（一）中央与各级政府高度重视、着力推动是服务业发展的重要保证

改革开放之前，我国长期"重工轻服"，导致服务业增长长期滞后，占GDP比重很低。改革开放以后，特别是20世纪90年代以来，对服务业加快发展的认识逐步深化，多次专门出台关于服务业发展的中央文件。

1992 年，党中央与国务院出台了《关于发展第三产业的决定》。这是专门关于服务业最早的一个中央文件。该文件明确了加快第三产业发展的重要意义，"不再将第三产业视为非生产性的行业而加以歧视"。同时，还提出了加快第三产业发展的目标和重点。2001 年，国务院办公厅转发国家计委《"十五"期间加快发展服务业若干政策措施的意见》，是"十五"时期加快发展我国服务业的纲领性文件，也是加入 WTO 后，应对服务业面临的挑战、增强我国服务业竞争力的重要举措，明确了服务业发展的方向和重点，提出了要采取的政策措施，对于促进服务业健康发展起到了积极作用。2007 年国务院出台了《关于加快发展服务业的若干意见》是"十一五"时期间中央政府加快服务业发展的指导性文件，重申发展服务业的重要意义，提出了促进服务业发展的基本原则和指导思想。2008 年，国务院办公厅出台《关于加快发展服务业若干政策措施的实施意见》。2010 年，国家发改委下发了《国家发展改革委关于开展服务业综合改革试点工作的通知》，拟对服务业全面综合改革进行试点。

这些专门关于服务业加快发展的中央性文件，体现了中央政府对服务业发展的高度重视，明确指明了加快服务业发展的重要意义、服务业发展的方向与重点及扶持发展的具体举措，是指导全国服务业健康发展的纲领性文件。这些文件下放到地区与部门，要求各地区与部门认真贯彻执行。许多地方成立了由省市领导亲自挂帅的服务业领导小组，发改委明确了相应的主管处室，有的地方还成立了专门的服务业工作办公室，保持了服务业工作职能的完整性。政府精心组织，及时采取一系列政策措施，保证了服务业体制改革的顺利进行。在服务业体制改革深化新阶段，更需要政府下定决心，在职能转换和统筹协调方面发挥重要作用：积极转换职能，划清自身与市场界限，解决政府职能错位的问题；改革管理方式，加强服务业标准体系的制定；建立符合服务业产业特质的综合管理机构与机制，统筹协调、整合资源，形成合力，加速重点服务业发展。下文对此进行分析。

（二）以市场化为突破点，坚定推进服务业体制改革

经济市场化，是服务业发展及结构优化的支点。服务业要获得长远发展，亦必须以市场化作为突破点，坚定推进体制改革。二十余年来破除旧体制的改革所能释放的服务业增长潜能已经释放出来，服务业占 GDP 的比重由 1978 年的 24% 增长到 2010 年 43%，即为最好例证。垄断性行业的

改革取得一定成效：电力行业已实行厂网分开，国有电力资产和电网资产实现了重组，设立了国家电网公司；电信业形成三家拥有全国性网络资源、实力与规模相对接近、具有较强竞争力的市场竞争主体；四家国有商业银行已经实现境内或境外的上市，通过改革重组、引进境外机构投资者、上市等措施，建立和完善了现代银行公司治理的基本架构；三大国有保险公司全部实施股改重组，保险业改革取得重要进展。

即便如此，深层次的体制改革任务仍相当繁重，政企不分、行政限制准入、行政审批过多等问题没有从根本上解决，又出现了国家利益固化为部门和企业利益的倾向，形成了行政性垄断。虽然，国家对这些产业领域从未明文规定不准民营投资经营，但这些领域还未形成有效的市场环境和规范的准入制度，我国民间资本不能平等地参与，名义开放，实际不开放的"玻璃墙"现象普遍存在。市场准入限制不仅存在于自然垄断行业中，在竞争性服务行业中也较普遍：存在规模较大、资质较高的事业单位或国有企业在一定程度上对民营企业的排挤效应。不少竞争性服务行业都在不同程度上存在进入限制，而且通常民营企业面临的限制要比外资企业更严重，如经营范围、地域和股权比例等多方面存在诸多限制。

改革与发展经验表明：服务业尤其是重点服务业要获得长远发展，需以市场化为突破点，坚定推行体制改革：加快政府职能转换，建立与重点服务业发展相适应的管理体制；化解多头管理与条块分割痼疾；清除市场准入障碍，放宽市场准入限制；破解对外开放体制障碍等。体制改革的重点领域包括电信、民航、电力等垄断性行业深化改革；教育、文化、医疗卫生、科研、体育等事业单位改革；文化、新闻出版、电视广播等意识形态领域的改革；后勤服务社会化、市场化改革等。

（三）政府职能转变与管理方式变革，是加快服务业改革与发展的前提

前文指出，不少重点服务产业部门涉及政府干预过度问题，加上管理过程中存在的政策内容随意、程序不清、时限不明、条块分割等问题，很可能导致政府政策措施失效。因此，政府职能亟须转变，其管理方式亟须变革，这是加快服务业改革与发展的前提。

政府亟须转变职能，划清自身与市场的界限，能够实现产业化、市场化却长期采取事业管理体制的行业，均可依托市场采取产业化、市场化方式运作，政府应放手交给市场主体来投资、运营。政府的职责是产业相关

法律法规与宏观规划制定者、产业运营的监管者而不是直接的参与者、为产业的发展创造良好制度环境等等。唯有如此，才能加快上述重点产业的发展，化解政府职能越位问题。

此外，政府还需变革微观管理方式。变革计划经济体制下的行政监管、计划管理模式。除了采用市场准入、价格管制、竞争行为管制等微观管理手段，今后政府更要加强服务业标准体系的制定，将其作为规范服务业的重要管理方式：一方面提高传统服务业市场门槛，促其标准化、专业化、产业化水平提升，服务质量提高；另一方面为资本知识技术密集型服务业，如金融、电子商务、物流等产业搭建标准化平台，促进这些领域产业化、专业化与规模经济形成，由此做大做强。

（四）建立符合服务业产业特质的综合管理机构与机制，避免政府失效

多头管理，相互扯皮责任主体不明、部门间协调困难等问题，很可能导致政府失效。当务之急是建立符合服务业产业特性的综合管理体制和机制。打破现行的条块分管的管理模式，确立一个超部门利益的综合管理协调机构，协调跨区域和跨行业中的重大问题，整合资源、培育市场，推动改革攻坚实现突破。亟须改变源于工业经济时代的政府机构设置，建议国家层面成立隶属于国家发改委的服务业发展局，在省、市级发改委成立专门的服务业发展处或生产性服务业处。此举强化国家服务业宏观管理和调控职能，更有利于资源整合，化解条块分割，有利于推动重点服务业发展。

为了防止综合管理机构权力滥用，还需对这一综合管理机构进行机制制约，必要时采取问责制。综合管理机构在制定一系列的服务业发展政策时，为保证服务业发展政策的合理性，应建立服务业发展政策审议制度。即组织行业主管部门、职能部门、行业协会、产业界、学术界、消费者组织等相关机构人士对具体政策进行科学论证和民主审议，达到基本共识后才能确定政策，最后由综合管理机构报上级部门批准后发布执行。政策审议制度一方面便于作为政策制定者的综合管理机构广泛收集信息、听取意见从而保证政策的科学性、合理性，另一方面与政策执行者求得共识后也便于政策顺畅执行。综合管理机构负责对政策的实施进行监督、检查和分析，有责任、有义务定期向上级部门报告实施情况和效果，并根据形势变化及时提出修改建议，以保证取得更好的政策效果。

第二节 国外服务业发展政策借鉴

一、国外服务业发展政策的特点

（一）服务业市场化发展政策的特点

20 世纪 80 年代以来，发达国家通过实施一系列加大市场化力度的制度变革，推动服务业的发展。

对于竞争性服务行业，发达国家一般趋于放松管制，主要是放松服务业准入与服务企业运营方面的管制，使得市场机制在竞争性服务业中的作用得以充分发挥。例如，近 20 年来，OECD 国家对零售分销业普遍放松了管制：一方面放宽行业准入的限制，如成立公司的相关条件较之以前更加宽松；另一方面放宽企业运营方面的限制，如放宽产品种类的限制、营业时间及产品和服务价格限制等。

对自然垄断型服务业，发达国家也推行了一系列加大市场化力度的变革。

1. 遵循规模经济与竞争机制兼顾的原则，对自然垄断型服务行业进行细致地纵向拆分，分为自然垄断性领域与竞争性领域，并根据不同领域的特点引入市场机制作用

例如，20 世纪 80 年代欧盟国家"网路分离"的铁路改革思路是：将铁路的路网基础设施（自然垄断性）与线上的客货运运输（竞争性）相分离，各自独立经营管理。铁路运输充分发挥市场机制的作用，适者生存，铁路路网基础设施虽具有自然垄断性，但也适当引入市场机制——根据行业规模、市场容量适度引进一至两家民营企业进入基础设施建设与维护领域，促使规模经济与竞争机制兼顾。除铁路外，发达国家还对电力等自然垄断产业进行纵向拆分，引入市场机制，促其发展。

值得注意的是，发达国家在对自然垄断型服务产业进行拆分、分解时非常注意遵循规模经济与竞争机制兼顾的原则，即拆分并非越细小越好，在形成竞争性的市场格局的同时，也要兼顾自然垄断型服务产业的运营规模与效率。

2. 向非国有制经济开放自然垄断服务行业，鼓励各种所有制企业共同竞争，促进经济效益与服务质量提高

例如，英国在 20 世纪 80 年代初期，以电信业改革为契机，先后对煤气、自来水、电力、铁路等自然垄断型服务业进行民营化改革。为使这一改革有法可依，先后制定了较为完善的法律法规，如 1984 年的《电信法》、1986 年的《煤气法》、1989 年的《自来水法》和《电力法》，旨在打破国有企业独家垄断的局面，允许并鼓励非国有制企业进入上述行业。其他发达国家在 80 年代也开始了这方面改革，重点就是引入竞争机制，促进经济效益和服务质量提高。

3. 对自然垄断型服务业的国有企业进行产权制度改革，吸引非国有资本注资国有企业，自然垄断型服务业总体上出现了从国有独资到社会多元投资的变化趋势

譬如，英国对铁路系统国企产权变革采取措施是：首先将铁路运营部门和铁道、通讯等基础设施部门分离开来，将前者分为多家公司出售，后者暂时保留在政府手中、随时机成熟再吸引非国有资本注入。其他发达国家对铁路等自然垄断型服务业的国企亦实行了产权变革，通过多元化的股权改造，发达国家自然垄断型服务业普遍出现了从国有独资到社会多元投资的变化趋势。

4. 通过制定法律、法规建立独立、权威、公正的管制机构，对自然垄断型服务业企业进行激励性管制，以此弥补市场失灵并调动被管制者积极性

发达国家实施市场化服务业发展政策，并不意味放弃管制。管制依然存在，特别是针对真正具有自然垄断性质的服务产业领域，为弥补市场失灵，更需要有效管制。为进行有效管制，发达国家通过制定法律、法规如综合性的反垄断法以及行业法规电力法、电信法等建立了综合管制机构与行业管制机构。此种管制机构以法律、法规为依据，不为利益集团所左右，是真正独立、权威、公正的管制机构。为了监督管制者，发达国家还建立管制者规制制度，旨在促使管制者公正、公平、公开以及高效行使其行政权力。制度的主要内容是：完善行政复议和行政诉讼制度；建立公开的听证制度；披露法律限制以外的各类信息（如标准、合同范本等），并保证利益相关者能全面快速获取信息。

发达国家还对传统的管制方式进行较大程度的变革，主要体现为慎用可能会影响厂商利益的非对称性管制，加大激励性管制的使用。激励性管制的主要内容包括：第一，最高价格限制，即管制当局规定服务价格上限，使价格在这个限度之下自由波动；第二，区域间竞争，即管制当局将受管制的全国性垄断企业分为几个地区性企业，使特定地区企业在其他地区企业业绩的刺激下提高自身的效率；第三，社会契约制，即管制当局与被管制者之间在修订收费标准时签订合同，如果能实现比合同规定更好的成绩则给予奖励，否则将进行处罚；第四，特许投标制度，即政府给予企业的特许权限制在一定的时期内，在特许期结束后再通过竞争性投标制来重新确定企业特许权。因为有市场机制介入其中并能有效激发被管制者的积极性，发达国家激励性管制较之前非对称性管制而言，管制效果有明显改善。

（二）服务业对外开放与应对 WTO 策略的特点

1. 发达国家通过各种贸易协定和 WTO 等国际组织推进服务贸易自由化，为本国企业开拓国际服务市场创造条件

以美国为首的发达国家通过多边回合谈判的形式签订多个贸易协定，如 1994 年《服务贸易总协定》、1996 年《国际电子商务示范法》与《信息技术协定》、1997 年《基础电讯协议》与《全球金融服务贸易协议》等，这些贸易协定推动了全球服务贸易自由化进程。发达国家还通过 WTO 与联合国等组织积极推动服务贸易自由化进程，为本国企业开拓国际服务市场创造条件，以此推动本国服务贸易发展。

2. 依据本国国情，发展中国家借助加入 GATT（WTO）之机，加大特定服务业的开放力度；发展中国家在开放本国服务业的同时，亦注意加强监管，并完善本国金融、经济体系，以此防范金融与经济风险

譬如，新加坡为建设成为东南亚的金融与经济中心，借助加入 GATT 之机，加大金融业的开放力度——以优惠政策吸引国外金融机构来本国发展。具体举措如下：税收优惠政策，即对进入新加坡的金融机构的业务利润只征收 10% 的税收（一般公司征收 25% 的税收），这一政策对许多境外金融机构极具吸引力；简化审批手续，即政府成立经济发展局，专门负责外资机构进入新加坡的咨询、审批等业务，由该局一次性完成各种手续，包括给予外资机构税收优惠的比例等；政府下大力气建设基础设施，为国外投资者创造良好的投资环境。

新加坡、巴西等发展中国家在开放本国服务业的同时，亦注意防范由此引起的风险。这些国家在健全本国金融体系、加强对金融市场的监控的同时，亦注意完善本国的公共财政管理体制与外贸体制，以此构筑一道保护本国经济稳定发展、抵御外部金融风险的安全屏障。

3. 发达国家与发展中国家均注重提升本国服务业的国际竞争力，采取积极举措扶持本国服务业企业开拓国际市场继而发展壮大

美国政府推出至少 20 项计划帮助本国企业提高国际竞争力。如商务部国际贸易管理局提供服务业全面出口计划；运输部提供远洋航运和航空计划以及出面为签订双边协议等。美国服务企业还可获得行业主管部门具体的协助与服务。如旅游公司可以通过国家旅游管理局的协助，吸引国外旅游者到美国旅行观光；小型服务企业可以通过小企业管理局获得直接贷款和贷款保护等。

新加坡政府则引导本国银行通过购并的方式做大做强，本国银行的数目虽然减少但规模与实力都得到较大程度提升，具备和国外大银行相抗衡的实力。此外，为扶持本国金融业发展，政府多次组团到海外高薪招聘金融人才，通过引进人才，亦将世界最先进的管理方式与经营理念引进来，这一举措对提高新加坡金融业国际竞争力发挥了较大作用。

4. 对于涉及国家经济安全的战略性服务产业，发达国家与发展中国家根据本国国情均采取了适度保护措施

发达国家虽然积极推动服务贸易自由化，但对于涉及本国经济安全的服务产业的市场自由化与对外开放问题却采取谨慎的态度。不少发达国家不约而同地采取了多种有效措施，保护本国电信业发展以最终维护国民经济安全。如希腊、爱尔兰和葡萄牙，因其电信水平比其他欧洲国家落后，在市场开放的大潮中，这些国家并没有"凑热闹"，而是要求推迟 3～5 年开放各自国内业务和电信网路基础设施。法国也没有像英、德等国家一般立即开放数据业务市场，而是直到 1996 年，才完全开放这个市场。

为维护国家经济安全，不少发展中国家对经营电信业务的合资公司的外资方的资质与控股权作了限制：印度、泰国、马来西亚规定电信合资公司的外商参股最高比例分别为 25%、20%、30%；韩国政府规定，韩国电信最大的股东必须是韩国政府或韩国人。

（三）中小服务企业扶持政策的特点

中小服务企业在规模、资金、技术、研发、信息、营销、贸易等方面均处于弱势，发达国家对于处于弱势的中小服务企业采取扶持政策。

1. 通过减轻中小企业行政负担与放松管制改善中小服务企业的经营环境

欧盟国家扶持中小企业的具体举措包括：简化中小企业注册、登记和申请执照的手续；减少中小企业统计报表；修改对中小企业会计方面的要求；简化税收申报与征收程序；减少管制中小企业法规的数量，撤销数条管制条文等。

2. 采取切实举措，为中小服务企业融通资金创造便利

对于知识、技术密集型服务业中小企业，发达国家政府引导风险资本为其注资，而对于一般服务行业中小企业（这些企业在融资方面存在困难），则主要通过政府引导建立专项基金或鼓励银行贷款方式向中小企业融资。欧盟委员会引导设立"创业资本基金"，负责向刚刚起步的中小企业提供"种子"资本以扶持中小企业的成长；美国则是通过政府向民间金融机构提供贷款担保、给予后者补助金以及取消小额贷款抵押要求、简化贷款手续等举措为服务业中小企业融资创造诸多便利。

3. 通过多种形式鼓励中小服务企业开展研发、创新活动

欧盟国家的地方政府通过专款或奖励资金等形式鼓励中小服务企业开展研发、创新活动，并对从事研发活动的高层次企业人才进行补助；一些欧盟国家地方政府还引导设立地区性技术创新中心，这些中心组织研发活动并为活动提供资本，而且还为中小服务企业提供技术培训。

4. 通过互联网与专门机构为中小企业提供信息、营销、对外贸易等方面的援助

美国商务部设立虚拟贸易电子博览会向全球宣传中小服务企业及其所提供的服务，并且开发相关系统向中小服务企业即时自动传递市场调查和贸易导向信息；美国商务部下属小企业发展局通过专门开设的小企业网站为服务中小企业提供咨询服务，这些网站涵盖多个衔接，中小服务企业以此可获得技术、融资、市场等方面的咨询。欧盟设立信息中心，以此向中小企业提供有关欧洲市场的各种信息以及欧盟委员会为其提供的各种服务信息等，信息中心指导并帮助中小企业找到商品与服务的需求者及销售（输出）渠道。

5. 通过制定专项计划、辅以专项贷款及网络等手段促动中小企业之间开展合作

为弥补中小企业在规模上缺憾，欧盟推出"合作技术研究行动计划"，鼓励中小企业之间合作开展研发、创新活动，并推出这方面的专项贷款；

欧盟还推出"欧洲伙伴"计划，推动欧盟、中东欧与地中海地区中小企业之间的合作，并建立促进欧盟企业内部合作的伙伴搜索网、企业合作网与企业通讯网。

（四）新兴服务业发展政策的特点

国外信息服务、技术服务、咨询、旅游等新兴服务业发展政策的主要特点归结如下。

1. 统一规划新兴服务业发展，形成合理的区域布局

为防止重复建设、资源，发达国家政府普遍重视新兴服务业发展规划。譬如，加拿大、日本政府等发达国家政府对本国旅游资源进行综合规划，根据不同区域特色构建不同旅游系列，从而避免重复、雷同，形成各具特色的区域旅游资源布局。

2. 政府正确处理好自身与民间企业之间的关系，政府的主要作用在于"边际支持"

以美国为首的发达国家政府主张，在新兴服务业发展过程中，居于主体地位的是民间企业而不是政府自身，政府的主要作用是"边际支持"，即通过各种手段激发处于主体地位的企业创新的积极性并扶持其发展。

3. 政府通过多种手段从研发、融资两个关键环节上对新兴服务业发展进行有效的"边际支持"

发达国家研发方面的扶持举措主要包括：

（1）对新兴服务业企业的研发活动采取税收优惠政策。美国《经济复兴税收法》，规定企业在 R&D 方面超过三年平均水平的开支增加额可享受 25% 的税收减免。

（2）放宽反托拉斯法的规定以促进新兴服务业企业之间的合作。美国《国家合作研究法》规定，企业之间在产品销售之前研究开发阶段的合作，可通过向司法部和联邦贸易委员会注册而免受反托拉斯之扰。

（3）加强知识产权保护及通过"乌拉圭回合"加强世界知识产权保护（发达国家服务业企业收益最大、最为迫切）。美国《综合贸易和竞争力法》给予美国专利持有者更大的法定权力，此外，美国还通过大量的双边或多边科技协定、贸易协定以及 GATT 的乌拉圭回合，来改进对知识产权的保护。

（4）通过适当的途径将政府主导或拥有的技术成果转移到民间部门。美国《技术创新法》规定，促进联邦技术转移是联邦试验室的责任与目标，各实验室普遍建立负责技术转移的机构，同时允许实验室从技术转让中分享一定比例的收入；美国《联邦技术转移法》规定：联邦试验室可以同外部社团进行合作研究，允许私人部门根据合作协议获得研究成果专利的优先申请权，合作双方可就专利收入的分享比例进行协商等。

发达国家融资方面的主要举措包括：

（1）税收优惠，政府通过降低长期投资收益税的税率，刺激更多资金进入包括信息服务在内的新兴服务业领域；（2）经费资助，如美国政府将每年3%的经费投入风险投资；（3）信用担保，由国家财政拨出一笔由专门机构管理的信用担保基金，用作为信息服务等新兴服务业中小企业提供贷款担保；（4）行政管理放宽，如欧美国家政府对风险投资企业申请专利、并购等商业行为放松管制，让其有较为自由的发展空间；（5）政府订货，根据国家发展计划有倾向性集中采购，从而降低风险企业投资回收风险；（6）培育新兴证券市场，从而为信息业等新兴服务业企业融资以及风险资本家撤资提供必要场所。

4. 为新兴服务业发展创造良好的基础设施环境与发展条件

（1）投入巨额资金建设基础设施与保护环境。譬如，无论是发达国家还是新兴工业国，均对代表未来产业发展方向的信息服务业发展高度重视，投入巨额资金建设信息业基础设施。美国政府20世纪90年代决定利用20年时间投资4000亿～5000亿美元建成由通讯网络、计算机、数据库以及电子产品构成的网络基础设施，达到为用户提供大量、统一标准信息的目的；韩国计划在2000～2004年间投资4.14万亿韩元开发信息网络技术。再如，欧洲国家对于旅游基础设施与环境保护方面的投资力度不减，经过长年努力，形成了交通便捷、自然与人文环境优美和谐的旅游环境氛围。

（2）通过自身参与或制定相关举措为新兴服务业创造业务来源。韩、美等国积极推动"电子政府"建设，通过自身参与为信息服务业发展创造条件。德国政府制订相关政策，规定行业部门的重大决策以及重大投资项目一定要经过咨询这一环节，充分保证咨询机构的业务来源，为咨询业创造发展条件。

（3）政府亲自出面为外向型新兴服务业作宣传与促销，为其开拓国际市场服务。譬如，西班牙、德国等欧洲国家的政府对旅游业发展高度重视，通过博览会、旅游文化宣传周（月）等形式积极为旅游业作宣传促销，以此开拓旅游业的国际市场。西班牙政府每年用于旅游业的宣传经费达数千万美元；德国政府用于旅游促销的经费亦达数亿马克。

5. 通过各项举措培育、引进新兴服务业人才

德国采取全球为之瞩目的举措——"绿卡工程"，旨在吸引全球 IT 人才到德国工作。德国政府计划向来自亚洲如印度与中国以及东欧的专业人才按照美国模式大批发放绿卡，"绿卡工程"将允许多达 2 万名非欧盟国家的外国专业人员来德工作。

对于高等院校开设计算机、互联网等信息类专业，韩国政府给予财政上的资助，以克服信息业的人才瓶颈；同时，韩国政府实施海外留学奖学金项目，资助有发展前途的信息专业大学生到国外深造。

6. 积极倡导新兴服务产业文化，并采取切实举措开展这方面的普及教育与培训

法国政府通过普及小学因特网教育、对接受不同专业培训的人员进行多媒体和因特网技术系统培训、方便公众上网、鼓励地方政府投资发展地区高速网络、资金资助法语国家信息网络建设等举措普及网络文化教育。

为适应入信息网络化时代的需要，韩国政府积极倡导网络文化并开展这方面的普及教育：将计算机课程与网络文化课程作为中小学的必修课；为低收入家庭提供免费的计算机网络技能培训；对家庭主妇与偏远地区的居民开设互联网培训班等。上述举措可达到提高国民素质与开发信息服务市场的双重目的。

7. 引导新兴服务业行业协会发挥作用

发达国家政府对新兴服务市场运作并不直接染指，政府充分调动行业协会积极性，充分发挥行业协会在发布行业信息、培训业务人员、协调社会关系、引导行业规范发展等方面的作用。

8. 强调文化、资源保护，以此确保新兴服务业可持续发展；并注意利用现代信息技术增强本国新兴服务业的国际竞争力

譬如，泰国等国强调保护民族文化，以此确保本国旅游业的发展后劲；这些国家政府还重视利用现代技术如电子商务技术保持本国旅游业的国际竞争力。

二、国外服务业发展政策借鉴

(一) 国外服务业市场化发展政策借鉴

我国在服务产业领域虽然也积极推行市场化发展政策、施行市场化改革，但在一些方面还是存在不尽如人意、不成熟之处，主要体现为：（1）不少服务企业尤其是自然垄断型服务业企业尚未建立现代企业制度、并不是真正意义上的"企业"；（2）自然垄断性服务产业领域演变成为行政性垄断领域——政企合一，政府既是管制政策的制定者和监督执行者又是具体业务的垄断经营者，资源配置中政府发挥重要作用；（3）为引入市场机制，政府对自然垄断服务产业领域进行横、纵向拆分，拆分时对引入竞争机制强调较多，但对效益关注不够——自然垄断领域如果横向拆分过细，则会影响其规模经济效益发挥；（4）对服务产业领域的管制，人为因素发挥较大作用，尚未建立一套规范运作的管制体系。

针对上述不尽如人意、不成熟之处，我国政府应借鉴发达国家经验，改善我国服务业市场化发展政策，推进这一领域的市场化改革。

1. 大力推进服务业的市场化改革，此改革分为以下两个方面

一方面，通过推动服务业国企产权改革、推进自然垄断型服务产业领域非国有经济参与，以及加快竞争性服务领域事业型服务机构体制转轨等一系列举措加快体制改革步伐，促使市场机制在服务领域的资源配置中发挥基础性作用。另一方面，推动管制（规制）方面的市场化改革，应借鉴发达国家对服务业管制的经验，完善服务业特别是自然垄断型服务产业的管制体制：（1）如放松对竞争性领域服务业市场准入与企业运营方面的限制；（2）通过立法手段建立公正、独立、权威的自然垄断型服务产业的管制机构，进行激励性管制——在管制中引入市场机制、竞争机制从而激发被管制者的能动性，如最高价格限制、区域性竞争、社会契约制以及特许投标制等举措都能有效调动被管制者的积极性；（3）建立管制者规制制度对管制者进行约束，前文所述的发达国家的经验可为我国所借鉴。

2. 对自然垄断服务业企业进行拆分时，引入竞争机制的同时也要兼顾规模经济效益

政府在对自然垄断型服务产业领域进行横、纵拆分时，应注意拆分不宜过细，通过拆分引入竞争机制的同时，也要注意自然垄断产业领域规模经济特性，以此保证有效竞争——充分竞争与规模效益兼顾。

（二）国外服务业对外开放与应对 WTO 策略借鉴

我国在服务业对外开放与应对 WTO 策略方面主要存在以下不足：

（1）与他国相比，我国某些服务如中医服务等领域具有比较优势、具有较强的国际竞争力，但由于不少国家对这些服务业领域设置贸易与非贸易壁垒，导致这些上述行业服务贸易无法顺利展开。这与我国加入 WTO 时间不长，在通过贸易谈判推动他国开放相关服务领域方面的意识与经验没有发达国家充足有关。

（2）我国某些服务业企业虽具有一定实力，但国际竞争力仍然不强，亦缺乏如发达国家一般的扶持本国服务企业对外开拓国际市场具体援助举措如出口信贷、信用担保等。此外，我国还存在制度上的障碍，如限制目前尚属于事业单位型的大型医疗机构向外投资，致使"医疗服务走出去"成为空话，再如在对外投资、人员派出、资金汇出等方面手续繁琐，亦阻碍我国企业顺利"走出去"。

（3）服务业的国际竞争力关键在于人才，如前文所述，不少国家对此问题很重视，注重高层次服务人才的培养与引进，此方面我们国家做得还不够，他国的经验值得借鉴。

（4）我国对知识技术密集型服务行业的知识产权保护还需加强，这方面具体得力的举措不多，这对提升软件、电影和音像录制等知识技术密集型服务企业的国际竞争力无疑产生不利影响。

针对上述不足，我国应充分汲取发达国家与一些发展中国家的经验，以积极有效的举措应对 WTO 挑战，推进服务业对外开放，增强我国服务企业的国际竞争力。

（1）利用我国 WTO 成员国的身份，通过贸易谈判、协定的方式推动他国开放服务领域。借鉴发达国家经验，利用 WTO 成员国身份，我国应积极通过多边贸易谈判与服务贸易协定推动他国开放我国具备比较优势的服务领域，以扫除这些领域原先所设置的贸易与非贸易壁垒，为我国此类具有国际竞争力的服务企业拓展国际服务市场创设条件。

（2）抓住历史机遇，加大我国具有比较优势的服务领域的对外开放力度。抓住加入 WTO 历史机遇，在国家政策允许的前提下以较优惠的政策举措如审批手续简化、税收优惠等措施吸引外资机构进驻我国各区域具有比较优势的服务领域，通过引进资金、技术与管理、运营、贸易方面的经验以及加大竞争加快这些领域的开放与发展，从而推进区域性、全国性乃至国际性服务中心的建设进程。上文提及的新加坡建设东南亚金融服务中心的经验可为我所借鉴。

（3）消除制度掣肘，采取切实举措扶持服务企业顺利"走出去"。政府应采取资金、人才等方面的切实举措扶持有实力的服务企业"走出去"——对外投资或设立机构、输出服务，并逐步消除制度掣肘，以及减化对外投资、人员派出、资金汇出等方面诸多的手续障碍等，唯有如此，才能使得我国服务企业得以顺利地"走出去"。

（4）加快服务业发展所需的高层次复合型人才培养与引进，增强服务业国际竞争力。培养人才方面，应鼓励全国高校设立服务管理类专业，加快高层次服务人才的培育；引进人才方面，可采取提供国籍、减免高薪收入所得税等举措加快国外复合型服务人才引进。

（5）政府应通过立法并辅以得力举措加强对知识、技术密集型服务行业的知识产权保护，从而提高此类行业企业的国际竞争力。

（三）发达国家中小服务企业扶持政策借鉴

中小服务企业在规模、资金、技术、研发、信息、营销、贸易等诸多方面存在不足，政府应从上述方面入手，对中小服务企业实施具体的援助、支持政策，此种做法旨在弥补市场失灵。而我国却缺乏这方面的政策，应尽早实施这一对服务业发展有重要影响的政策。

借鉴发达国家经验，我国的中小服务企业扶持政策举措可涵盖以下主要内容。

（1）政府通过简化中小服务企业在注册登记、申请执照、缴交税收等方面的手续减轻中小服务企业行政负担，从而为其营造良好的运营环境。

（2）政府通过设立中小服务企业创业基金、提供贷款担保、降低小额贷款质押要求、简化贷款手续等举措为中小企业融资提供便利。

（3）政府引导建立区域性技术创新中心，此类中心负责研发中小服务企业所需要的技术创新项目并为后者提供技术培训，政府通过提供启动资金、减免税收等手段扶持、发展此类中心。此外，政府还可通过设立专项基金等形式鼓励中小服务企业开展研发、创新活动。

（4）政府建立市场信息网，为中小服务企业提供国内乃至国外的市场供求信息；并设立专门机构指导并帮助中小服务企业搜寻到商品与服务的潜在需求者及相应的销售（输出）渠道。

（5）政府通过引导设立企业合作网、通讯网等形式鼓励中小服务企业之间开展合作，以此弥补中小服务企业在规模上的缺憾。

（四）国外新兴服务业发展政策借鉴

在物流、信息服务、咨询、旅游、文化、科教等新兴服务业发展政策方面，我国存在以下不足：

（1）在我国新兴服务业的发展中，处于主体地位的是政府而不是新兴服务业企业，以新兴服务业发展的关键环节风险投资为例，不少风险投资基金由地方政府投资设立，由于缺乏经验，这些基金运作情况并不理想。

（2）由于体制原因，我国在新兴服务业发展方面缺乏统筹规划与组织协调，导致多头管理、资源分割、重复建设等问题出现。譬如，在我国信息服务业发展中，隶属于不同行政部门的信息服务机构采取封闭的生产方式，各信息系统大多只针对本行业、本系统，由此导致网络和系统标准相互封锁、各行其是。这种信息资源严重分割的现象致使我国信息资源开发与利用程度低，规模经济效益难以形成。再如，在我国旅游业发展中，旅游行政管理部门职能有限，仅负责旅行社和旅游饭店、旅游景区的等级考核等内容，对旅游业发展的其他方面只有"建议权"，而其他部门却可对涉及旅游的相关方面进行染指。多头管理的局面造成我国旅游业的发展缺乏统一规划，低水平重复建设与环境破坏现象时有发生。

（3）我国新兴服务产业领域市场化改革进程还需加快。一些可以市场化的新兴服务业领域依然采取非营利方式经营，完全依靠财政拨款，因财政经费紧张导致其发展乏力。此外，一些亟须发展的新兴服务业领域却因存在非国有经济准入障碍而阻滞其发展进程。

（4）在培育新兴服务业企业发展方面，我国虽提出不少原则性建议，但缺乏融资、研发、人才等方面具体切实的扶持举措。

（5）我国在新兴服务业基础设施建设、相关环境保护方面的工作亟须进一步改善。如我国旅游业、物流业等新兴服务业的发展中，水、陆、空等交通基础设施的建设以及自然、人文资源的保护都有待进一步完善。

（6）我国虽鼓励有实力的新兴服务业企业"走出去"，但制度掣肘、实际阻碍企业顺利"走出去"（前文已述）。

（7）我国新兴服务产业文化推广不深入、相关技能培训亦不普及，致使城乡之间、经济发达地区与欠发达地区之间的新兴服务产业发展不平衡问题比较严重。如城乡之间、老少边穷地区与经济发达地区之间由于信息网络文化推广存在较大差距，导致"数字鸿沟"问题出现。

（8）在新兴服务业的发展上，我国政府尚未调动这些行业行业协会的积极性并发挥其作用。

针对上述不足，借鉴国际经验，完善我国新兴服务产业的发展政策。

（1）明确政府与企业的角色定位，在新兴服务业的发展中，居于主体地位的是企业，而不是政府，政府所发挥的主要作用是弥补市场失灵与边际支持。政府应当在弥补市场失灵，在信息业、物流业等新兴服务业的基础设施投资建设以及基础技术研发领域——民间企业不愿从事的投资大、周期长、风险高的领域发挥关键作用。此外，政府还需在风险投资、技术研发方面对知识、技术型的新兴服务业进行边际支持。风险投资方面可采取以下扶持政策：第一，通过降低长期投资收益税的税率等举措进行税收支持；第二，政府拿出一定的经费引导建立风险投资基金，但须注意的是，在经费支持中政府只是引导者而非主体；第三，培育较完善的金融市场，使得政府与其他风险投资者得以择时退出。技术研发方面可采取以下政策举措：第一，实施税收减免，企业在研发方面超过三年平均水平的开支增加额可享受一定比例的税收减免；第二，实施技术转移，制定相应的法规，规定政府所属的科研机构有义务向民间企业进行实用技术转移，政府科研机构可从技术转移中获取一定比例的收入，如政府科研机构与民间企业进行合作，则民间企业可根据合作协议获得研究成果专利的优先申请权，合作双方可就专利收入的分享比例进行协商。

（2）理顺新兴服务业的行业管理体制，做好行业统一规划与组织协调，打破部门分割与地区封锁。信息服务业、旅游业、物流业等新兴服务业在管理上往往涉及多个职能部门与地区，为避免政出多门、部门分割、地区封锁、重复建设等问题发生，政府应对此类新兴服务业的发展作统一规划，可考虑设立专门的行业发展委员会，负责本行业发展的总体规划以及与相关职能部门、地区之间的组织协调。

（3）推进新兴服务产业领域的市场化改革。某些新兴服务业领域如文化、科技服务领域根据其行业性质特点可区分为营利性领域与公益性（非营利性）领域。对于公益性领域如严肃文化、基础科研等领域理应确保财政投入，保证该领域得到均衡发展；而对于营利性领域，如娱乐性文化、应用型科技等领域政府应积极引导其走产业化发展道路，加快此领域事业型机构、团体体制转轨，推进其市场化、产业化进程。

此外，对于急需发展的新兴服务业，如物流业、教育业，政府可考虑通过适当减免营业税、土地使用税等优惠举措鼓励多元投资主体进入，引入资金的同时，亦引入竞争机制，从而推动其发展。

（4）采取切实举措为新兴服务业发展及拥有稳定的业务来源创造外部条件。对于旅游业等外向型的新兴服务业，政府应通过建立信息网站、举办博览会等形式加大此类服务业对外宣传力度，同时还需完善交通等配套设施建设，为此类服务业发展创造有利的外部条件。

对于咨询业这类起步时间不长的新兴服务业，政府可借鉴发达国家的经验，制定相关举措为此类新兴行业拥有稳定的业务来源创设条件，如政府部门的重要决策与大型投资项目都须经过合格资质的咨询机构咨询的举措可供参考。

（5）重视知识、技术密集型新兴服务业的研发、创新工作，加快人才培养。政府应积极支持和引导知识、技术密集型新兴服务产业领域的研发与创新工作，一方面加强此领域基础理论和技术研究；另一方面要充分调动大学、科研机构与企业的积极性，并促进它们之间的合作，以此加强应用性技术的开发和应用。政府除鼓励高等院校开办市场急需的专业与课程外，还应引导企业、行业组织及民办教育机构开展多层次的人才培训与教育工作，并借鉴国际经验，在新兴服务业中推行从业人员资格管理制度，从而进一步加快人才培养。

（6）消除原有的制度掣肘，采取具体举措积极扶持有实力的新兴服务业企业"走出去"。政府应鼓励具有实力的新兴服务业企业"走出去"——通过对外投资或设立机构的方式输出服务，并在资金、税收、人才方面制订具体举措予以扶持，同时逐步消除国企、民企在对外投资、人员派出、资金汇出等方面的制度掣肘——逐步减少审批手续，以使企业得以顺利"走出去"。

（7）重视新兴服务业行业协会的作用，调动其积极性，充分发挥其应有的作用。政府应培育、发展新兴服务业的行业协会，调动其积极性，充分发挥其在信息咨询、人员培训、社会关系协调、市场开发与规范等诸多方面的作用。

（8）扩大新兴服务业对外交流与合作，促进资源和信息共享。对于旅游业等外向型的新兴服务业，政府应引导其加强与国外同业之间的横向联系与合作，通过此种方式提高服务产品在国际社会的知名度并完善自身服务网络。

对于科技业等知识、技术密集型新兴服务业，政府亦应引导、支持对外交流与合作，鼓励国外大型企业在我国设立各类研究开发机构，支持我国科技企业到境外进行研发，促进资源和信息共享。

（9）推广新兴服务产业文化，普及相关技术职能，实现新兴服务产业均衡发展。应通过提供数据设备、完善基础设施等切实举措向经济欠发达地区推广新兴产业文化如信息网络文化，并逐步普及相关的技术职能，在提高全民素质的同时亦能实现新兴服务业的均衡发展，逐步解决经济落后地区与发达地区之间的"数字鸿沟"问题。

（10）重视环境与资源保护，以此实现新兴服务业可持续发展。政府应重视自然与人文资源进行保护，尤其是历史遗产更要严格保护。在资源与环境开发中，遵循"保护优先"、"资源得到较好保护的前提下才可进一步开发"的原则，以此实现环境、自然历史遗产保护与新兴服务业（如旅游业）的可持续发展。

第九章

21 世纪初期中国服务业结构优化的重点、发展策略及传统流通服务业变革策略

第一节 中国服务业结构优化的重点行业部门选择

根据内在机理篇与实证分析篇，归结出服务业结构长期演进一般规律，体现为以下三点：

第一，不同经济发展阶段，服务业内部处于主导地位的行业不同。（1）工业化初、中期，属于流通服务业的商业、运输仓储业居于主导地位，此类服务行业占服务业增加值与占 GDP 的比重均呈上升态势。（2）工业化中后期及后工业化时期，流通服务业增速明显放缓、占服务业比重呈下降态势，生产者服务业占服务业增加值与占 GDP 的比重均呈显著上升态势，成为服务业内部占据主导地位的行业，表明这一阶段服务业结构演进方向由流通服务业转为生产者服务业。

第二，传统流通服务业增加值、就业比重存在饱和点。此处增加值比重是指占 GDP 的比重，就业比重是指占全社会就业的比重。商业增加值比重饱和点大致是 13% ~ 15%，其就业比重饱和点大致是 17% ~ 20%；运输仓储增加值比重与就业比重的饱和点均大致是 5% ~ 7%。

第三，工业化中后期与后工业化时期，受分工、交易费用、人均收入、城市化四大经济发展的内在因素作用，生产者服务业、消费者服务业与生产消费双重效用性服务业，这三类服务业，占整体服务业增加值的比重均呈现上升态势，生产者服务业比重上升幅度最为显著。换言之，上述分类服务业占整体服务业增加值的比重，均与整体服务业占 GDP 的比重

正相关。这些具有正相关关系的分类服务业，代表工业化中后期及后工业化时期服务业结构演进、优化的方向。这一趋势顺应经济发展的内在要求，充分体现经济发展的全面内涵即经济运行效率提高、分工专业化水平提升以及人们身心素质与生活质量提升。

21世纪初期，我国处于工业化中后期，处于由中下等收入水平朝中等收入水平迈进的阶段。国际经验表明，人均收入达到中下等收入水平之后向更高收入水平迈进的过程，即为服务业比重显著上升的过程。从经济发展背景来看，中国经济面临"四深化"——工业化、市场化、国际化与城镇化进程深化，面临"两升级"——产业结构与消费需求升级，面临"两转换"——经济增长模式与二元经济结构转换，此种时代背景下，中国服务业获得重大发展契机。21世纪初期，中国服务业将进入加速增长、在国民经济中地位上升的发展阶段，这是基于国际经验与中国经济发展所处时代背景得出的客观结论（详见实证分析篇）。

依据中国经济发展的时代背景与服务业结构演进一般规律，对21世纪初期我国服务业内部结构演进趋势做出研判：传统流通服务业——商业、交通仓储占国民经济的比重[①]未达到饱和点，所以仍会上升，但两业占服务业的比重会继续下降；金融业与房地产业占国民经济的比重会上升，占服务业比重会略升；科技商务服务业、生活服务业、教育文化卫生体育社会保障占服务业与国民经济比重会显著上升；政府公共管理服务占服务业与占国民经济的比重均呈略升趋势。

综合上述分析，我国21世纪初期服务业结构优化的重点领域是：生产者服务业、消费者服务业与生产消费双重效用性服务业。这三类服务业占整体服务业增加值的比重均显著上升，它们占据服务业的主体地位，代表服务业结构优化升级的方向。具体涉及的行业部门包括商务服务等高端生产者服务、金融、信息技术、物流、休闲体育、旅游、教育医疗等。

商务服务等高端生产者服务、金融、信息技术、物流、休闲体育、旅游、教育医疗等行业部门代表21世纪初期服务业结构优化升级方向，即需要重点扶持发展的行业部门。但这些行业部门普遍存在政府制度掣肘、市场化改革迟缓、针对性扶持政策较少、产业组织结构不太合理、人才培养与储备严重不足等问题。为此提出以下战略思路。

---

① 占服务业的比重是指，占服务业增加值与占服务业就业的比重。占国民经济的比重是指，占 GDP 与占全社会就业的比重。

第二节　中国重点服务产业部门扶持发展的总体战略思路

重点服务产业扶持发展的总体战略思路分为以下五大点。

一、政府亟须进行制度变革，为重点服务业发展创设良好制度环境

（一）划清政府与市场的界限，可以市场化的重点服务行业部门应作为产业来运作，减少对其具体运营的干预

譬如旅游、体育休闲等重点行业，政府长期以来都采取事业型管理体制。政府既是管理者，又是具体的参与者，管得太多太细，经常染指行业的具体运营。对此，要进行制度变革。政府应划清自身与市场的界限，像旅游、休闲体育等行业部门均可产业化，政府应放手交给市场主体来投资、运营。这些行业原先事业型的单位应尽快转轨为企业，投入市场运营。政府的职责是产业相关法律法规与宏观规划制定者、产业运营的监管者而不是直接的参与者、为产业的发展创造良好制度环境如带薪休假制度设计与实施等等。唯有如此，才能加快上述产业的发展。

（二）清除地区与部门阻隔，清除既有的制度掣肘，促进重点产业资源整合与优化配置，加快产业发展

地区与部门阻隔是当前阻碍旅游、信息技术、物流等重点服务产业发展的一大障碍。为此，要对产业发展进行全国统一规划，统一安排相关基础设施建设。要清除既有的制度掣肘，打破条块分割格局，变革传统的政府管理模式。从管理体制、运行机制、运营手段等方面与市场接轨，运用市场机制对产业现有资源进行整合，实现资源的优化配置。要破除地区封锁和体制、机制障碍，积极为重点产业企业设立法人、非法人分支机构提供便利，鼓励重点产业企业开展跨区域网络化经营。获取规模经济与长远发展。

二、重点服务产业部门亟须须加快三方面的市场化改革：国内外市场开放、准公共品服务领域改革及大型国有企业产权改革

（一）开放国内外市场，培育公平竞争的市场环境

开放市场即指逐步降低行业准入壁垒、消除部门和地区阻隔，准许多元化的投资主体进入竞争性重点服务行业从事跨地区、跨部门的经营活动。开放市场涉及对内开放和对外开放两方面。对外开放在对外资的待遇上，既要防止"低国民待遇"如业务范围上的诸多限制，又要防止"超国民待遇"如竞相减税让利等，这些做法不利于公平有序的竞争环境建立。对待外资明智做法是循序渐进对其开放业务范围，并为其创造良好的商业运作环境。对内开放则涉及给予不同所有制的投资者以平等待遇，创立不同所有制投资者平等竞争的良好环境。对于重要服务产业领域，非国有经济的适当介入不会影响国有经济的控制力。国有经济的控制力不只是体现在量上，更重要的是体现在质上，非国有经济的介入可以增加国有经济的竞争压力，使其不断地创新求进，增强实力。

（二）对准公共品领域如教育医疗部门，引入市场机制的同时还需根据不同性质服务领域差异化运营

教育、医疗服务产品属于准公共品，其性质介于竞争品和公共品之间，宜采取半市场经营方式。出于促进社会平等、确保整体居民素质和福利水平提高等目的考虑，这部分服务产品不可能完全采取市场化经营方式。但如果完全采取非市场方式经营，又因国家财力所限而导致供给乏力。因此，宜采取半市场经营方式。可以将准公共品分为营利、非营利两种（前提是必须确保服务质量）。营利性服务产品可由任何具备实力的私人、组织生产经营（譬如可将一部分原先非营利的公有制单位转制成为股份制或股份合作制营利性组织），其价格完全放开，让服务价格充分反映服务供求关系和服务劳动消耗，服务人员将按其提供产品品质和数量获取相应的报酬。这将能极大刺激短缺性的服务产品供给，缓解这类产品供不应求的状况。政府所需做的事情是加强监管，对从业者资质的严格审查及对其服务质量的督查。出于顾及社会效益目的考虑，还需保留一部分不能完全采取市场化方式经营而只能采取非营利方式经营的单位，对于这类单

位国家财力则须给予足够支持，加大对此类单位的投入，刺激其发展。譬如对老少边穷地区教育经费的拨付与基础公共医疗。对于这类人员的工资，有关机构还应根据物价、经济增长率，适时对此类生产者的工资进行调整，使其不低于服务业均衡分配水平。对于营利性服务的收入分配水平则需通过经济杠杆（信贷、税收等）予以调节，以缓解收入分配不均衡及由此导致的发展不均衡的状况。

（三）采取国有控股而不是国有独资方式改造关系国民经济命脉的重点产业的微观基础——大型国有企业，实现政企分开，建立现代企业制度，确立规范的产权结构与内部治理结构

对于关系到国民经济命脉重点服务产业的特大型、大型国有企业，可采取吸收多元化投资主体的国有控股的形式，而不宜采取国有独资形式。原因如下：收益权以及由此决定的决策权是所有权在经济上依以实现的形式，终止这些权利意味着对所有权的废除。所以，企业制度的任何创新都不能、也不可能排除所有权及其实现形式。就这个意义说，要在国有企业中彻底实现"政企分开"是不可能的。国有独资企业中董事会不过是政府的派出机构，企业负责人实际上由政府委派，因而这里并不存在真正的法人治理结构，其结果又会助长"内部人控制"，使政府作为所有者委派的企业负责人掌握企业控制权，以致发展到利用这种权利，不顾所有者利益而谋取私利，实际上成为企业的所有者。问题还在于，国家作为所有者事实上并没有形成对国有资产管理经营后果真正负责任的实体。诚然，我们可以设想，成立某种形式的国有资产的专门管理机构来行使所有权的职能，但是，这种机构不过是作为所有者的政府的代理人而存在，不可能超越于政府、不受政府干预而发挥作用，未必能成为国有资产的真正负责任的实体。就市场运行来看，政企不分，就好比是球场上裁判和运动员的同一，它会歪曲游戏规则，破坏公平、公正的竞争。因此，采取国家独资公司是难于和市场经济相适应的。因此，国有企业采取吸收多元化投资主体的国有控股的形式，即国有企业可吸收社会上其他投资者（包括外资）参股，同时国有部分也可由多家国有投资公司或者其他国有企业作为投资主体，共同持股；企业只要由国有部分的总体控股，就仍然保持着国有的性质。在这种企业中，政府不再是唯一的所有者或唯一的控股者，而具有各自利益的多元投资主体之间以及它们同作为投资者之一的政府之间共同的关注点，只能是企业在市场竞争中的地位、企业的盈利，以往仅仅照顾某一所有者利益的目标，如以往出现过的政府将自己的某些困难和负担转嫁给国有企业的情况，都会被排除。可见，企业的独立和企业产权的多元化是国有企业建立有效内部治理结构的前提条件，而只有具备这些条件的国有企业才有可能成为适应市场的法人实体和竞争主体。而对于战略性行业的中小型国有企业产权改革则可以放开，可以实施更为灵活的股权结构，可以引入包括外资在内的多元化投资主体参股，这些企业国有经济成分即使退出、被非国有经济所控股，也不会影响国有经济在战略性服务行业的控制力。

三、重点服务产业部门扶持发展的三大举措：法制、资金与税收

（一）创设完整统一、持续稳定的法制环境

一方面确保竞争技术性服务领域有序竞争、知识产权与商务安全，另一方面以法为据，确保财政建立具有公共品性质服务部门经费逐步提高的保障机制。

以信息技术产业为例。信息技术产业牵涉国民经济的各个层面，具有全局性、综合性、整体性和复杂性的特点，在立法方面必须发挥政府宏观规划与指导作用。通过宏观规划、组织协调，制定有利于信息技术产业发展的政策法规。为此，需要信息产业部担当这一重任，以加强行业之间、地区之间的协调，保证信息技术产业有关政策、法规和标准的一致性、连续性。唯有如此，才能确保信息技术产业有序竞争，保障其知识产权与商务安全，保证其健康持续发展。

再以提供准公共品的教育服务部门为例。在《教育法》的贯彻实施中，政府和立法机关必须依据母法精神早日制定保证母法实施的子法体系，其中，《教育投入法》或称《教育经费法》首当其冲。否则，各级政府有关教育投入的责任人和行为人，就可能以自己的理解，主观臆断，甚至以糊涂的认识和错误的决策来代替法律的真实精神，上级机关和人民群众无法监督。另外，还应明确各级政府、各有关部门的法律责任，从而建立起各级政府财政支出中教育经费所占比例随着国民经济发展逐步提高的保障机制。

（二）多渠道加大资金投入，探索融资注入新路径，及有利于技术创新与转移的融资新途径，扶持重点行业部门发展

多渠道加大重点行业的资金投入。对重点产业如物流业的基础设施予以必要的专项资金扶持。引导金融企业采用多种方式向重点产业领域企业倾斜性融资放贷；吸引外资引入重点产业领域，引进资金与先进运营模式。支持重点企业如信息技术企业进入境内外资本市场融资，努力为企业境内外重组并购创造更加宽松的金融、外汇政策环境。探索开展信息技术企业合同质押、股权质押、知识产权质押、信用保险等试点。

对于产权制度改革相对滞后的重点产业领域，应深化产权制度改革，积极稳妥进行股份化改造和增资扩股工作，吸引多元化投资主体，采取定向募集企业法人入股方式充实资本，符合条件的可以申请上市。上市筹资是现代企业充实资本、改善经营机制的重要途径。考虑企业在境内上市会给境内资本市场带来一定压力，符合条件的可以在境外上市。

对于高科技类型的重点产业如信息技术服务业，还应培育风险投资机制，并加快资本市场的建设。在风险投资基金创立上，政府可发挥"催化剂"作用。政府应把本身投入看作是第一推动力，它的目的在于组织、吸引社会资本投入，而不在于增值或与民争利。大力发展创业投资和股权投资基金。对于风险基金的投资者可采取税收刺激举措，譬如投资者可有20%的投资免交所得税。风险投资基金的运作完全交给风险投资家，政府不必干预。与风险投资机制密切关联的是资本市场培育问题，为此要加快创业板与"新三板"等全国性场外交易市场的规范发展。创业板市场与"新三板"等全国性场外交易市场需制定相对宽松的标准，为更多高科技服务企业上市提供便利，但在其上市后需加强监管，实行明确的强制性分红制度与退市制度，有进有出，优胜劣汰，促进创业板与全国性场外交易市场健康发展。

（三）改革税制，制定促进重点服务产业部门发展的税收政策

在重点服务产业的税收问题上，存在增值税征税范围偏窄、营业税税率偏重、增值税营业税重复征收、重点服务产业税收优惠不及制造业工业等突出问题。为此，需要改革税制，制定促进重点服务产业部门发展税收政策。

首先，必须扩大增值税的征税范围，解决增值税、营业税重复征税的

问题。借鉴国外的普遍做法，将与生产相关的经营性劳务服务如物流服务纳入增值税的征收范围，取消对其征收的营业税，实行增值税与营业税合并，既可以解决重复征税问题，又能降低与生产直接相关的经营性劳务服务业的税负，促进重点服务产业发展。将那些会计核算体系健全、内部分工比较发达的重点服务产业纳入增值税征税体系，逐步取消营业税，减轻产业负担，提升服务业竞争力。此外，允许对一部分技术服务购入进行抵扣。在当前不能将所有重点服务业纳入增值税征税范围的情况下，可以对生产企业购买诸如专利技术等科技投入允许进行税前抵扣，减轻其负担。

其次，针对性制定税收优惠政策，采取间接优惠为主方式扩大税收优惠范围。要根据重点服务业的不同特点，针对性地制定税收优惠政策，譬如对于技术密集型服务业应从促进其技术研发的角度制定税收优惠政策，对于经营风险较高的服务业，应从提高其抗风险能力的角度制定税收优惠政策。注重重点服务企业在创业、研发和经营过程中的税收优惠，降低其创业初期的投资和经营风险。将直接优惠为主转化为间接优惠为主。根据重点服务业各行业特点，灵活采用缩短折旧年限、延长减免税期限、跨期结转、项目扣除等办法，发挥间接减免在税收优惠中的作用，从而扩大税收优惠范围。

最后，对于信息技术类等服务外包型产业，需运用所得税、营业税优惠措施，减轻其总体税负，增强信息技术类服务企业竞争力。借鉴印度经验，建议信息技术类服务外包行业营业税整体保持在 1%～3% 的税负水平上；对服务外包企业所征的营业税以差额计征，服务外包企业分转包业务的，以分转包后的净额征收营业税，消除目前营业税重复征税弊端。对信息技术类服务外包企业给予所得税优惠，实行 5 年减免 5 年减半、再投资部分 3 年减免等优惠政策，税收优惠期满后再给予 15% 的低所得税税率的优惠政策。

四、建立合理的产业组织结构，大中小型企业均需扶持，加快重点服务产业发展

重点服务产业在市场竞争的环境当中，根据本行业的特点（起始资本大小、进退壁垒高低等生产技术特点）自行形成产业组织结构。政府所做的事情是取消竞争性服务企业业务经营方面的管制，清除地区壁垒和行业壁垒，以使这些行业的企业能依据利益最大化原则探索建立能使交易费

用、生产费用、组织费用达到最小化的企业组织结构形式，从而形成产业组织发展变化的内在的自组织机制。不少重点服务产业规模经济特点非常显著，政府应当鼓励有实力的企业进行并购活动。企业兼并应建立在自愿基础上，政府不能将自己的意愿强加给企业、硬行"拉郎配"。对于长期资不抵债的企业，政府应强令其依法破产、关闭，而不是强行将它塞给优势企业（此举往往会拖垮优势企业），这些企业债务有了清理和了结之后，再由经营状况好的企业自愿进行购买、接管。

为了扶持重点服务产业大型、甚至特大型企业成长，政府可在资金援助、技术援助方面发挥作用。资金援助：减免税政策如采取有区别加速折旧率和税前所得抵扣以及一定期限内免交所得税和营业税的办法；政府为重点企业发行的债券提供担保；采取与市场融资机制相结合的资金援助方式，如政府作为"催化剂"注资风险投资基金从而引导风险投资基金筹建等。技术援助：政府增加核心技术研究开发方面的经费，并在企业技术开发、创新方面采取鼓励、扶持举措；技术引进方面，重要技术产品、设备进口实行零关税，取消非关税贸易壁垒等。鉴于市场机制尚不能充分发挥作用以及市场机制的局限性，在重点服务产业成长过程中，采取扶持、培育举措以及保护措施（如对外资的业务范围进行限制）是必要的，但保护是有一定限度的，当重点服务产业发展到一定程度时候，应及时打开国门，迎接外资的挑战，这有利于增强企业的创新力、竞争力。在激烈的市场竞争中，我国重点服务产业才能不断发展壮大。同时，应鼓励我国重点服务产业的企业走出去、对外投资，在这方面应减少人为障碍。众多的行政审批无疑是对对外投资经营的"捆绑"，应尽快给企业"松绑"，减少和消除阻碍企业直接进入国际市场的因素。有关部门取消对企业不必要的干预，对必须审批的项目也要做到大大简化手续、缩短周期、减少环节，在用汇、人员出国、设备出口及退税出口及退税方面也应放宽审批条件；与此同时，政府还应建立完善相应的法律、法规，并制定规划，为对外投资经营能够健康有序发展创造有利条件。

重点服务产业除特大型、大型企业外，还有不少的中小企业，这些企业具有经营灵活、创新能力强的特点，能满足不同层次的服务需求。对于中小企业也要相应采取扶持、培育举措，构建大、中、小型企业并存的产业组织结构，并充分发挥不同规模企业的优势，满足不同层次的服务需求。中小企业在规模、资金、技术、研发、信息、营销、贸易等诸多方面存在不足。政府应从上述方面入手，借鉴国外经验对这些中小服务企业实施具体的援助、支持政策，以弥补市场失灵。

第一，政府通过简化中小服务企业在注册登记、申请执照、缴交税收等方面的手续减轻中小企业行政负担，从而为其营造良好的运营环境。第二，政府通过引导设立企业合作网、通讯网等形式鼓励中小企业之间开展合作，以此弥补中小服务企业在规模上的缺憾。第三，政府通过设立中小企业创业基金、提供贷款担保、降低小额贷款质押要求、简化贷款手续等举措为中小企业融资提供便利。第四，政府引导建立区域性技术创新中心，此类中心负责研发中小企业所需要的技术创新项目并为后者提供技术培训。政府通过提供启动资金、减免税收等手段扶持、发展此类中心。此外，政府还可通过设立专项基金等形式鼓励中小企业开展研发、创新活动。第五，政府建立市场信息网，为中小企业提供国内乃至国外的市场供求信息；并设立专门机构指导并帮助中小企业搜寻到商品与服务的潜在需求者及相应的销售（输出）渠道。第六，政府通过采购方式订制企业的咨询服务，扩展市场需求。

五、重视人才培育与激发，加强知识产权保护

发展重点产业的关键在于知识技术型各类专业人才的培养与储备。国外的经验值得借鉴。美国创设各种有利条件，在全球范围内引进创意设计人才。英国早在 1999 年，便启动了名为"创造性的伙伴关系"的项目，提供时装设计、互联网、视频的指导及制作等新技能，为创意产业的发展造就潜在人才。借鉴发达国家的经验，重点产业领域亟须加强对高素质、高技能人才的培养和引进。一是要加大教育投入力度，有计划地在现有高等学校和职业技术学校增设重点产业紧缺专业，加紧培养如创意设计、软件开发、信息技术、管理咨询、物流等领域的专业人才。二是加强重点产业人才就业培训。借鉴新加坡的经验，专门针对财务、信息等领域，制定人才就业培训方案，每年定期培训一批高知识技术水准的专业人才。三是积极引进重点产业领域高级人才。制定人才引进和利用计划，大力引进高层次、高技能、通晓国际通行规则和熟悉现代管理的重点产业领域高级人才。解决人才引进方面的体制障碍，通过薪资待遇、工作环境方面有利举措，吸引、留住人才，营造人尽其才的良好氛围，为重点产业发展提供智力保障。

人才是重点服务产业发展的关键。除要培育、储备人才外，还要激发

人才，建立人力资本激发机制。（1）要激发受政府资助的科研机构及院校科研人员的创新和创业精神，关键是要创造出"收益与风险相匹配"的政策环境。要建立起技术入股制度、科技人员持股经营制度、技术开发奖励制度等，形成与国际惯例接轨的、以保护知识产权为核心的分配制度和经营制度，使技术成果真正成为生产力要素，并在参与企业经营和分配中获得它应有的价值。（2）必须确保受财政资助的科研院校人员的收入水平不低于社会平均收入分配水平。在此基础上建立科研人员和教师的优胜劣汰机制，对其实行聘任制，成果丰硕的给予重奖，不能达到相应成果要求的则予以淘汰，可从社会上吸收学术水平较高、富有实践经验的人才进入科研院校，充实研究教学队伍。（3）为回国创业的人员提供优厚待遇，这些在国外工作过、富有实战经验的人才是发展重点服务产业的宝贵财富。应为这些归国人员提供创业、工作、生活方面有利条件。

重点产业领域，如信息技术、创意设计等领域，尤其要加强知识产权保护。通过知识产权保护来保障研发创意主体及企业的合法收益。近年来，我国不断加大知识产权保护力度，陆续出台了《专利法》、《著作权法》、《知识产权海关保护条例》等多部法律法规，取得一定成绩，但还有不少地方需要完善。因此，亟须建立健全知识产权保护体系，这是促进重点产业健康发展的必要前提。重点产业领域的知识产权保护包括鼓励和规范知识产权评估机构发展，完善知识产权信用保证机制，促进自主创新知识产权在重点产业领域的实施和运用等，以此推动重点产业健康持续发展。

第三节　中国若干重点服务产业部门发展的具体对策

本章的第一节指出，商务服务等高端生产者服务、金融、信息技术、物流、休闲体育、旅游、教育医疗等产业部门代表 21 世纪初期服务业结构优化升级方向，即需要重点扶持发展的产业部门。下文分别分析这七大产业部门的具体发展对策。

一、高端生产者服务业（APS）的具体发展对策

高端生产者服务业，即 APS（Advanced Produced Services），是指知识

技术密集型的生产者服务业，涵盖软件研发业、创意设计业、法律咨询业、财务管理、调研咨询等多项专业服务业。高端生产者服务业代表服务业演进与服务业结构优化方向，是现代服务业的主体产业。借鉴国外经验，拟提出以下 APS 发展策略。

（一）政府应从资金、技术、信息、营销等方面入手，采取多项举措扶持 APS 的中小企业

APS 专业服务业企业多为中小企业，这些企业在规模、资金、技术、研发、信息、营销、贸易等诸多方面存在不足。政府应从上述方面入手，对 APS 的中小服务企业实施具体的援助、支持政策，此种做法旨在弥补市场失灵。

借鉴欧盟与美国等发达国家经验，我国 APS 中小企业扶持政策举措涵盖以下主要内容。

第一，政府通过简化中小服务企业在注册登记、申请执照、缴交税收等方面的手续减轻 APS 中小企业行政负担，从而为其营造良好的运营环境。

第二，政府通过设立 APS 中小企业创业基金、提供贷款担保、降低小额贷款质押要求、简化贷款手续等举措为中小企业融资提供便利。

第三，政府引导建立区域性技术创新中心，此类中心负责研发 APS 中小企业所需要的技术创新项目并为后者提供技术培训。政府通过提供启动资金、减免税收等手段扶持、发展此类中心。此外，政府还可通过设立专项基金等形式鼓励 APS 中小企业开展研发、创新活动。

第四，政府建立市场信息网，为 APS 中小企业提供国内乃至国外的市场供求信息；并设立专门机构指导并帮助中小企业搜寻到商品与服务的潜在需求者及相应的销售（输出）渠道。

第五，政府通过采购方式订制 APS 企业的咨询服务，扩展 APS 市场需求。

第六，政府通过引导设立企业合作网、通讯网等形式鼓励 APS 中小企业之间开展合作，以此弥补中小服务企业在规模上的缺憾。

（二）在大城市，尤其大都市、中心城市，宜采取产业集聚区的模式发展 APS

基于产业关联与社会网络效应的集聚区，具有资源与基础设施共享，知识与技术外溢效应生成，以及品牌效应生成的特性，是 APS 发展的最佳

模式。资源与基础设施共享可以让集聚区内的企业最大限度地减少交易成本与其他的成本费用；知识与技术外溢效应生成能使集聚区的企业在较短时间内提升知识技术水准与供给能力；品牌效应生成可使区内企业获得更多的市场占有率与认同度，有利进行挖掘更多的潜在市场需求。部分城市尤其是大都市，已经利用产业集聚区模式发展 APS，取得骄人的成绩。如我国经济的中心上海，APS 集聚区已在上海现代服务业发展规划中占据重要位置。上海力图打造一批 APS 集聚区，不同集聚区发展不同的专业性的生产者服务。江湾五角场发展教育培训与商务服务产业；外滩与陆家嘴发展金融贸易产业；张江发展高新技术研发产业；南桥发展中小企业总部商务区等。这些点状集聚区通过产业链有机相连，使上海 APS 及现代服务业的整体辐射功能进一步提升与放大。

借鉴上海的经验，大城市尤其是大都市、中心城市，应采取产业集聚区这一有效模式发展 APS。首先，做好 APS 集聚区的总体规划：在空间形态布局上，由市中心逐步向周边重点地区分散化、多极化发展，形成多个微型 CBD（中央商务区）有机联结网络；在产业功能布局上，实现不同产业集聚区各具特色，功能错位发展。点状布局不同集聚区通过产业链有机联结，形成产业集聚带，进一步提升 APS 的整体辐射功能。其次，政府采取财税、土地、金融等政策优惠扶持集聚区的企业发展（详见上文）。在土地这方面，还需提及的是，对市内一些工业企业提供必要的资金补贴和技术援助，引导这些企业向城市"外围"搬迁，形成整个城市制造业"外围"和高端生产性服务业"核心"的空间布局形态。再次，APS 集聚区还要加大引资招商力度，着力吸引跨国公司总部、研发中心、设计中心、营销中心落户。此外，还需吸引外商管理部门、技术支持与服务部门、外资银行等金融机构落户，形成以聚集区为载体、集成各方有效资源构成合力，发挥产业聚集效应和企业规模效应，构建具有强大竞争力的区域服务品牌。

（三）大力发展服务外包，包括离岸外包与境内外包，推动 APS 加速发展

服务外包（Outsourcing），已成为国际产业转移的新趋势，越来越多的企业购买第三方（包括国外企业）提供的服务以替代自己生产提供生产者服务，此举有利于原有企业提升效率、专注于核心竞争力。服务外包按承接外包业务企业的境内外区分，分为境内（内需型）外包与离岸（外需型）外包；按业务领域划分，分为信息技术外包（ITO）与商务流程外包（BPO）。

离岸服务外包推动全球 APS 加速发展。根据联合国贸发会议（UNCTAD）估计，近几年，全球服务外包市场将以 30%～40% 的速度递增，推动全球 APS 迅猛发展。我国应抓住历史机遇，在一些 APS 较具实力的城市加快建设离岸服务外包基地或中心。借鉴韩国经验，将服务外包型 APS 产业的培育上升到战略发展的高度：利用资金、财税、土地等优惠举措扶持服务外包型 APS 企业；建立"外包服务提供商数据库"、"外包服务需求企业"等数据网络系统，对外包服务企业实行"国家公认资格证书"制度等，推动 APS 企业积极承接外需型服务外包业务。特别是承接发达国家的离岸外包业务，逐步扩大细分范围，涉及 ITO 与 BPO 的各项细分领域（软件研发与呼叫服务等）。此举不仅提升 APS 的规模和能级；而且转变对外贸易方式，推动货物贸易向服务贸易转变。服务外包属于服务贸易中的跨境交付，是重要的服务贸易方式。通过发展服务外包型 APS，推动服务贸易发展，还需财政支持、税收优惠、简化手续等政策举措配合，如积极探索服务业出口退税政策，促进 APS 出口。

在积极发展离岸服务外包（外需型服务外包）的同时，也不能忽视境内外包即内需型服务外包。境内外包即内需型服务外包，完全由我国本土企业和在华跨国公司需求所产生，受世界经济景气影响小。我国内需型的企业服务外包市场一旦被全面推开，发展空间巨大，是外需型服务外包市场无法比拟的，必将为我国 APS 发展注入强劲动力。在目前全球金融危机的背景下，更具发展潜力与优势。内需型服务外包的业务主要包括：产品 OEM（委托加工制造）、ODM（委托设计加工制造）、供应链与物流、融资性租赁、第三方品质检验、第三方产品测试等。

综上所述，我国应抓住国际国内两个市场，既要重视外需型离岸服务外包，也不能忽视发展潜力巨大的内需型境内服务外包。通过服务外包模式加快推进 APS 发展。

（四）积极引进外资，提升外资在华 APS 领域的规模与层次，加速 APS 发展

跨国投资是发达国家 APS 发展的重要特征，跨国公司在全球范围内积极建立整合资源和市场的平台，通过跨国转移实现 APS 要素的优化配置，占据国际分工和竞争的高端环节，以增强影响力和控制力。发达国家 APS

跨国转移主要方式为服务业对外投资，服务项目的离岸外包以及提供特许权、经营许可、管理合约等方式，其中 APS 的对外投资（FDI）占据极其重要地位。加之全球 FDI 的投资方向和重点已经转向服务业，这些都为我国扩大服务业对外开放力度、利用 FDI 发展 APS 创造了难得的机遇，亦生成若干成功的项目。如世界最大的 IT 服务外包企业美国 EDS 在武汉建立其在华的首个全球服务中心；惠普全球软件服务中心重庆分中心正式入驻重庆；微软、摩托罗拉在华建立研究院或研发中心等。更多的跨国公司已经将我国列为承接其离岸服务外包的新兴市场和研发转移的重要目的地。

当前，我国采用外资驱动模式发展 APS，一是要积极承接国际离岸服务外包。要充分发挥我国人力资源丰富的优势，培育一大批具备国际化水平的服务供应商，提高接单能力，积极承接数据处理、技术研发、计算中心、呼叫中心、财会核算和售后服务等国际服务业转移，逐步拓展一些具备优势和条件的高端业务。二是要继续开放 APS 市场，大力发展服务贸易，不断提升 FDI 的规模和层次。吸引更多的跨国公司来华设立地区总部、运营中心和研发中心，引进国际 APS 的新理念、先进技术和管理经验，促进中国 APS 提升质量与水准。三是要通过 CEPA、东盟合作等区域一体化协议加快引进周边区域的外资，建立独资、合资与合作等"三资型"企业，学习与借鉴外资的专业技术知识与经营管理理念，加速我国 APS 企业成长。

（五）重视 APS 领域的知识产权保护，建立完善的人才培养储备体系

发展 APS 的关键在于知识技术型各类专业人才的培养与储备。国外的经验值得借鉴。美国创设各种有利条件，在全球范围内引进创意设计人才。英国早在 1999 年，便启动了名为"创造性的伙伴关系"的项目，提供时装设计、互联网、视频的指导及制作等新技能，为创意产业的发展造就潜在人才。借鉴发达国家的经验，APS 领域亟须加强对高素质、高技能人才的培养和引进。一是要加大教育投入力度，有计划地在现有高等学校和职业技术学校增设 APS 紧缺专业，加紧培养如创意设计、软件开发、管理咨询等领域的专业人才。二是加强 APS 人才就业培训。借鉴新加坡的经验，专门针对财务、信息等领域，制定人才就业培训方案，每年定期培训一批高知识技术水准的专业人才。三是积极引进 APS 领域高级人才。制定人才引进和利用计划，大力引进高层次、高技能、通晓国际通行规则和熟

悉现代管理的 APS 领域高级人才。解决人才引进方面的体制障碍，通过薪资待遇、工作环境方面有利举措，吸引、留住人才，营造人尽其才的良好氛围，为 APS 发展提供智力保障。

APS 领域，如技术研发、创意设计等领域，尤其要加强知识产权保护。通过知识产权保护来保障研发创意主体及企业的合法收益。近年来，我国不断加大知识产权保护力度，陆续出台了《专利法》、《著作权法》、《知识产权海关保护条例》等多部法律法规，取得一定成绩，但还有不少地方需要完善。因此，亟须建立健全知识产权保护体系，这是促进 APS 健康发展的必要前提。APS 领域的知识产权保护包括鼓励和规范知识产权评估机构发展，完善知识产权信用保证机制，促进自主创新知识产权在 APS 领域的实施和运用等，以此推动 APS 健康持续发展。

二、物流业的具体发展对策

物流业是基础性产业，又是涉及诸多部门的复合型产业，2006 年开始实施的"十一五"规划纲要，突出强调"大力发展现代物流业"，物流业的产业地位首次在国家规划层面得以确立。2009 年 3 月，我国第一个全国性物流业专项规划《物流业调整和振兴规划》，由国务院发布，更进一步明确了物流业在国民经济中的地位与作用：物流业是融合仓储业、运输业、货代业和信息业等的复合型服务产业，是国民经济的重要组成部分，涉及领域广，促进生产、拉动消费作用大，吸纳就业人数多，在促进产业结构调整、转变经济发展方式和增强国民经济竞争力等方面发挥着重要作用。

当前物流业发展存在竞争力不强、发展方式粗放"高投入、高排放、低效率、低科技"以及政策体制阻隔等多突出问题，拟采取以下政策举措予以化解，促进物流业持续性发展，发挥其在国民经济中的突出作用。

（一）采取多项扶持政策举措，变革阻碍物流业发展的体制，为物流业生存发展创设良好环境

具体举措如下。

第一，减轻税负。当前，仓储类物流企业土地使用税很重，物流运作环节税率不统一、税负偏高等问题亟须解决。需要研究完善大宗商品仓储设施用地的土地使用税，既促进企业集约使用土地，又满足企业规模发展

需要。需要结合增值税改革试点，尽快研究解决配送仓储和货运代理等环节与运输环节营业税税率不统一的问题。需要抓紧完善物流企业营业税差额纳税试点办法，进一步扩大试点范围，总结试点经验予以全面推广。

第二，加大土地政策支行力度。科学设计全国物流园区的专项规划，对于纳入规划的物流园区用地需给予政策上的保障。各地物流园区发展规划用地，应在总体规划修编时予以统筹安排，涉及农用地转用的，可以土地利用年度计划中优先安排。支持利用工业企业旧厂房仓库等存量土地资源建设物流设施，涉及原划拨土地使用权转让或租赁的，应规定办理土地有偿使用手续，经批准可采取协议方式出让。

第三，多渠道加大物流业资金投入。对重点企业的物流基础设施予以必要的资金扶持。引导金融企业采用多种方式向物流企业项目倾斜性融资放贷；吸引外资引入物流领域，引进资金与先进运营模式；鼓励有条件的物流企业上市融资。

第四，减少收费，方便车辆顺畅通行。需要修订《收费公路管理条例》，统筹管理以普通公路为主的非收费公路与高速公路为主的收费公路。降低路桥费，减少收费站数量，控制收费公路规模。积极推行不停车收费系统，提高车辆通行效率。

第五，打破条块分割，加快物流管理体制改革。依据相关法律、行政法规，在规范管理的前提下适当放宽对物流企业资质的行政许可和审批条件，改进资质审批管理方式。认真清理针对物流企业的资质审批项目，逐步减少行政审批。进一步规范交通、环保、质检、公安、消防等方面的审批手续，提高审批效率。要破除地区封锁和体制、机制障碍，积极为物流企业设立法人、非法人分支机构提供便利，鼓励物流企业开展跨区域网络化经营。对于法律未规定或国务院未批准必须由法人机构申请的资质，物流企业总部统一申请获得后，其非法人分支机构可向所在地有关部门备案获得，此举有利于物流企业展开规模化、网络化运营。

（二）整合物流基础设施资源，获取整合效应

国家应该像对待供水、供电和城市公交系统那样，支持物流基础设施建设。整合现有运输、仓储等物流基础设施资源，盘活存量资产，加强各类物流基础设施的衔接和配套。扩大铁路和水路干线运输比重，发挥公路集疏运与城市配送的功能，积极发展多式联运。根据货运中转、商品配送和生产需要，合理布局物流园区，完善中转联运设施，改造和建设一批现

代化的配送中心。加强铁路、机场、港口、码头、货运场站等物流节点设施建设，通过整合优化，协调发展，发挥整合效应。

（三）推进物流专业化运作，加快产业融合与协作，培育物流企业群体，促其转型提升

鼓励工业企业分离物流职能，整合外包物流业务，推进工业物流社会化和市场化运作。支持工商企业与物流企业战略合作，开展供应链一体化服务。鼓励物流企业与工业企业、商贸流通企业、金融企业加强合作，融合发展，提高物流服务的质量和水平。

采取有效途径培育物流企业群体，促其成功转型，提升实力。鼓励生产企业和流通企业整合内部物流资源，分离组建专业化、社会化的物流企业。支持现有运输、仓储、联运、快递企业功能整合和服务延伸，加快向现代物流企业转型。鼓励物流企业通过兼并联合、资产重组，壮大企业规模与实力。放宽市场准入，鼓励民营资本、外资进入物流领域。支持物流企业规模化运作、网络化经营，在专业服务领域做强做大。加快培育具有国际竞争力的大型物流企业，扶持引导中小物流企业健康发展。

（四）构建区域和国际间有效衔接的物流网络，推动物流产业集聚发展

按照区域发展总体战略的要求，促进区域物流集聚发展。围绕产业园区、商贸园区、物流园区布局物流功能，推动物流集聚区发展。积极推进不同地区物流领域交流与合作，引导物流资源跨区域整合。扩大物流服务领域对外开放，引进消化吸收国外先进的物流管理方法与运营模式。构建与周边国家、地区有效衔接的物流网络，增加货物贸易中的服务贸易、物流服务比重。为我国工业、商贸企业"走出去"提供物流服务，逐步构建国际物流体系。

（五）加强物流领域技术研发与推广，推动物流产业创新发展

把握新科技革命的战略机遇，提高物流科技和信息化水平。加强物流新技术的自主研发，重点支持无线射频识别、货物跟踪定位、物流信息平台、智能交通、物流管理软件等关键技术攻关。积极推动物联网在物流领域的应用，提高物流信息化水平。鼓励物流企业应用供应链管理技术和信息技术，地方政府对物流企业的物流信息平台建设要积极给予扶持。加快先进物流设备的研制，提高物流装备的现代化水平。加强物流标准的制定和推广，建立和完善物流标准化体系，促进物流标准的贯彻实施，支持物流业一体化运作。逐步增加科研人员和研发经费，制定符合物流企业实际的高科技企业认定标准，具备条件的物流企业可以享受高新技术企业的相关政策，形成创新发展的体制机制。推进物流信息资源开放共享，鼓励采取多种方式实现物流信息的互通交换，促进信息流、物流和资金流的协同和联动，提高物流效率与经济运行效率。

（六）大力推动绿色物流与农业品物流发展

转变物流运作模式，推进绿色物流发展。加大相关政策支持力度，引导物流企业加快选用新能源汽车、节能环保汽车和物流设施；加强物流信息互联互通，优化运输组织，减少资源闲置和浪费；扶持发展集装单元技术，积极推广甩挂运输和多式联运；加强绿色物流检查与评价，运用多重政策杠杆，调动企业节能环保的积极性。开展物流回收、废弃物与返退货的收集运输及循环利用，加快构建循环物流系统。

大力发展农产品物流业。加大政策扶持力度，建立畅通高效、安全便利的农产品物流体系。积极推广"农超对接"、"农企对接"、"农校对接"，产销直接对接、直接配送，减少多重流通环节，化解丰产不丰收、农产品销售难、价格上涨过快等问题。发展农业专业化合作自治组织，支持农产品主产区建设大型集散中心或交易市场。发挥邮政与供销社等组织机构在农村的网络优势，开展农产品进城配送与农资下乡配送服务。通过减免税负的方式鼓励大型企业进入农产品流通领域，提升这一领域的专业化水准与规模效益。加强农产品批发市场与农贸市场的规划与发展，推动农产品包装与标识标准化，建立严格的农产品质量安全管理制度。清理农贸市场、农产品市场的不合理收费，减轻这些市场的费税负担。完善鲜活农产品的绿色通道政策，落实鲜活农产品配送车辆 24 小时进城通行与便利停靠政策。

（七）做好物流产业发展的基础性工作，加强行业自律，推动持续健康发展

加强行业诚信体系建设，促进信用资源整合和共享。加强物流市场监管，维护公平竞争的市场环境。充分发挥行业协会的作用，进一步搞好行

业自律。此外，还需做好行业基础性工作。完善物流人才培养的多层次教育培训体系，提高人才培养质量。加强理论研究和技术创新，推进产学研结合。继续完善行业统计制度，加强统计调查工作。推进行业标准化工作，建立完善物流标准体系，加紧贯彻实施。从保护产业公平竞争和国家经济安全出发，研究制定物流产业安全的相关规则。

三、信息技术产业的具体发展对策

当前，国务院公布了《战略性新兴产业发展"十二五"规划》，信息技术产业已成为七大战略性新兴产业之一，应抓住历史契机，推动信息技术产业这一重要的现代服务产业实现跨越性的发展，否则在新一轮全球性信息技术革命中我们将"落后和挨打"。

信息技术产业的扶持、培育自然离不开政府，但这并不意味着政府事无巨细都要包办。首先要弄清楚政府在信息技术产业发展中定位问题。信息技术产业特点是市场发挥主导作用。信息技术产业发展应该以市场为驱动，因为创新、拓展服务、广泛参与、降低价格等只有在市场主导的环境下才能实现。在一种受管制的行业中无法实现，即使是在某些需要共同行为的领域，政府也应该尽可能地鼓励产业界自我管理（这是一种自下而上的管理方式）。那么政府在其中应起到什么作用？简而言之，凡是市场不能做的事情由政府来做，即政府参与的领域是市场失灵领域（含市场失效、无能、无力领域）。政府主要从事以下几方面的工作：

（一）创设可以预测的、受影响最小、持续统一的法制环境，以达到确保有序竞争、维护合同履行、保护知识产权、确保商务安全等目的

信息技术产业牵涉国民经济的各个层面，譬如国民经济信息化重要组成部分电子商务具有全局性、综合性、整体性和复杂性的特点，在立法方面必须发挥政府宏观规划与指导作用。通过宏观规划、组织协调，制定有利于信息技术产业发展的政策法规。为此，需要信息产业部担当这一重任，以加强行业之间、地区之间的协调，保证信息技术产业有关政策、法规和标准的一致性、连续性。信息技术产业发展需要一个健全的法律法规体系。健全法律法规体系，一方面要完善原有的法律体系并进行调整，另一方面，为适应发展需要建立新的法律法规，这些法律法规涉及关税、税收、支付、版权、专利、个人隐私、网络加密、消费者权益等方面。

（二）加快信息技术市场开放，推动"三网融合"进程

鼓励和支持有线电视网从事网络业务和各类网络服务；鼓励国内电信企业和其他领域的企业进入信息技术市场进行资产重组；鼓励国内电信企业与国外国际电信企业进行多种形式的战略结盟；开放信息技术服务市场，逐步取消对国内外投资者从事增值服务业、移动和固定电话服务业以及网络服务业的市场准入限制和地理限制；规范和鼓励国内与国际投资者的全面竞争，防止恶性竞争。

"三网融合"是当前推动信息技术市场开放的重大工程。"三网融合"概指广播电视网、电信网、互联网三网之间互联互通，资源共享。信息产业部对此进行统筹管理，制定统一规划与技术标准，打破部门垄断与行业分割，避免大量低水平重复建议，推进融合进程。制定产业扶持政策，支持三网融合的共性技术、关键技术和软硬件的研发与产业化。对于三网融合涉及的网络建设、产品开发与业务应用，给予融资与财税方面的扶持。充分利用三网融合的契机，推动手机电视、移动多媒体广播电视、数字电视等业务的应用，加快信息技术产业、文化产业、创意产业的发展。依托新一代移动通信、下一代互联网、数字广播电视网、卫星导航通信系统等信息基础设施，大力发展数字媒体、数字出版、数字互动娱乐、移动支付、社交网络服务等基于网络的信息服务。加快培育下一代互联网、移动互联网、物联网等环境下的新兴服务业态，推进云计算等业务创新与服务模式创新。

（三）多层次、多渠道、多方式推进国际信息技术合作与交流，不但要引导外资投向信息技术产业，还要支持有条件的企业开展境外投资

信息技术产业的发展思路，不仅要"引进来"，而且要"走出去"。"引进来"是鼓励国外企业来华投资，引导其将研发中心向中国转移，在合作中把握主导权，以逐步掌握核心技术为目的吸引外资；鼓励跨国信息技术企业在我国设立离岸服务中心、研发中心、经营总部。巩固软件开发离岸外包，支持软件和信息技术服务出口。"走出去"则是鼓励骨干企业在境外设立公司、组建营销网络和研发中心、开展跨国并购，在信息技术产业领域打造自主品牌，扩大市场。

（四）建立有利于技术创新、技术转化与技术转移的融资机制

1. 增加信息技术研究开发经费

我国 R&D 经费占 GDP 比重一直很小，与世界主要工业化国家存在较大差距。长此以往，将会拉大与发达国家之间的差距。为此要增加信息技术研究开发方面经费，逐渐增加到 2% ~3% 的水平。我国不仅经费投入数量不足，经费的投入结构也存在偏差，在基础研究与开发上投入明显不足，而这一领域研究的突破和创新直接影响到经济竞争力的水平。为此要增加投资周期较长、风险较大且极为重要的基础领域的研究开发工作。政府经费研究开发出来的成果可直接出售给企业，以此加快技术转化。还可赋予成果的主要研发人员专利成果的控制权，这些人员可凭专利的控制权入股企业，此举也可加快技术转化。除直接增加研究经费投入外，政府还可扶持创立大学研究院或科技园之类的技术转化与转移基地（此类研究基地建设要做好规划，不可搞重复建设）。科技园和大学研究院是独立的经营实体，其资金除依靠政府投入外还可通过发行债券方式募集，鼓励研究院人才与企业之间进行交流，以此促动研究开发工作。还须提及一点，技术的获取除自我研发外还可以通过引进的方式。为此要大幅度降低引进信息技术的成本，尽快实现信息技术产品、设备进口的零关税，取消对该类产品的非关税贸易壁垒，使得所有消费者和使用者能以最低成本获得附加值较高的信息产品及服务，同时鼓励信息技术产品与服务出口。

2. 增加对中小型企业（包括非国有企业）融资援助

信息技术产业以创新性的中小企业为主体，而这些企业的成长发展急需资金。为此要提供融资援助。可采取以下举措：设立信息技术产业中小企业扶持发展专项资金，建立稳定的财政投入机制，制定完善促进中小企业发展的税收支持政策；金融机构增加对其贷款额度；政府为其发行债券提供担保；发展"创业板"与"新三板"市场，提供融资便利等。

3. 培育风险投资机制，并加快资本市场的建设

信息技术产业是投入大且风险高的产业，单靠政府直接资金援助远不能促动产业发展，由此产生与信息技术产业特性适应的风险投资机制。在风险投资基金创立上，政府可发挥"催化剂"作用。政府应把本身投入看作是第一推动力，它的目的在于组织、吸引社会资本投入，而不在于增值或与民争利。大力发展创业投资和股权投资基金。对于风险基金的投资者可采取税收刺激举措，譬如投资者可有 20% 的投资免交所得税。风险投资

基金的运作完全交给风险投资家，政府不必干预。与风险投资机制密切关联的，还有资本市场培育问题。支持信息技术企业进入境内外资本市场融资，努力为企业境内外重组并购创造更加宽松的金融、外汇政策环境。探索开展信息技术企业合同质押、股权质押、知识产权质押、信用保险等试点。此外，还要加快创业板与"新三板"等全国性场外交易市场的规范发展。创业板市场与"新三板"等全国性场外交易市场需制定相对宽松的标准，为更多高科技服务企业上市提供便利，但在其上市后需加强监管，实行明确的强制性分红制度与退市制度，有进有出，优胜劣汰，促进创业板与全国性场外交易市场健康发展。

4. 建立人力资本激发机制和人才培育机制

人才对于信息技术产业的发展来说至关重要。首先建立人力资本激发机制。要激发受政府资助的科研机构科研人员的创新和创业精神，关键是要创造出"收益与风险相匹配"的政策环境。为此，要建立起技术入股制度、科技人员持股经营制度、技术开发奖励制度等，形成与国际惯例接轨的、符合信息技术产业特点的、以保护知识产权为核心的分配制度和经营制度，使技术成果真正成为生产力要素，并在参与企业经营和分配中获得它的应有价值。还要建立人才培育机制。增加对教育、科研的投入，为人才培育建立基本条件。并为回国创业的人员提供优厚待遇，这些在国外工作过、富有实战经验的人才是发展信息技术产业的宝贵财富。应为这些归国人员提供创业、工作、生活方面有利条件。

5. 组织和规范中介服务

为使信息技术产业的发展（特别是在初始阶段）能够得到较好的服务，政府应加强中介市场的组织和规范：一是强化市场准入和市场清除制度，在某些行业要推行"无限责任"的概念和企业组织制度；二是及时发现产业发展的需求，并及时填补中介服务的空白；三是严格划清政府中介机构与经营性中介机构的界限，经营性机构就不能以任何形式依附政府，这是使中介组织健康发展的基础和前提。

四、金融业的具体发展对策

（一）银行业的具体发展对策

入世后，中资银行尤其是国有银行面临较大挑战与压力。加入 WTO

后，国有银行失去垄断地位，外资被批准经营人民币业务后，外资银行凭借完备的商业服务功能（混业经营且服务质量较高）与中资银行展开激烈的客户争夺战，优质客户更换门户对国有银行造成较严重冲击；外资银行经营外汇业务，凭借其完善的服务功能和高利率极有可能吸引大量外汇存款，动摇外汇存底，增大金融风险；外资银行凭借其规范操作、先进管理以及与跨国公司的长期合作关系，与中资银行在中间结算业务展开激烈争夺。此外，外资还向批发和零售业务进军。凭借其丰富的市场运作经验，继而拓展中间服务领域，所有这些都给中资银行带来巨大压力，外资提供的优厚待遇将从中资银行挖走大量优秀人才。因此，亟须多途径提高中国银行业的竞争力。

提升银行业竞争力的政策举措如下：

1. 对外开放市场应避免"超国民待遇"与"低国民待遇"同时并存的状况，创造公平合理的竞争环境

《服务贸易总协定》国民待遇条款要成员国承诺开放的服务部门中应给予其他成员国的服务和服务提供者以不低于其给予本国相同的服务和服务提供者的待遇。长期以来，我国在设计国民待遇具体政策时所体现出来的基本思想和出发点上存在较大错位，这集中表现在我国政府一方面对外资银行实施业务范围和地域范围两方面限制，另一方面却对外资银行在监管、税收及社会责任等方面给予"超国民待遇"，即我国一直以来给予外资银行的待遇比国内同类金融机构所享有的待遇优厚得多。我国对于外资银行的国民待遇实际上畸形的、权利和义务不对称的国民待遇，其后果是阻碍公平竞争环境的建立。入世后，我国按照世贸组织有关国民待遇总体框架要求改进我国在实行国民待遇上某些具体做法和政策。一方面要提高目前对外资金融机构实行的某些"低国民待遇"，逐步开放市场，真正实现我国投资环境整体上的提升。另一方面取消或逐步降低对外资银行实行的诸多"超国民待遇"，在服务贸易对外开放中，切忌走老路，一味给外国投资者税收优措施。此外，真正给国内银行松绑，剥离政策性业务，去除历史性包袱，按国际惯例和市场准则来管理国内银行，使国内银行和外资银行在跑线上。

2. 对内也需开放市场，积极发展股份制中小银行，建立多层次、产业组织结构合理的商业银行服务体系

对内开放也很重要。譬如目前阻碍中小民营企业投资的重要因素就是缺乏为中小民营企业提供资金的融资体系。国有大商业银行从运作成本的角度考虑不适宜为中小企业提供资金，这一融资体系可由民间资本或其他非国有资本投资设立，为创新力强、经营机制灵活的中小企业提供融资便利。除发展壮大国有商业银行外，还需大力发展全国股份制商业银行、区域性股份制商业银行、城市银行、农村信用联社等大小规模俱全、产业组织结构合理的商业银行服务体系，为不同类型的企业、融资者提供针对性强的多层次服务。

开放市场的同时，金融主管部门应加强对银行的风险控制，提高资产质量。通过债转股、债务重组等方式转换银行不良资产，改善资产负债结构，提高商业银行的信用地位，从而化解金融风险。

3. 发展混业经营，改善金融服务，优化银行的资产负债结构

金融业竞争加剧和市场金融性需求日益多样化，国际金融业相互渗透发展已成为主流趋势。顺应潮流，改分业经营为业经营。在发展混业经营过程中，一方面应逐步构建混业经营与分类监管相结合的新型金融管理体制；另一方面应推动银行之间并购重组，在巩固发展国内业务的同时，增强其跨国经营能力，扩大服务领域，从而实现金融机构间交叉销售。

4. 正视国际金融一体化的巨大挑战，充分利用入世给我们带来的机遇，按照现代企业制度的基本框架改进和完善管理体制，调整经营管理理念和银行发展战略

（1）以发达国家银行业为参照系，完善我国银行业。促进国内银行加快改革、加强管理。（2）入世也为国内银行业拓展海外业务、增设海外分支机构提供了机遇，国内经营较好的银行应在国际金融市场上努力争取更广阔的发展空间，在国际竞争中促进业务发展、人才成长和技术进步。（3）推动金融运行和金融监管向国际标准靠拢，全面加强风险管理完善内控制度，改进信息披制度，推进监管规范化和全程化。

5. 加速推进银行电子化、网络化，缩小同国际大银行的技术差距和经营水平差距

金融电子化发展已成为潮流和趋势，我国在这方面才刚刚起步。加大银行的技术投入，加快发展网上银行。与此同时，必须提高金融安全意识，把严密的技术设计和周全的预控措施纳入金融电子化工程中，以保证网络银行正常运行。还须采取得力举措培育、维护网络信用。

6. 提高人力资源管理水平，占据人才竞争优势；加强经营管理技术和金融产品创新，促进业务发展

人才是竞争的关键，要系统、科学加以管理，建立良好的激励、福利、教育培训机制，并加强企业文化建设以增强凝聚力、归属感，从而吸引人才、稳定人才。吸取外国银行管理技术、金融产品创新方面的经验结合本国实际研发出新型金融工具，并不断改善经营管理技术，促进业务发展。还须提及的是，中国金融业和国外金融业之间，除了有竞争关系外还要有合作关系，我们有广泛的国内网络、熟悉国情、人民币业务根基扎实，具有较强的优势与外资金融联合开发业务，合作前景广阔。

（二）保险业的具体发展对策

中国保险业存在的主要问题如下：（1）偿付能力是中国保险业存在的主要问题。偿付能力是保险公财务状况良好的最低标准，是保险业经营的核心指标，也是各国对保险业监管的重点。中国保险业整体偿付能力不足。业务激增、利润率低、资本注入不足是造成偿付率危机的主要原因。（2）中国保险利润率低，短期内不可能靠自身利润积累来满足资本需求、解决偿付能力不足问题。中国寿险市场产品多为固定利率的传统型产品，缺乏抵御利率变动风险能力。寿险产品出现巨额利差损失，导致偿付能力恶化。此外，监管部门对保险公司的投资渠道限制得非常严格，保险资金运用仅仅限于银行存款、买卖政府债和金融债券等，严格的限制使得保险资金缺乏出路，难以与负债规模、期限和性质相匹配，加大保险经营的风险。（3）资本注入不足是导致中国保险业偿付能力不足的又一重要原因。目前，中国股份制保险公司的主要股东是国有企业，而国有企业的本身的资产负债率较高，其本身缺乏可投入的资本，难以满足中国保险业的资本需求。

在金融创新的大背景下，国际保险呈现出业务多元化、组织集团化、资本国际化等趋势。中国保险业应顺应国际金融市场发展潮流，努力吸收国外先进的保险技术和管理经验，在组织模式、投资管理、筹集资金等方面尽快与国际水准接轨。

1. 金融服务多元化，组织结构集团化

20世纪末、21世纪初以来，国际金融保险业的并购活动一浪高过一浪，大型兼并所涉及的金额和规模也不断创下历史纪录。多元化金融集团的优势主要体现在：易于满足客户多方面的金融服务需求；充分发挥规模效益，实现规模竞争优势；有利于集中统一管理资金，取得投资的规模效益；有利于增强企业抗风险能力。入世后，国内金融保险市场开放程度大大提高，中国保险业唯有以保险为核心向综合性金融服务集团发展，才有

能力与发达的外资保险公司竞争。国家需要通过培养若干能够按照国际规范运作的金融保险业"航空母舰",来守卫国家金融领域的安全。

2. 保险企业采取多元化投资组合,实现专业化投资管理

由于保险市场竞争日趋激烈,全球承保能力过剩,保险企业的承保利润已经非常有限,承包亏损普遍存在,使得保险投资成为保险企业经营的生命线。拓宽保险投资渠道必将是中国保险体制改革的一个重要方面。结合中国目前的经济发展现状和投资管理能力,国家考虑从以下几方面拓宽保险资金运用渠道:通过组建保险基金的形式进入股市;允许保险公司参与一级市场认购新股;国家为保险公司发行 20～30 年的长期国债;允许保险公司适度直接参与证券二级市场交易;鼓励保险资金投向长期稳定回报的国家重点建设项目和基础设施建设项目。一方面支持国家长期项目的建设、促进资本市场的长期稳定发展,另一方面也可使保险业企业的资产流动性、收益性和安全性,符合国际保险业投资的惯例和经营特点。

3. 深化保险制度改革,尤其是产权制度改革,拓宽融资渠道,加快保险公司上市步伐

深化产权制度改革,积极稳妥进行股份化改造和增资扩股工作,吸引多元化投资主体,采取定向募集企业法人入股方式充实资本,符合条件的可以申请上市。上市筹资是中国保险公司充实资本、改善经营机制的重要途径。中国保险公司通过上市筹集资金,转化为规范的股份有限公司,不仅可能解决资本不足问题,而且有助于公司内部治理结构的健全和完善,使保险公司真正成为适应市场经济要求的竞争主体。考虑保险企业在境内上市会给境内资本市场带来一定压力,符合条件的可以在境外上市。如果中国保险企业在境外上市采用评估价值(appraisal value)的估值方式,应该会有较大的溢价空间。

五、旅游业的具体发展对策

旅游业目前存在的问题是:(1)市场机制运作障碍。我国旅游业按市场方式运作的时间并不很长,至今仍有一些旅游景点的投资完全来源于政府财政拨款。这主要是旅游业长期以来被作为政府"事业"来办的惯性所致。一些自然风光资源被圈为"政府资源",用来建造官方招待所、疗养院,为政府会议、接待服务。市场机制在合理配置旅游资源方面的基础作用难于发挥。(2)政府有时走到前台作为旅游业的投资主体。往往做出违背市场规律的事情，结果事与愿违、得不偿失。（3）旅游企业组织分散，不能达到旅游服务业的起点规模。（4）在旅游供给的数量扩张中，存在着粗放经营的问题。

扶持、培育旅游业的政策举措如下：

（一）将旅游业作为一项产业来投资运作

这是发展旅游业，实现良性循环的关键点之一。一些所谓"事业"性质的旅游服务组织应尽快与政府脱钩，实行由非市场经营到市场经营的转换，走企业化经营道路，取消政府资助，完全通过市场实行服务分配。这也是充分发挥市场机制合理配置旅游资源基础作用的前提条件。

（二）清除旅游业准入阻隔，旅游市场全面向社会开放，培育竞争性的旅游市场结构

政府不应走到前台作为旅游业的投资主体。即使是贫困地区，政府也应避免以"改变落后面貌"为由干预旅游投资运作。具体业务如景点和旅游线路的开发都应以市场主体去投资经营。政府所做的事情是为有序竞争的旅游市场形成创造良好环境，制定相应法规维护公平合理的竞争氛围，譬如清除旅游业准入阻隔、维护公平竞争、制止恶性竞争、杜绝价格暴力等。

（三）实施全民旅游推动计划，培育旅游城市体系，促动旅游产业发展

继续实行并完善现行的假日制度，积极推行带薪休假制度，并补充实施细则，推动全民休闲旅游，使之渐成为民众必不可少的生活方式，促动旅游产业发展。此外，还需培育以城市群为主体、中心城市为节点、小城镇为基础的旅游城市体系，充分发掘旅游资源、积极培育旅游要素市场，孕育并挖掘潜在旅游需求，为旅游产业发展提供重大契机。

（四）改造旅游服务企业组织体系

旅游服务业是典型的规模成本递减行业。起点规模对于旅游业来说非常重要。而起点规模能否达到，与市场开发和旅游企业组织相联系。旅游服务在行业和地域空间上要实现有效协调。为了有效地实现旅游业各部门的协调服务，应改造旅游服务企业组织体系。要打破目前以城市为旅游服务企业组织边界的做法。清除地区和部门阻隔，旅游服务企业客源地与资

源地之间应建立企业的组织延伸部分。旅游组织的跨地区跨部门发展是必然的经济趋势。

（五）积极发展旅游中介服务业，加速旅游业发展

应鼓励、支持旅游中介服务发展。旅游中介服务在国外可以其专业和规模经济优势，使服务成本低于交通和宾馆行业的标价。中介服务的优势转化为品牌信誉，旅行社的服务是游客之首选。应大力培育中介服务的龙头企业，努力塑造其品牌，积极将其推向更广泛经济区域、全国乃至海外的受众，有效带动旅游业迅速发展。

六、体育休闲产业的具体发展对策

体育休闲产业正随着社会物质财富丰富和人们闲暇时间增多越来越受到民众的喜爱，尤其是在一些发达国家，体育休闲已成为一种时尚，甚至是一种生活习惯。体育休闲产业由此得到蓬勃发展，在一些发达国家甚至占据主体地位。目前，世界体育休闲产业每年产值超过4000亿美元，并以年20%的速度递增。体育休闲产业最发达的美国，1988年体育产业的产值为630亿美元，超过石油化学工业（533亿美元）、汽车工业（531亿美元）等重要工业部门的产值。1997年，美国体育总营业额超过3100亿美元，居全美经济各大产业的12位。国际足联一项研究表明，世界与足球有关的营业额每年高达2500亿美元，意大利以"足球工业"为主体的体育休闲产业，20世纪80年代已跻身于意大利国民经济十大支柱产业。瑞士并非体育强国，但它的体育休闲产业也已成为该国的13位支柱产业。20世纪90年代初，英国体育休闲产业产值达70亿英镑，也超过本国的汽车工业和烟草业产值（卿前龙，2007）。由此可见，体育休闲产业具有很大的发展潜力。我国应着力培育这一新兴产业，挖掘其增长潜能，使之发展成为现代服务业的引擎之一。这一策略与我国"十二五"与21世纪初期转变经济增长方式、现代服务业与先进制造业双轮驱动、提升国民主活水准与身心素质、建设小康社会的战略构想相契合，意义深远。培育发展体育休闲产业的策略举措如下。

（一）政府积极培育体育休闲这一新兴产业，改革体制，创设良好制度环境，采取积极举措予以引导与扶持

第一，改革体育管理模式，管理体制、运行机制、运行手段等方面与

市场接轨，为体育休闲产业发展创造良好的体制环境。

　　长期以来，我国体育实行的是"举国办体育"、国家办、国家养的事业型管理体制。政府管得太多、太细，即使有行业协会如足球协会，实质也是政府机构的化身，经常染指体育行业的具体运营。社会缺乏办体育的自主权，行政约束机制太多，市场机制未形成，阻碍了体育企业的正常市场运营，体育产业难以形成，体育休闲产业的规划、市场投资、运营远不能满足于市场经济发展的需要。体育休闲领域的企业的生产成本高、效益低，缺乏活力。要打破我国传统的体育管理模式，从管理体制、运行机制、运营手段等方面与市场接轨，运用市场机制对现有资源进行优化、整合，实现体育资源的合理配置，加强体育资源的开发，采取推介、宣传手段加强体育休闲项目的营销，扩大体育休闲产品供给，提升产品质量。

　　第二，在全国推行带薪休假制度，为体育休闲产业发展创设良好外部条件。

　　借鉴国外经验，引入带薪休假制度，完善其实施细节，为体育休闲产业发展创设良好的外部条件。

　　第三，建立体育休闲产业发展专项营运基金，扶持这一新兴产业发展。

　　2000～2001 年间，澳大利亚政府机构的 73 亿元收入来自于休闲体育产业，这部分收入中的 63% 被用作体育休闲产业的营运基金，扶持该产业的企业成长，维系产业持续增长（胡笑寒，2008）。借鉴这一经验，我国政府也应建立专项运营基金，用于扶持企业成长、大型体育赛事举办以及有影响力的体育联赛项目的宣传与推广等。

　　第四，地方政府借助大型体事赛事推动当地体育休闲产业发展。

　　譬如，环青海湖国际公路自行车赛的成功举办，为青海省发展体育休闲产业提供了重大契机。环湖赛虽然是一项专业赛事，它起到了良好的示范作用，带动了当地体育休闲项目的发展，比如登山、攀岩等。为此，青海建立环青海湖民族体育圈，成为全国 20 个全民健身著名景观之一。由此可见，每次全民体育休闲热潮的形成，都与国际性、国内的大型体育赛事举办推动密切相关。因此，地方政府应借助适合本地区的大型体事赛事的举办来推动当地体育休闲产业发展。

（二）将体育休闲产业作为新增长点挖掘，通过品牌营销、连锁经营、俱乐部制、联赛制等方式培育产业龙头企业发展

　　前文指出，体育休闲产业是一个潜力很大的新增长点。必须跳出传统体育思维的局囿，站在新高度来看待体育产业，树立大体育、大产业、大市场的观念，出大思路、写大手笔。作为这种认识的落脚点，当前制定一个科学详细的体育休闲产业发展规划，并将计划纳入国民经济和社会发展计划，统筹考虑、统一部署。

借助体育营销打造企业品牌。体育营销是企业打造自身品牌的重要手段之一，不是简单的体育赞助行为。要充分借助体育领域中的核心资源（比如奥林匹克教育活动、奥运会中国体育代表团、中国奥委会共同倡导的环保理念）来打动消费者，以提升品牌形象。要在体育行业推行从业机构资质认证，提升企业影响力。随着休闲体育市场的逐步成熟，行业间的竞争日渐激烈，占优势的龙头企业将脱颖而出，兼并许多小企业，形成连锁经营，迅速壮大自身实力。休闲体育产业的规模化趋势日益明显，兼并、重组已经成为潮流，这种规模化促进了与其他产业的加速交融，体育休闲产业链，逐步将餐饮、购物、美容美发、旅游等行业融入之中，产业链呈现多元化发展的趋势。

借鉴发达国家经验，将主要体育项目如三大球项目中，推行俱乐部制与联赛制。培育龙头俱乐部企业发展，转变现有行业协会性质，剥离政府属性，使其成为真正意义的行业协会，放手俱乐部企业的经营运作，促进本行业持续健康发展。学习如 NBA 等联赛制成功经验，探讨有中国特色的联赛制，深入挖掘观赏性竞技体育市场，将体育休闲产业做大做强。

（三）企业应推出满足多层次需要的体育休闲项目产品，提升产品质量，结合地域特色创新体育项目，挖掘潜在需求

面对消费者多样化需求，体育休闲经营企业应及时进行产品结构调整和升级，首先应该对已有的产品进行调整，针对不同的年龄、性别、职业、文化程度、社会地位的需求者，开发不同的休闲体育休闲项目，以适应不同层次人群的需求。其次，需要开发和引进新兴健身娱乐项目与观赏性竞技优育项目，增加体育休闲产品的种类，打造体育休闲项目的优质品牌。再次，需要加大力度开发具有地方特色的体育休闲产品。我国现已涌现不少地域特色的体育休闲项目，如云南的泼水节、广东的赛龙舟、潍坊的风筝节、泰山的登山节、东北的滑冰和滑雪、海南的沙滩排球、内蒙古的草原游等。可以利用不同地域的自然资源优势，设计体育休闲项目。这既丰富了休闲体育休闲项目种类，还可以带动周边地区的旅游发展。另外，我国是多民族国家，民族文化资源极其丰富，许多民族都有自己独具

特色的体育休闲项目，这些项目蕴含着民族自身特有的文化内涵。把这些具有较高的文化、健身、娱乐价值又符合实际情况的项目经过筛选改造、提炼开发，转化为新的更具普及性项目产品，通过体育企业运营、推广予以普及化，既可以弘扬民族文化，又可以拉动休闲体育的发展。最后，需积极开发新颖的户外体育运动项目。人们长期生活在高楼林立、钢筋水泥铸成的世界使人感到压抑、紧张，人们渴望回归自然，挑战极限。户外运动极大地满足了人们的这一需求，人们可以在欣赏大自然同时，体验休闲体育运动的乐趣。新颖的户外体育运动项目如登山、攀岩、定向越野、野外旅行、潜水、冲浪、滑翔、跳伞等运动，会吸引越来越多的消费受众。

还需提及的是，体育休闲企业在不断开发适应社会各阶层消费者需求的新产品的同时，必须提供优质的服务：既要在服务方式上采取多种手段，不断创新，力求做到新颖不雷同；又要优化消费环境，营造舒适的氛围，满足不同层次消费者需要，还可向消费者传播一些运动技能方面的知识，使他们更有效地进行运动休闲，强身健体的同时得到更多的享受。

（四）培育体育休闲产业的专业人才，满足产业长远发展需要

当前体育休闲产业属新兴产业，人才奇缺，较大程度阻碍产业的发展。所以要加快体育休闲产业专业人才的培养。高校应设立体育休闲产业专业，以此为依托，培养一大批体育休闲产业的专业人才。体育产业企业要积极与高校结盟，培育自身急需的专业对路人才。此外，龙头企业可以率先建立学校，引进专业外教，加速培养与国际接轨的一流专业人才。总之，需要努力培养和造就一支既懂体育专业又懂经营管理的人才队伍，通过引进、培训、交流与合作，学习借鉴国外体育企业先进管理经验和方法，培养高素质的复合型人才，满足产业长远发展需要。

七、教育医疗部门的具体发展对策

教育、医疗服务产品属于准公共品，其性质介于竞争品和公共品之间，宜采取半市场经营方式。出于促进社会平等、确保整体居民素质和福利水平提高等目的考虑，这部分服务产品不可能完全采取市场化经营方式。但如果完全采取非市场方式经营，又因国家财力所限而导致供给乏力。因此，宜采取半市场经营方式。可以将准公共品分为营利、非营利两种（前提是必须确保服务质量）。营利性服务产品可由任何具备实力的私

人、组织生产经营，其价格完全放开，让服务价格充分反映服务供求关系和服务劳动消耗，服务人员将按其提供产品品质和数量获取相应的报酬。这将能极大地刺激短缺性的服务产品供给，缓解这类产品供不应求的状况。政府所需做的事情是加强监管，对从业者资质的严格审查及对其服务质量的督查。出于顾及社会效益目的考虑，还需保留一部分不能完全采取市场化方式经营而只能采取非盈利方式经营的单位，对于这类单位国家财力则须给予足够支持，加大对此类单位的投入，刺激其发展。譬如对老少边穷地区教育经费的拨付与基础公共医疗。对于这类人员的工资，有关机构应根据经济增长率、CPI 增长率适时对此类生产者的工资进行调整，使其不低于服务业均衡分配水平。对于营利性服务的收入分配水平则需通过经济杠杆（信贷、税收等）予以调节，以缓解收入分配不均衡及由此导致的发展不均衡的状况。营利和非营利服务供给可满足不同层次需求。

（一）教育部门的具体发展对策

目前，教育服务产品总体上存在供不应求以及不能满足多层次需求的问题，这说明教育业发展不能满足经济社会需要。因此，对教育产业要实施扶持、发展政策，主要内容涉及以下几方面。

前文所言，教育服务产品是准公共品，其性质介于竞争品和公共品之间。部分教育领域可采取市场化改革方向，即指部分教育领域可采取社会力量办学，在确保教学质量的前提下吸收多元投资主体进入这些领域，争取社会效益和经济效益双赢。这有利于减轻财政压力，缓解部分市场化倾向的教育服务（职业技术人才的教育培养）供不应求的局面，满足不同层次的教育需求。但总体而言，大多数教育领域不宜采取市场化经营，教育服务公共品的性质更突出。对于不适宜采取市场化经营的教育领域，则需加大财政性教育经费投入。为确保教育经费投入到位，需实施以下策略。

第一，以教育法为依据，建立各级财政支出中教育经费逐步提高的保障机制。

以《教育法》为基本依据，积极建立并完善有关教育投入的相关法规、法律，是贯彻实施各级财政支出中教育经费所占比例随经济发展逐步提高的法律保障，是使现有《教育法》有关条款由软条款变为硬条件，便于实际操作的关键。在《教育法》的贯彻实施中，政府和立法机关必须依据母法精神早日制定保证母法实施的子法体系，其中，《教育投入法》或称《教育经费法》首当其冲。否则，各级政府有关教育投入的责任人和行为人，就可能以自己的理解，主观臆断，甚至以糊涂的认识和错误的决策来代替法律的真实精神，上级机关和人民群众无法监督。另外，还应明确各级政府、各有关部门的法律责任，从而建立起各级政府财政支出中教育经费所占比例随着国民经济发展逐步提高的保障机制。

第二，进一步统一并提高各级政府和主要领导对教育优先发展战略和科教兴国战略的认识。

教育优先发展战略和科教兴国战略既然是党中央、国务院所作出的战略决策，是关系到国家强盛的先决条件，而教育投入又是教育优先发展战略的基础和保证。那么，各级政府的主要领导就要把加大对教育投入作为本级政府的大事来抓，不仅亲自抓，而且要从改革干部评价标准和晋升考核机制入手，将教育发展的主要指标纳入地方党政主要领导的政绩考核内容，以此促动各级政府对教育投入的重视程度。

第三，实行财政预算内教育经费计划单列，切实保证教育经费投入依法到位。

改变《预算法》中将教育经费列入科、教、文、卫一大类的做法，实现财政预算内教育经费单列，这有利于形成科学合理、相互制约的财政性教育投入新机制，切实保障财政性教育投入的增长速度符合有关法规的要求，同时也有利于人大和有关部门的监督、检查。

第四，依照事权与财权相统一的原则，改革预算内教育经费管理体制。

财政预算内教育管理长期存在事权和财权相分离的状况，管事的教育部门无财权。依照事权与财权相统一的原则，改革预算内教育经费管理体制。年度教育经费预算应由教育行政部门根据教育实际情况及有关教育投入法规提出预算方案，财政部门审核，列入政府年度财政预算，经同级人大批准后，全额交缴教育行政部门使用管理，同级财政监督；二是解决好财政体制改革与教育体制改革的协调配套问题，政府明确拨付的教育经费不能因财政的暂时困难而拖欠。

第五，建立教育投入监督、评价机制。

每年年终，由考察组制定教育投入考察体系，经详细考核如实写出评价报告，除送上一级主管部门、监督部门外，在一定范围进行评比，以公开透明的方式接受广大群众监督。这是国外经常使用的比较有效的监督和评价机制，当前比较容易实行，它对于落实教育经费投入条款，促进教育事业发展，更好地实施科教兴国、教育优先发展战略，具有积极推动作用。

除资金外，人才也是教育产业发展的关键。目前，在人才问题上，教育产业存在人才流失和激励机制匮缺的问题。

第一，确保教师的收入待遇不低于社会平均水平。

部分教育服务产品市场化经营、教育经费投入确保随着国民经济发展水平提高而增加，都将提高教师收入待遇水平。还应确保教师的薪酬待遇不致因物价上涨而实际减少，应与公务员调薪保持一致。此外，还可允许学校、教师在不影响正常科研教学的情况下从事创收、兼职活动，以此增加教师的收入。在医疗、公租房、经济适用房等举措方面也要适当向教师倾斜。多管齐下，确保教师的收入待遇不低于社会平均水平。

第二，在教师当中实行优胜劣汰机制与人才自由流动机制。

教师应实行合同制和聘任制。每年制定相应的淘汰比例淘汰那些不思进取、误人子弟的教师；对于在教学、科研方面业绩不俗的教师给予奖励，并在职称晋升与住房待遇等方面予以优先考虑。此外，还应鼓励学校应用性较强的专业定期向社会公开招贤纳士，将那些愿意投身教育事业、富有丰富实践经验且又具备真才实学的人才招入学校，充实教师队伍，此举有利于实务型人才培养。有进也有出。不反对一些实用性专业教师停薪留职、离校创业，如其具备实力，在规定的期限内仍可回校从教。

（二）医疗卫生部门的具体发展对策

依据医疗产品公共性与竞争性兼容的性质，医疗卫生机构可分成三个层次：公共性机构、准公共性机构与竞争性（市场性）机构。

公共卫生医疗机构提供基本医疗卫生服务，包括老少边穷地区的基础医疗、传染病疾病的预防控制等，属于公共品性质，理应获政府全力支持。一方面，政府应扩大对这部分医疗卫生机构的财政投资；另一方面，借鉴海外经验，引导社会组织，如非政府性组织（NGO）、宗教组织、慈善协会加大对这部分公共服务的投入，这些组织的投资潜力很大。政府应对上述从事公益事业的社会组织给予税收政策的优惠，扶持发展这些组织。

准公共性质医疗机构是指大部分的公立医院，这些公立医院既有部分科室（如传染病科等）不能放开、必须承担公共服务，亦有部分科室（如美容科、理疗保健科等）可以放开、采取市场化经营模式。两种性质的科室既可以板块式结合，亦可以渗透性结合，但两者的账务管理必须分开。前者主要依靠财政投入与基本医疗保险基金的拨付，医院保证科室医生的收入不低于平均水平；后者自负盈亏，市场竞争程度决定科室医生的收入水平。准公共性质的公共医院，还可吸引境外投资与民营资本投资，进入方式可采取"新增投资式"与"存量重组式"。新增投资式是指参与医院新项目的投资与运营管理；存量重组式是指参与医院的产权改革与经营模式变革。通过吸引外来资本投资，一方面可以缓解财政压力，另一方面可带来新经营管理理念与方式，促使公立医院焕发新活力。

市场性、营利性的医疗机构主要是指私立医院与私人诊所。这部分医疗机构能提供公立医院不能供给的高层次优质个性化服务，满足市场对医疗服务多层次需求。政府所需做的事情是加强监管，对医院及从业者资质的严格审查及对其服务质量的严格督查。

总之，三层次的医疗服务机构采取差别化的投资与运营方式，提供多元化的医疗卫生服务，满足多层次医疗服务需求。即为医疗卫生服务改革的基本策略。

第四节　中国传统商贸流通服务业变革策略

商贸流通服务业属传统服务业，现占 GDP 8% 左右，还未达到比重饱和点（见实证篇）。因此，传统流通服务业尚具一定的发展空间，主要的发展思路是通过变革、创新来寻求发展。

一、传统商贸流通服务业发展存在的突出问题

改革开放 30 多年来，以商贸为主体的流通服务业获得了长足发展：规模不断扩大，占 GDP8% 左右；外资、股份制、民营等多种市场经济主体与连锁超市、百货商店、便利店等多元化经营业态并存；外资零售企业进入我国市场，世界 50 家最大的零售企业，已有 70% 进入中国市场，沃尔玛、家乐福等已形成一定的规模，对外开放的规模与水平不断提高。

取得成就的同时，亦存在突出问题，主要问题如下：

（一）流通服务业产业组织结构小散乱，市场集中度差，缺乏重量级商业资本集团

我国的流通企业规模相对较小且分散，呈现小、散、乱、弱的状态，

导致了流通业的产业集中度低。流通企业之间关联度差，组织结构松散。流通网点分布亦不平衡。此外，在我国的农村地区，零售业太单一，以百货业为主。整体来看，批发业与零售业的比例结构亦不合理。

另一突出问题是，传统百货业资源过剩，新型业态发展虽快但规模过小，大型零售商业资本集团过少，国际化商业企业空缺。面对零售业商业资本过于拥挤、低水平过度竞争和外国商业资本的压力，中国流通企业片面追求外延粗放、数量扩张的增长势头已难以为继。而且，由于多头管理、条块分割、产权关系复杂等因素的掣肘，流通领域内耗加剧、合作困难，规模较大、实力较强、连锁型的重量级商业资本集团难以形成，而向外发展、应对外商则又缺少经验和底气，产生了所谓"内战内行、外战外行"的被动局面。

总之，中国迫切需要国内规模普遍过小的商贸流通企业，进行强强联合、资本重组，改变流通企业小散乱的状况，尽快提高流通企业的市场集中度。

（二）流通企业运营与盈利模式较为单一，压榨供应商，推涨商品价格

伴随流通服务业竞争加剧，传统购销差价的盈利空间越来越小，不少大型连锁超市向供应商收取名目繁多的费用如通道费、上架费、宣传费、节日加班费等获取额外盈利。有的超市还采取拖欠供应商货款的"类金融方式"无偿占用供应商资金。百货商店或购物中心普遍采用出租场所、联营扣点的模式，商家变为二房东，零售经营变成物业经营。此种运营与盈利模式一方面压榨供应商的利润、造成他们资金链紧张；另一方面，很可能造成将上述费用变相转嫁到商品价格上，成为物价上涨的推手。

总之，对于流通企业而言，依靠盘剥压榨供应商、做二房东的运营模式盈利，无疑是"竭泽而渔"，只能越来越深化工商企业之间矛盾，恐难长久。创新运营与盈利模式，采取科学方式增强自盈能力，获取长远发展，才是流通企业的正确抉择。如能做到此点，还能缓解流通领域诸多流通环节费用转嫁导致物价不断上涨的压力。

（三）流通服务业信息化程度与技术水平较低，影响其运营效率

信息化程度与技术水平对于提高企业绩效的作用不可小视，信息技术

水准提高是流通企业运营效率提高的基本保障。相对于发达国家，我国流通企业的信息装备水平较为落后，体现为：技术装备不足，信息技术与传输手段落后，相关技术人才亦缺乏。总体看，我国流通企业软件开发滞后，硬件远未普及问题较为突出。一些企业虽具备软硬件，却没有将技术运用到实际运营中，运营效率低下状况未得到有效改善。

反观发达国家流通企业，如美国沃尔玛，信息技术装备先进，运营效率极高。沃尔玛投入7亿元建立了卫星信息数据传输系统条形码，无线扫描枪、POS、EDI等，构建了信息数据交换的平台。4000千兆容量数据库的开发，全球5500多个信息技术工作站的建设，保证了沃尔玛能在1小时之内对全球近5000家零售店内每种商品的库存、上架、销售量全部盘点一遍（韩玉凤，2006）。综上所述，我国流通企业亟须提升其信息化程度与技术水平，在此基础上提升运营效率。

（四）流通服务业中高级人才缺乏，品牌竞争力较弱，尤其缺乏具有国际知名度的品牌

我国现代流通人才缺乏，尤其是中高级现代流通人才匮乏，已成为制约流通企业可持续方式品发展的瓶颈。我国流通企业中高层管理人员多数属于经验型人才，其比例在85%以上，经营理念与能力与国际知名企业的高层相比，差距较大。外企拥有一批具有先进理念、国际性的高级经营管理人才。此外，外企待遇优厚及良好的企业氛围，在人才竞争方面优势较中企明显。因此，面临强大人才压力的我国流通企业，亟须加强中高级人才的培养与引进。

在品牌建设方面，外企的无形资产占总资产的比例约为5%，尤其是沃尔玛和家乐福这两家零售巨头的商誉已经达到100亿美元（朱坤萍，2007）。我国流通行业虽然培养了一些区域性品牌，但全国性知名品牌很少，更谈不上具有国际知名度的品牌。目前，只有中国制造的商品输出，而没有中国商品资本输出，因此，无法产生具有国际品牌价值的中国流通企业。

二、21世纪初期传统商贸流通服务业变革对策

（一）做好流通服务业区域发展规划，促使流通网点均衡分布；推进"三跨式"重组，建设重量级商业资本集团

应切实做好流通产业的区域发展规划，从建立一体化城乡畅通物流体

系的角度进行合理区域规划与流通资源配置，逐步改变农村地区流通业态单一、规模小散的格局。建立城乡现代化物流网络基础设施，尤其加强农村流通服务基础设施建设，击破城乡阻隔，强化信息技术应用，支持大型流通企业建立城乡一体化的物流配送中心与信息网络系统，构建城乡一体化流通网络体系。

逐步消除地区封锁与所有制、行业部门准入壁垒，以资本为纽带，积极推进跨地区、跨所有制、跨部门的"三跨式"重组，资本重组、强强联合，加快培育重量级的商业资本集团。改变流通企业小散乱的局面，提高流通企业的市场集中度。还可以通过特许经营、连锁经营等方式进行规模化扩张，建立中大型流通企业集团，实施商业品牌战略，实现产销一体化和跨地区、跨部门的经营管理，做大做强流通企业，增强竞争实力，得以与大型流通外企抗衡。

（二）流通企业应积极展开营销、服务与盈利模式创新，以及原创性的新型业态创新，相关政府部门应采取各种政策手段大力扶持各类创新，以此谋取流通企业长远发展动力

首先，流通企业应积极开展营运模式创新，包括网络销售与常规销售的协同、卖场设计新思维、品类管理和品牌建设等。还应利用信息技术进行流程创新，如借助信息技术开展精确化采购、降低库存、科学促销、加快周转，以此控制成本、增加盈利。此外，近年来出现的流通企业与地产、金融协同规划筹建的共生方式亦值得借鉴推广。

其次，流通企业应积极开展服务模式创新。流通企业应认真研究跟踪顾客群购物消费的行为与消费心理，抓住每一个细节，在深入调研分析的基础上，有针对性地改进每一个细节，将服务做到位。强化服务培训，规范服务行为，提高服务技能。在此基础上，推行差异化策略。流通企业应注重满足顾客的个性化需求，通过定制营销为顾客提供独特的消费体验，而且应注重创造更多的消费者接触点，通过实体店、网站、保修和金融服务、忠诚俱乐部及其他活动，把消费者的一次性交易行为发展为广泛深入的客户关系，建立与巩固客户联盟。服务企业还可构建服务创新体系，从产品服务、便利性服务、支付服务、售后服务、信息服务等多方面探求服务创新途径。

再次，流通企业应展开盈利模式创新。前文指出，"类金融"方式占用供货商资金、"二房东"、供销差价等谋利方式一方面激化供销矛盾，另一方面也只能短期谋利、难以长久维持。可以通过开通供货商货款结算绿色通道、取消进场费上架费等诸多费用的方式，修缮供销关系。还可运用供应链降低成本，通过生鲜自有品牌商品开发、直采、贴牌等方式实现价值的可持续化增值，实现企业盈利。亦可进行价值网络模式创新。所谓价值网络模式创新就是流通企业以多种形式同来自不同行业的网络成员结盟，进而从网络联盟中获得利益的创新方式。异业联盟即是典型的价值网络创新模式，流通企业与电信、通讯、影院、餐饮、游乐、教育、保健等多个行业领域合作，构成网络联盟，从而收揽越来越多其他行业领域的顾客群，盈利空间亦大大拓展。

最后，流通企业还应积极开展原创性的新兴生态创新。需注重中国式的智慧，发现原创、培育原创，研究中国商业文化及其现代表现形式，结与推广流通企业中的原创性做法和经验。相比流通外企，中国本土流通企业更熟悉本地市场，更了解当地消费者的购物习惯与消费需求，应比跨国流通企业更有条件率先开发出适应当地消费者需要的、符合中国国情的新型流通业态。国外成熟业态模式未必都适合在中国发展，中国各地区、城乡之间的经济与文化差异较大，客观上需要适应特定地区消费者需求的多种业态。适应各地切实需求原创性业态是中国流通企业增强竞争力的利器，外企将望尘莫及。

对于上述流通企业各种创新，相关政府部门应积极采取各项举措予以大力支持。譬如，可建立流通企业创新专项资金，对于积极开展营运、服务、盈利、业态创新的流通企业给予高额奖励，还可采取发放贴息贷款、扩大融资抵押物范围等融资优惠及税收减免优惠，以此树立创新标杆企业，激发示范效应。此外，还需设立建立完备的流通企业自主创新法律支持体系，出台针对流通企业的专利认证及保护制度，加大流通企业的权益保护力度。

（三）相关政府部门应采取各种举措鼓励流通服务业技术创新，流通企业也应逐步引进供应链管理与信息技术，提高自身的运营效率

首先，相关政府部门确定流通产业技术发展目标，制定相应规划，公布重点发展的核心技术。其次，政府部门应通过设立技术创新专项基金、担保基金、风险基金等方式，给予流通企业技术创新相应的融资支持。再次，政府部门应通过设立技术服务机构、鼓励高校科研机构与企业技术合作等方式对企业创新提供技术支撑。可以通过财税、融资等举措扶持流通业 IT 厂商，引导他们为流通产业信息化提供解决方案，开发应用软件，进行系统集成，研制生产相应的硬件技术设备，推出符合流通产业切实需要、拥有自主知识产权流通产业信息化应用系统。

流通企业应借鉴与运用电子计算技术、网络 EDI 技术、供应链管理技术、电子商务技术、仓储自动化技术，如中心计算机存货控制和进货系统、销售时点系统（POS）、商店信息管理系统（MIS）、电子收款机、扫描管理、条形码、电子交换（EDI）、电子订货系统（EOS）等技术手段。有条件的企业还可建立独立的或与高校科研机构合作的技术研发部门，开发适应于流通运营的新程序和新技术。信息技术手段的运用可使流通产业由原先的劳动密集型行业转变为技术、劳动密集型行业，从而提升流通服务业的生产率，使之对经济增长做出更大贡献。此外，流通企业还应重视数据工程的建设，建立顾客数据库系统，通过数据挖掘等先进技术对客户、运营、竞争等多方面数据进行实时分析与预测，及时调整企业经营策略，建立与巩固客户联盟，以求在竞争中先占优势。

（四）加快流通服务业中高级人才的引进与培养，推动大型流通企业积极"走出去"，培育具有国际品牌价值的中国流通企业

相关政府部门应加快流通服务业中高级人才的引进与培养。首先，通过制定待遇优厚、吸引人才的有关政策，建立畅通的人才引进渠道，促成国内外精通现代流通管理、掌握现代流通技术的高素质、复合型人才大量流入。其次，多途径培养流通服务业所需人才，尤其是中高级人才。既可以在高等院校设立电子商务、物流配送、商业经营与管理、特许经营等专业，为流通现代化培养专业人才；亦可以设立流通现代化人才培养基金，为人才培养提供保障。尤值一提的是，还需调动各方力量，整合多方资源，加强流通服务业人才培养。鼓励和支持企业、行业协会和高校开展人才培养和在职培训工作，特别是要加快培养流通领域信息技术研发人才；鼓励流通企业与高校对接，与高校建立流通人才定向培养计划，建立高校流通相关专业学生的实习基地，着重培养学生实践技能。再次，在连锁经营、物流配送等领域进行执业资格认证，并纳入劳动部的从业人员执业资格系列。对流通行业职业经理人、各层次管理与技术人员的资格认证建立国家标准，提高流通人才资质认证质量。

　　亟须通过融资支持、信息提供等手段，推动中国大型流通企业积极"走出去"，促动由商品输出向商业资本输出转变，促动由输出商品向输出自主流通渠道转变，从而改变商品输出巨大而资本输出极小的反差局面。唯有如此，才能造就具有国际竞争力、具有国际品牌价值的中国流通企业。

第十章

21 世纪初期中国服务业结构优化的难点与破解策略

第一节　中国服务业结构优化的难点

21 世纪初期中国服务业结构优化的难点是体制与政策障碍。

一、体制障碍

（一）政府职能转换不到位——"四个不分"与越位缺位并存

当前，关于政府职能问题，主要存在"四个不分"——政产不分、政企不分、政资不分，管办不分，越位与缺位现象同时并存。如旅游、体育休闲等需要重点扶持的部门，政府长期以来都采取事业型管理体制。政府既是管理者，又是具体的参与者，管得太多太细，经常染指行业的具体运营。即存在"政产不分，管办不分"现象。而对于电讯、银行保险等国家战略性产业部门的重点企业，政府又长期"政企不分，政资不分"，虽有国资委，亦是政府行政管理机构，有时会染指企业经营管理的具体事宜，企业老总也由政府机构亲自任命，此状况下，战略性产业的重点企业行政化倾向较为明显，企业不可能做到完全独立地经营管理。这就是政府职能的越位表现。越位的同时，亦存在缺位。对于重点发展的服务产业部门，往往急缺大量资金。一些产业部门短期难以见效，市场主体暂时不愿进入，即存在"市场失灵"。亟须政府弥补市场失灵，政府却未及时发挥其应用职能——通过引导资金吸引更多市场主体进入重点扶持领域，即政府职能"缺位"。"缺位"亦体现在促进重点产业部门发展的法律法规修缮方面，亦存在较大不足。如《知识产权保护法》、《反垄断法》、《教育投入法》等促进重点服务部门发展的法律法规亟须进一步完善。

上述诸多状况说明政府职能转换不到位，未能跟上经济市场化步伐，亟须加快变革。

（二）政府管理体制障碍——多头管理与部门地区条块分割

重点扶持的服务行业部门，不少领域存在多头管理问题。多头管理造成部门条块分割、资源分割，市场整合存在较大困难。较明显的是，我国物流产业、APS领域如软件开发、电子商务、科技服务等领域的公共技术服务平台、公共信息平台的基础设施、公共信息资源开发利用就存在大而全、小而全的条块分割现象，导致重复建设、资源配置不合理且利用效率低下。由于体制没有理顺，物流、旅游、属于APS的会计审计、资产评估等服务领域都存在较严重的多头管理、条块分割问题，造成经营主体规模过小、资质良莠不齐、经营模式落后以及恶性竞争问题。

地区与部门阻隔是当前阻碍旅游、信息技术、物流等重点服务产业发展的一大障碍。这些产业的重点企业跨区域设立法人、非法人分支机构时存在诸多障碍，无法展开跨区域的网络化运营，无法获取规模经济与长远发展。此外，上述产业的企业在进行并购重组时，亦面临条块分割、部门地区阻隔，难以进行资源整合与优化配置，难以做大做强。

（三）市场准入障碍——国有经济垄断

某些重点发展的服务产业领域如金融保险、电讯等产业部门，基本上由国有经济垄断经营，非国有经济完全被挡在市场之外。这些自然垄断和行政垄断性服务产业改革，虽然取得了一定进展，但深层次的体制改革任务仍相当繁重，政企不分、行政限制准入、行政审批过多等问题没有从根本上解决，又出现了国家利益固化为部门和企业利益的倾向，形成了行政性垄断。虽然，国家对这些产业领域从未明文规定不准民营投资经营，但这些领域还未形成有效的市场环境和规范的准入制度，我国民间资本不能平等地参与，名义开放，实际不开放的"玻璃墙"现象普遍存在。

市场准入限制不仅存在于自然垄断行业中，在APS这种竞争性服务行业中也较普遍。如APS中的工程设计服务业，存在规模较大、资质较高的事业单位或国有企业在一定程度上对民营企业的排挤效应。不少竞争性服务行业都在不同程度上存在进入限制，而且通常民营企业面临的限制要比外资企业更严重，如经营范围、地域和股权比例等多方面存在诸多限制。市场准入障碍主要表现为对非国有经济的新进入者的资质要求过高，这实际上把一大批有能力的非国有企业排斥于服务业之外，阻滞充分竞争与效率提升。此外，APS 领域，还存在行业垄断。某些企业与政府主管部门之间存在着"千丝万缕"的关系。相关主管部门更倾向于企业选择主管部门下属中介机构服务；环评报告编制、施工图审查、财务会计报表审计等专业服务，交由主管部门下属服务机构处理，则通过主管部门审批的概率更高、审批的时间更短。

还需提及的是，市场准入的行政审批权力由不同政府部门拥有，环节繁杂，透明度不高。既有法律、有关政府部门颁布的法规，也有临时性的通知。外商反映最强烈的问题就是，进入服务业面临的行政审批过多，涉及多个部门，多种事项，环节繁杂，效率低下，透明度不高。外资企业进入服务业的行政审批往往环节繁琐。

（四）对外开放制度障碍

加入世贸组织和服务贸易总协定，以及对港澳更紧密经贸关系的安排，加快中国服务业领域对外开放的步伐，在政策透明度与市场准入方面，提出明确要求。但总体而言，中国服务业开放整体上晚于制造业，开放程度也低于制造业。譬如金融保险业，至今仍是国有经济占绝对优势。不少行业领域为维持国有经济垄断地位，借经济安全之名限制外资，外资进入中国还是要面对准入资格、进入形式、股权比例和业务范围等较多限制。此外，对于信息技术类离岸服务外包型产业，营业税、所得税整体税负水平较高，且在分包业务上存在营业税重复征税等问题。离岸服务外包产业在承接国际服务业转移方面税负较重，限制其国际竞争力及持续发展。对外开放体制与政策障碍，导致我国重点服务产业发展缓慢，竞争力偏弱。

（五）教育医疗等部门体制改革滞后

教育医疗等准公共服务部门体制改革滞后，主要体现为政府职能错位导致教育、医疗等领域公共服务与盈利性服务不分，既给财政造成较大压力、无法充分供应较高质量的公共服务，又因准入壁垒抑制了可以市场化、部分营利性医疗教育服务的发展，导致诸多问题出现。政府长期统包统揽医疗教育领域，殊不知教育医疗服务产品属准公共品性质，可分为公共品与盈利产品两部分。此种职能错位，大大加重政府财政负担，导致基础教育、基础医疗卫生、农村教育、农村医疗卫生等公共服务领域财政投入严重不足，引发公共服务供给不足。而且，因财政收入较低挫伤公共部门从业人员工作积极性，导致公共服务质量与运营秩序堪忧。譬如，不少高校毕业生由于不符合社会需求难以找到工作，医疗服务质次价高，公共医院乱收费、乱开药品与诊疗项目等问题都很突出。另一方面，部分教育医疗服务本可以采取市场化、盈利化的方式予以运营，以满足人们对高质量的医疗教育的需求。但由于制度壁垒，社会投资主体难以进入教育医疗领域，公有单位一直占据绝对优势，造成行业垄断。比如虽然2002年通过的《民办教育促进法》允许社会投资教育可以获利，但在实际工作中，教育管理部门还是对民办教育设置了过高的准入门槛，导致社会资本难以进入，或进来数年也无利可赚。准入壁垒较高，导致可市场化的高质量教育医疗服务供应严重不足。

此外，教育医疗部门改革俗称事业单位的改革，进展缓慢，管理体制、产权关系、职能定位等问题都没有解决。最重要的是，事业单位管理体制没有理顺，部分事业单位管理方式行政化痕迹依然明显。导致事业单位机构重叠，人员膨胀。与此同时，政府部门对事业单位管得过多，管理方式陈旧，扼杀了事业单位的活力。

二、政策障碍

（一）财政援助与融资政策障碍

传统的财政援助方式较难适应服务业发展要求。受财政管理体制约束，服务业引导资金及行业性财政资金，主要面向实体经济项目，在资金拨付上要求必须有具体项目作为载体。而创意设计、研发设计等APS服务业行业以知识投入为主，实体项目少，某种程度上较难获得财政扶持。

现行的银行授信评估方法更加适用于工业企业，主要针对有形不动产进行授信评估。但重点服务业企业，其资产和核心竞争力往往是知识产权、品牌、人才等无形资产，能够用于抵押贷款的有形固定资产较少，较难符合银行授信条件。

公司债发行担保规定严格导致重点服务业企业发债难。虽然证监会后放宽总额度限制，让地市国有企业和民营企业享受与省级国有企业一样的发债资格，但由于不再允许银行对债券发行提供担保，导致企业发债门槛更高。

股票发行门槛"一刀切"导致上市难。重点服务业企业无论是营业收入规模还是现金流量水平都难以和工业企业相提并论。现行"一刀切"的上市门槛设定，导致服务业企业较难达到上市要求。另外，证监会还规定发行企业最近一个会计年度期末无形资产占净资产的比例不高于20%，对于缺少有形固定资产的服务业企业，特别是一些新兴服务业企业来说，无疑加大上市融资的难度。

（二）土地政策障碍

重点服务业企业均面临土地成本较高，数量较少的问题。重点服务业行业千差万别，把服务业用地都归为商业用地。对部分行业而言，有失公允。物流、研发等APS，具有一定公共品性质，盈利水平相对较低。如浙江省2009年物流业平均利润率不超过10%。面对高昂的商业地价，许多企业难以承受。与民生改善关联较大的公共服务业，也面临同样问题。服务业供地较少。除土地成本较高外，服务业供地总体偏少也是影响重点服务业发展的一个重要原因。受"重工业轻服务业"的传统思维影响，许多地方政府仍将工业用地需求置于优先地位，从而导致服务业用地需求难以满足。2010年上半年浙江工业供地占土地供应总量的36.0%；而服务业供地仅占土地供应总量的7.0%。土地供给严重不足在一定程度上制约服务业发展。

（三）税收政策障碍

在重点服务产业的税收问题上，存在增值税征税范围偏窄、营业税税率偏重、增值税营业税重复征收、重点服务产业税收优惠范围不及制造业工业等突出问题。以营业税重复征税为例。信息技术、物流等行业，企业经常发生大量业务外包，发包方按照整个营业收入纳税的同时，分包方也要按照分包协议上的价款全额纳税。此外，物流等行业固定资产投入大，但外购固定资产进项税却不能抵扣，实际上扩大了企业的营业税应纳税额，存在重复征税、多征税的问题。

由于税收政策障碍，服务业相对于制造业而言税负偏重。制造业增值税可以成本抵扣，实际税负大致为3%；而服务业税负一般为5%，税负相对较重。

此外，工业企业商品出口平均可享受 13% 左右的出口退税，服务出口却无法享受退税政策。也在一定程度上制约了服务贸易的发展。

连锁企业总部纳税政策落实难到位。国家早就明确规定，省内跨区域经营的连锁企业实行向总部机构所在地统一缴纳增值税和所得税。由于利益分配关系不均衡，地方政府不支持总部统一纳税连锁企业在当地发展，一般都要求注册为独立法人。由于利益分配上的矛盾未处理好，造成有利于连锁企业发展的政策落实时遇到严重障碍。

（四）价格管理政策障碍

服务业用水用电费用长期高过工业，后有不少省份虽然实行重点服务业与用水用电同价政策，但在执行方面未全部落实到位。仍有不少服务企业反映服务业用水、用电与工业尚未执行同网同价。

此外，APS 领域，商务服务政府指导价浮动空间过小。譬如，一些省份规定会计、咨询等商务服务价格执行政府指导价格，价格上浮不得超过基准价格的 20%。而现实情况是，商务服务企业大小规模不一，提供服务质量良莠不齐，规模较大、实力较强的商务服务企业运营成本较大，如一味限死在政府指导价中，将严重打击其积极性、限制其长远发展。

（五）市场秩序监管政策不到位

市场秩序监管政策不到位主要表现在以下三方面。

第一，不少重点服务业重事前审批、轻事后管理，没有退出机制设计，导致恶性无序竞争。重事先审批表现为行业主管部门主要通过设置行业门槛阻滞非国有资本进入，一味保护国有企业或本部门隶属企业；另一方面轻事后管理，对于已经进入的各类中小企业无序竞争、恶性价格竞争疏于监管，且没有退出机制设计，导致"劣币驱良"现象时有发生，影响整个行业的服务质量和有序发展。

第二，行业标准不能适应产业发展要求。目前服务业普遍缺乏现代化的行业标准，标准化覆盖程度远不如工业领域，已有标准的部分指标也已落后，不再适应产业发展的新形态。

第三，知识产权保护问题突出。由于知识产权保护实践经验不足，灵活运用知识产权制度的能力不够健全，加之，执法不严以及地方保护问题，企业和个人假冒侵权行为较为普遍，软件设计创意抄袭现象遏制程度有限，作为知识技术密集型服务行业核心竞争力的知识产权难以有效保护，阻滞 APS 等服务行业发展。

第四，多头管理且难以协调，导致企业无所适从。如物流企业不同运输方式和流通环节存在多个行业主管部门，由于综合协调不够，部门政策和管理办法不够衔接配套，导致企业难以适从。而且，容易造成全社会物流过程的人为分割，浪费资源、损失效率。

（六）人才政策障碍

人才评价机制不健全。重点服务业人才与工业人才具有较大差异，以学历、职称为标准的评价方式，难以适应重点服务业发展需要。电子技术、创意设计 APS 等产业中，相当一部分技术开发、设计人员都是低学历、低职称，但却在工作岗位上承担着重要角色。会计、律师事务所等 APS 领域，多以从业经历和专业资格证书作为人才评价依据，较难享受人才引进政策。

重点服务业企业高端人才所得税税负偏高。据统计，内地重点服务业企业人才薪水是香港地区的一半，但所纳个人所得税却是后者的两倍。

此外，重点服务企业人才住房保障体系不健全。许多企业反映，现有的住房保障政策难以满足高房价时代的人才居住需求，成为影响企业引人留人的关键。廉租房、经济适用房等保障性住房只面对低收入阶层，不适用于年薪达到一定收入水平的人才；人才公寓房源有限，难以满足众多"夹心层"人员；企业不能直接在其土地上自建人才公寓。住房需求难以满足，导致人才大量流失。

第二节　破解服务业结构优化难点的策略

第一节指出，服务业结构优化的难点是体制与政策障碍，特提出以下破解对策。

一、破解体制障碍的对策

（一）加快政府职能转换，建立与重点服务业发展相适应的管理体制

针对上文提出的政府职能"四个不分"以及越位、缺位问题，亟须加

快政府职能转变和机构改革的进程，建立与市场经济、重点服务业发展相适应的管理体制，化解上述问题。

政府应划清自身与市场的界限，像旅游、休闲体育等长期采取事业管理体制的行业部门均可产业化，政府应放手交给市场主体来投资、运营。这些行业原先事业型的单位应尽快转轨为企业，投入市场运营。政府的职责是产业相关法律法规与宏观规划制定者、产业运营的监管者而不是直接的参与者、为产业发展创造良好制度环境如带薪休假制度设计与实施等等。唯有如此，才能加快上述重点产业的发展。并且化解政府职能"政产不分，管办不分"及越位等问题。

推进垄断型重点服务业国有企业的公司制改革，进一步理顺垄断行业中大型国有企业与政府的关系，在这些企业中建立起有效的法人治理结构。通过积极推进多元持股、上市等手段，进一步理顺垄断行业中国有企业与政府的关系，推动服务企业实现政资分开、政企分开。在改制后的服务企业中，严格依法设立股东会、董事会、监事会，明确各自的权利和责任，推动企业建立规范的公司法人治理结构，逐步化解政府职能"政企不分，政资不分"及越位等问题。

建立重点服务业发展引导资金与修缮相关法律法规，化解政府职能缺位问题。对于重点发展的服务产业部门，往往急缺大量资金。一些产业部门短期难以见效，市场主体暂时不愿进入。针对此种"市场失灵"，政府应建立重点服务业发展引导资金，即在中央与地方财政预算内基本建设投资或国债安排的专项用于支持重点服务业发展的补助性资金。此举以政府投入作为引导资金，通过示范与引导作用，营造良好投资环境，目的是调动企业与各种投资主体发展重点服务业的积极性，引导多渠道资金对服务业投入。此举对于促进重点服务业发展、优化服务业结构具有重要意义。此外，还需修缮与重点服务业发展相关的法律法规，如健全完善《仲裁法》、《证券法》、《审计法》、《注册会计师法》、《知识产权保护法》、《反不正当竞争法》等法律法规，为重点服务业发展创设良好的法制环境。

（二）化解多头管理与条块分割痼疾

化解多头管理与条块分割痼疾，当务之急是建立符合重点服务业特性的综合管理体制和机制。打破现行的条块分管的领导模式，确立一个超部门利益的宏观综合管理机构和强有力的协调和领导力量，协调跨区域和跨行业中的重大问题，整合资源、培育市场，避免多头管理、条块分割，相互扯皮、资源重复配置现象，推动改革攻坚实现突破。建议国家层面成立隶属于国家发改委的服务业发展局，在省级发改委成立专门的服务业发展处或生产性服务业发展处。还需提及的是，对于这个超部门的宏观综合管理机构，要形成有效监督和制约的制度。综合管理机构的职能、管制方式、决策过程要有法律授权，做到依法管理。提高管理机构的透明度，提高公众参与的程度，凡是直接涉及公众利益的重大决策，如价格管制政策的调整，都要实行规范的听证制度。最后应尽快建立和完善相关的法律、法规，如《反垄断法》等。

国家发改委牵头，有重点地联系若干省份、城市，进行服务业改革和创新试点。可从物流、旅游、信息技术等多头管理、条块分割严重的产业部门入手进行改革试点。宏观综合管理机构对产业发展进行统一规划，统一安排相关基础设施建设。要清除既有的制度掣肘，打破条块分割格局，变革传统的政府管理模式。从管理体制、运行机制、运营手段等方面与市场接轨，运用市场机制对产业现有资源进行整合，实现资源的优化配置。要破除地区封锁和体制、机制障碍，积极为重点产业企业设立法人、非法人分支机构提供便利，鼓励重点产业企业开展跨区域网络化经营。获取规模经济与长远发展。

（三）清除市场准入障碍，放宽市场准入限制

要改变带有自然垄断性质的重点服务产业如金融保险业行业垄断、市场阻隔局面，根本的方式就是要改变其市场准入限制过严和透明度低的状况，用市场竞争机制替换不必要的行政审批机制，打破部分行业垄断经营严重的格局。逐渐放宽金融保险业机构准入、业务准入标准和高级管理人员准入标准。与此同时，政府还应根据国家发改委的文件要求，改革服务行业市场准入的行政审批制度，大幅度减少行政性审批，需要保留的也要按简化手续、公开透明、监管规范的原则进行改革。

以加入 WTO 与 CEPA 为契机，全面放松竞争性重点服务业如物流、APS、旅游领域的市场准入、经营、投资等方面的限制，赋予非国有经济主体统一的国民待遇，破除前文提及的"玻璃墙现象"，鼓励它们以独资、合资、合作、联营、参股、特许经营等方式进入这些行业，打破不合理的市场阻隔与行业垄断。各级政府机构应借助 WTO 与 CEPA 提供的机遇，清理和修订竞争性服务业中限制非国有经济发展的法律法规和政策，消除体制性障碍。清除非国有企业在税收、投融资、土地使用等方面遇到的歧

视性待遇，支持非国有服务企业尤其是民间资本以多种方式等进入重点服务产业。

（四）破解对外开放体制障碍

WTO 最基本的规则有市场准入和非歧视原则，包括降低关税和取消非关税措施以及实行国民待遇和最惠国待遇等。此举旨在鼓励新厂商进入，在所有竞争性行业取消所有制、地区或部门的各种不合理的限制，打破地方保护主义和部门本位主义，鼓励各种经济主体以多样方式进入服务业。为了促进中国内地和香港经济的共同繁荣与发展，加强双方的经贸联系，内地与香港于 2003 年在香港正式签署了《内地与香港关于建立更紧密经贸关系的安排》（简称 CEPA）。CEPA 的实施客观上为内地服务业放宽市场准入制度，打破垄断格局提供了又一契机。CEPA 的签署实际上是内地对香港提前实施它对世界贸易组织成员所作的部分开放承诺。

抓住加入 WTO、实施 CEPA 的契机，加快对外开放步伐，逐步取消外资进入中国准入资格、进入形式、股权比例和业务范围等方面诸多限制。重点是放宽准入领域、降低准入条件，引入竞争机制，培养包括外资在内的多元化竞争主体。当然，在此过程中需处理好对外开放与适度保护之间的关系，实行合理的支持政策，避免服务市场过度、过早开放的冲击。近些年，发达国家服务业向发展中国家转移潮流显现，应抓住这一历史机遇，积极承接国际现代服务业转移，促进重点服务产业的市场化与国际化。充分发挥财税政策的作用，支持重点服务业的对外开放与承接国际服务业转移。如减免营业税重复纳税、减少所得税、扩大税收优惠范围等，增强信息技术等重点服务产业国际竞争力。对外开放除了"引进来"，亦包括"走出去"。努力推进重点服务业企业国际化投资与经营，加入世界服务体系的合作与竞争，在开放中实现互利共赢。政府可采取以下几方面的扶持举措：培育重点服务业企业规模化经营、做大做强；扩大中央财政与地方财政对实施"走出去"的支持力度；为企业提供海外资讯；成立海外投资保险机构，为海外投资一定程度"保驾护航"等。

（五）加快推进教育医疗部门的体制改革

前文已分析，教育医疗部门属准公共服务部门：部分领域提供公共服务，部分领域提供营利性服务。教育医疗部门应根据不同领域提供不同性质服务这一特质，予以差异化运营。唯有如此，才能化解财政统包统揽带来的巨大压力。对于那些公益性突出以及直接涉及公众基本利益和国家长期发展，营利性市场主体不愿干也干不了的领域，应保留其事业单位性质，依靠政府力量促进此部分公共服务的发展。政府财政应确保事业单位的经费投入，最好能以立法如《教育投入法》的形式确保公共教育医疗的财政经费投入，将其纳入公共财政预算。要确保公共医疗教育部门从业人员的工资水平不低于公务员的工资水平，并伴随物价、经济增长率变动而调整。在此基础上，才能慢慢杜绝公立医院、学校乱收费谋求创收等不良现象，如出现，也能有充足理由予以惩戒。公共服务部门也需引入激励机制，实行评聘分开、岗位聘用制，从业人员需进行绩效工资改革，工资待遇与其所做的业绩挂钩，避免"平均主义"。提供公共服务产品的事业单位，还应进行管理体制改革。政府主管机构应学会放权给学校，逐步去除学校行政化痕迹，解决机构、行政人员膨胀问题，真正实现学校教师的主体地位。

教育医疗部门部分领域如享受发展型教育医疗保健产品领域，可以采取市场化、产业化方式运作。营利性教育医疗服务产品可由任何具备实力的非公有资本生产经营，也可将部分公有制单位转制成为股份制营利性组织、将产品交由其运营。营利性产品价格完全放开，让服务价格充分反映服务供求关系和服务劳动消耗，服务人员将按其提供产品品质和数量获取相应的报酬。这将能极大刺激短缺性的服务产品供给，缓解这类产品供不应求的状况。政府所需做的事情是加强监管，对从业者资质进行严格审查及对其服务质量进行严格督查。

二、破解政策障碍的对策

（一）化解财政援助与融资政策障碍

尝试设立重点服务产业引导基金或投资基金，这是在中央预算或地方政府预算内基本建设投资或国债安排的专项用于支持重点服务业的补助性资金，满足成长性企业在种子、起步、成长、扩张等阶段的资金需求。目的是调动各种经济主体发展重点服务业的积极性，引导多渠道资金对重点服务业投入。

加快研究制定针对不同服务业行业特点的信贷政策，弱化财务指标考核，逐渐扩大知识产权、专利权、商标权、版权等无形资产抵押贷款覆盖面，积极创新信贷融资方式。推进重点服务业企业上市和发债融资。研究制定推进服务业企业直接融资的政策举措，对符合条件的重点服务业企业，做好上市培训、辅导和推荐工作。支持服务业企业通过发行公司债券、短期融资券、中小企业集合信托等方式融资。支持部分重点服务业企业以资产证券化或未来收益证券化等方式进行融资。

建立以财政资金为引导，信贷、外资、社会资金为主体的多元化投融资体制。革新金融政策与体制，拓宽利用民间资本和国际资本的渠道和空间，为重点服务企业提供多样化的融资方式。引导科技银行和社会创投集团，设立种子基金、担保基金、创投引导资金等，扶持重点服务产业发展。鼓励重点服务企业引进私募股权基金、风险投资基金，扶持成长与发展。

（二）破解土地政策障碍

对鼓励发展的重点服务业如物流业、信息技术产业、APS 的项目，按工业项目类别供地，而不是按商业用地标准供地，降低重点服务企业的用地成本。当前实际工作中，对服务业项目按工业项目类别供地可能存在一定政策障碍。为降低操作难度，可参照浙江省重点服务业用地定向招拍挂做法。对具有一定外部性或对其他产业提升具有重要作用但盈利水平目前相对较低的生产性服务业，设置特定的准入条件，按产业导向实行定向招拍挂。

探索建立重点服务业用地供应保障制度。在土地利用总体规划修编、年度土地供应计划编制和实施时，要适当增加重点服务业用地比重，尤其要向物流、信息技术、APS 等生产性服务业及其重大项目倾斜。唯有如此，才能突破当前土地政策掣肘，推进重点服务业发展。

（三）破解税收政策障碍

首先，必须扩大增值税的征税范围，解决增值税、营业税重复征税的问题。借鉴国外的普遍做法，将与生产相关的经营性劳务服务如物流服务纳入增值税的征收范围取消对其征收的营业税，实行增值税与营业税合并，既可以解决重复征税问题，又能降低与生产直接相关的经营性劳务服务业的税负，促进重点服务产业发展。将那些会计核算体系健全、内部分工比较发达的重点服务产业纳入增值税征税体系，逐步取消营业税，减轻产业负担，提升服务业竞争力。．

其次，用足现有的税收优惠扶持政策，根据重点行业特点针对性制定新优惠政策，扶持重点服务业发展。对物流、APS 等产业落实房产税、土地使用税、水利建设专项基金等减免优惠。采取间接优惠为主方式扩大税收优惠范围。要根据重点服务业的不同特点，针对性地制定税收优惠政策，譬如如对于技术密集型服务业应从促进其技术研发的角度，制定税收优惠政策，对于经营风险较高的服务业应从提高其抗风险能力的角度，制定税收优惠政策。

再次，对于信息技术类等离岸服务外包型产业，需运用所得税、营业税优惠措施，减轻其总体税负，增强信息技术类服务企业竞争力。对服务外包企业所征的营业税以差额计征，服务外包企业分转包业务的，以分转包后的净额征收营业税，消除目前营业税重复征税弊端。

最后，尝试建立连锁企业税收区域分享机制。抓紧制定连锁企业总部统一纳税后各连锁机构所属地区间财政利益调整办法，确保企业总部纳税后连锁机构所在地的财政利益。建议根据以前年度连锁机构的经营收入、职工工资、资产总额等指标，建立跨区域经营连锁企业地区间税收分享机制。

（四）破解价格管理政策障碍

应切实做好重点服务业用水用电与工业同网同价的落实工作。各地价格主管部门应积极与电网公司、水务公司沟通，探索成本平衡与分摊机制，兼顾各方面的影响，加大宣传，对用电用水同网同价情况进行督查，保证政策落实到位。

对于商务服务等 APS 服务收费标准，政府主管部门不应管得过死。应扩大此类服务收费的上浮幅度，并根据当地的市场需求与经济发展水平适时调整服务收费幅度，调动会计、咨询等商务服务企业的积极性，鼓励其充分开展良性竞争，凭实力获取市场认可的高回报。唯有如此，才能推进APS 企业做大做强。

（五）化解市场秩序监管不到位

首先，加强重点服务行业市场秩序监管，尽快建立各行业标准，鼓励良性竞争。加强重点服务行业市场秩序监管，对于欺瞒客户、提供劣质服务产品的企业以及恶性竞争、扰乱市场秩序的企业，进行严惩，必要时利用退出机制，剥夺其从业资格、让其退出市场。联合各行业协会，尽快设计建立各行业运营标准，使本行业企业参照标准与尺度，合法运营、有序竞争，促进本行业的健康持续发展。

其次，加强重点服务产业领域的知识产权保护。重点产业领域，如信息技术、创意设计等领域，尤其要加强知识产权保护。完善《专利法》、《著作权法》、《知识产权海关保护条例》等多部知识产权方面的法律法规，在此基础上，建立健全知识产权保护体系。重点产业领域的知识产权保护包括鼓励和规范知识产权评估机构发展，完善知识产权信用保证机制，促进自主创新知识产权在重点产业领域的实施和运用等，以此推动重点产业健康持续发展。

最后，针对多头管理问题，应通过建立重点服务业工作部门联席会议制度以及确立各产业主管责任部门制度予以化解。借鉴浙江杭州市的做法，该市已建立服务业月度协调例会制度。由市长主持，相关部门参加，由解决个案入手，明确相关部门责任分工及相互之间的协调配合，形成合力推动重点服务业发展。此外，还需确定各重点服务业的主管责任部门制度，强化其引导、扶持重点产业发展的责任，对于产业融合程度较高的产业，可由发改委（局）作为其主管责任部门。

（六）破解人才政策障碍

改革重点服务业人才评价机制。不再单纯以文凭、学历、职称来评价人才，而应根据服务业的特点，从创新能力、业绩贡献、服务年限等多维度来评价人才，建立科学的人才评价机制。考虑设立人才引进专项基金，对重点引进的人才与引进的单位给予奖励。还可将人才认定权力下放到重点服务企业，建立以企业主体的人才评价制度。根据企业的营业收入及纳税额多少，给予企业相应的人才引进名额，具体引进谁由企业自主决定。

设立重点服务业人才公寓（公租房）项目。将人才公寓项目作为保障性住房建设的重点项目，将公租房（公寓）作为解决人才住房问题的主要途径。采取直接投资、投资补助、贷款贴息等举措加快重点产业人才公租房的投入，支持各园区及有闲置土地的单位自建公租房，采取各种途径加快人才公租房的建设，尽早解决重点服务业"夹心层"的住房难问题。

尝试建立重点服务业高端人才个人所得税返还机制。国内部分城市探索建立个人所得税地方留成部分返还机制，通过地方建立财政专户予以全额返还给重点产业的高端人才。留住人才，方能促进重点服务业加速发展。

参 考 文 献

［1］ 程大中：《中国生产性服务业的水平、结构及影响》，载《经济研究》2008 年第 1 期。

［2］ 程大中：《中国服务业增长的特点、原因及影响——鲍莫尔—富克斯假说及其经验研究》，载《中国社会科学》2004 年第 2 期。

［3］ 陈凯：《中国服务业内部结构变动的影响因素分析》，载《财贸经济》2006 年第 10 期。

［4］ 常修泽：《体制创新：释放现代服务业发展潜能》，载《浙江经济》2005 年第 16 期。

［5］ 蔡立辉：《医疗卫生服务改革：采用分层次、多元化、竞争式提供模式》，载《经济研究参考》2010 年第 42 期。

［6］ 董全瑞：《诺斯国家理论述评》，载《江苏社会科学》2005 年第 6 期。

［7］ 高传胜、李善同：《经济服务化的中国悖论与中国推进经济服务化的战略选择》，载《经济经纬》2007 年第 4 期。

［8］ 高传胜、刘志彪：《生产者服务与长三角制造业集聚和发展》，载《上海经济研究》2005 年第 8 期。

［9］ 顾乃华、毕斗斗：《中国转型期生产者服务业发展与制造业竞争力关系研究》，载《中国工业经济》2006 年第 9 期。

［10］ 顾乃华：《我国服务业、工业增长效率对比及其政策内涵》，载《财贸经济》2006 年第 7 期。

［11］ 顾乃华等：《生产性服务业与制造业互动发展：文献综述》，载《经济学家》2006 年第 6 期。

［12］ 郭克莎：《中国：改革中的经济增长与结构变动》，上海人民出版社 1996 年版。

［13］ 郭克莎：《结构优化与经济发展》，广东经济出版社 2001 年版。

［14］ 郭怀英：《中国服务业体制沿革及其"十二五"战略》，载《改

革》2010 年第 3 期。

[15] 荷兰格罗宁根大学增长与发展中心 （GGDC） 网站 http：//www. ggdc. net。

[16] H. G. 格鲁伯、M. A. 沃克：《服务业的增长：原因与影响》，上海人民出版社 1993 年版。

[17] H. 钱纳里、S. 鲁宾逊、M. 赛尔奎因：《工业化与经济增长的比较研究》，上海人民出社 1995 年版。

[18] 黄新华：《新制度经济学的国家理论探析》，载《厦门大学学报 （社科版）》2000 年第 1 期。

[19] 黄少军：《服务业与经济增长》，经济科学出版社 2000 年版。

[20] 何骏：《中国生产性服务业发展的路径拓展与模式创新》，载《商业经济与管理》2010 年第 1 期。

[21] 何德旭：《中国服务业发展报告：中国服务业体制改革与创新》，社会科学文献出版社 2007 年版。

[22] 胡笑寒：《国外体育休闲产业的组织管理比较》，载《体育科研》2008 年第 1 期。

[23] 韩玉凤：《浅谈我国零售业发展面临的问题及对策》，载《西安欧亚学院学报》2006 年第 7 期。

[24] 江小涓、李辉：《服务业与中国经济：相关性和加快增长的潜力》，载《经济研究》2004 年第 1 期。

[25] 杰里米·阿塔克、彼得·帕塞尔：《新美国经济史》，中国社会科学出版社 2000 年版。

[26] 贾曼莹：《促进我国现代服务业发展的财税政策研究》，载《财金研究》2009 年第 22 期。

[27] 科斯、诺斯、阿尔钦等：《财产权利与制度变迁》，上海人民出版社 1994 年版。

[28] 科斯、诺斯、威廉姆森等：《制度、契约与组织》，经济科学出版社 2003 年版。

[29] 刘志彪：《论现代生产者服务业发展的基本规律》，载《中国经济问题》2006 年第 1 期。

[30] 刘志彪：《发展现代生产者服务业与调整优化制造业结构》，载《南京大学学报 （社科版）》2006 年第 5 期。

[31] 刘树成等：《新经济透视》，社会科学文献出版社 2001 年版。

［32］刘泓：《未来十年我国的就业形势及对策》，载《南开经济研究》2000 年第 4 期。

［33］刘继国、李江帆：《国外制造业服务化问题研究综述》，载《经济学家》2007 年第 3 期。

［34］刘杰、何骏：《中国生产性服务业发展的创新之路》，载《经济体制改革》2010 年第 1 期。

［35］李江帆等：《国外生产服务业研究述评》，载《外国经济与管理》2004 年第 11 期。

［36］李江帆：《第三产业经济学》，广东人民出版社 1990 年版。

［37］李江帆、曾国军：《中国第三产业结构升级趋势分析》，载《中国工业经济》2003 年第 3 期。

［38］李冠霖：《我国第三产业比重国际比较的陷阱与出路》，载《财贸经济》2005 年第 2 期。

［39］李慧中：《贸易与投资动因：服务业与制造业的差异》，载《复旦学报（社会科学版）》2005 年第 1 期。

［40］李慧中：《非价格比较优势：服务贸易动因及发达国家的优势占有格局》，载《上海经济研究》2001 年第 9 期。

［41］李善同、华而诚：《21 世纪初的中国服务业》，经济科学出版社 2002 年版。

［42］李勇坚、夏杰长：《服务业体制改革的动力与路径》，载《改革》2010 年第 5 期。

［43］卢现祥等：《论新制度经济学中国家的四大职能》，载《湖北经济学院学报》2006 年第 3 期。

［44］卢纹岱：《SPSS FOR WINDOWS 统计分析》，电子工业出版社 2000 版。

［45］经济合作与发展组织 OECD：《贸易与结构调整：拥抱全球化》，OECD 出版物 2005 年版。

［46］卿前龙：《休闲服务与休闲服务业发展》，经济科学出版社 2007 年版。

［47］宋则：《改革开放 30 年：商贸流通服务业的回顾与展望》，载《广东商学院学报》2008 年第 5 期。

［48］申玉铭等：《中国生产者服务业产业关联效应分析》，载《地理学报》2007 年第 8 期。

［49］ 盛洪：《分工与交易》，上海人民出版社 1994 年版。

［50］ 石磊、高帆：《地区经济差距：一个基于经济结构转变的实证研究》，载《管理世界》2006 年第 5 期。

［51］ 谭崇台：《发展经济学》，上海人民出版社 1989 年版。

［52］ 田家欣、贾生华：《网络视角下的集群企业能力构建与升级战略：理论分析与实证研究》，浙江大学出版社 2008 年版。

［53］ 谭砚文、温思美等：《中、日、美服务业劳动生产率对经济增长促进作用的比较分析》，载《数量经济与技术经济研究》2007 年第 12 期。

［54］ 迈克尔·波特：《竞争优势》，华夏出版社 2002 年版。

［55］ 维克托 . R. 富克斯：《服务经济学》，商务印书馆 1987 年版。

［56］ 王爱学、赵定涛：《交易费用经济学的一个新视角：国家宏观交易费用论》，载《国家行政学院学报》2006 年第 2 期。

［57］ 魏作磊：《对第三产业发展带动我国就业的实证分析》，载《财贸经济》2004 年第 3 期。

［58］ 魏江、朱海燕：《知识密集型服务业与产业集群发展的互动模式研究》，载《研究与发展管理》2006 年第 2 期。

［59］ 魏江：《产业集群——创新系统与技术学习》，科学出版社 2006 年版。

［60］ 许宪春：《中国服务业核算及其存在问题研究》，载《统计研究》2004 年第 7 期。

［61］ 许宪春：《90 年代我国第三产业发展相对滞后的原因分析》，载《管理世界》2000 年第 2 期。

［62］ 夏炎德：《欧美经济史》，上海人民出版社 1992 年版。

［63］ 西蒙·库兹涅茨：《各国的经济增长》，商务印书馆 1999 年版。

［64］ 西蒙·库兹涅茨：《现代经济增长》，北京经济学院出版社 1989 年版。

［65］ 肖全章、王珺、雷鹏飞：《促进我国服务业发展的税收政策研究》，载《经济问题》2011 年第 6 期。

［66］ 徐从才、原小能：《流通组织创新与现代生产者服务业发展》，载《财贸经济》2008 年第 1 期。

［67］ 姚为群：《生产者服务——服务经济形成与服务贸易发展的原动力》，载《世界经济研究》1999 年第 3 期。

［68］ 亚当·斯密：《国民财富的性质和原因的研究》，商务印书馆

1997 年版。

[69] 杨小凯：《经济学原理》，中国社会科学出版社 1998 年版。

[70] 杨小凯等：《新兴古典发展经济学导论》，载《经济研究》1999 年第 7 期。

[71] 向阳等：《服务业全要素生产率增长的实证分析》，载《经济学家》2006 年第 3 期。

[72] 郑吉昌等：《论生产者服务业的发展与分工的深化》，载《科技进步与对策》2005 年第 2 期。

[73] 张五常：《交易费用的范式》，载《社会科学战线》1999 年第 1 期。

[74] 张计划：《论交易费用的涵义、功能与理论启示》，载《当代财经》2007 年第 3 期。

[75] 朱晓明等：《服务外包——把握现代服务业发展新机遇》，上海交通大学出版社 2006 年版。

[76] 张军、郭为：《外商为什么不以订单而以 FDI 的方式进入中国》，载《财贸经济》2004 年第 1 期。

[77] 张小锋：《国外现代服务业税收政策主要做法及经验借鉴》，载《商业经济》2010 年第 12 期。

[78] 中国社科院财贸经济研究所：《中国服务业发展报告 No. 5——中国服务业体制改革与创新》，社会科学文献出版社 2007 年版。

[79] 中国社科院财贸经济研究所：《中国服务业发展报告 No. 6——加快发展生产者服务业》，社会科学文献出版社 2008 年版。

[80] 浙江发改委课题组：《当前服务业发展面临的体制政策障碍及其对策建议（上）》，载《产业》2011 年第 1 期。

[81] 浙江发改委课题组：《当前服务业发展面临的体制政策障碍及其对策建议（下）》，载《产业》2011 年第 2 期。

[82] 郑吉昌、夏晴：《服务业、服务贸易与区域竞争力》，浙江大学出版社 2004 年版。

[83] 朱华晟：《浙江产业群——产业网络、成长轨迹与发展动力》，浙江大学出版社 2006 年版。

[84] 赵德海等：《服务业发展与创新国际研讨会综述》，载《经济研究》2008 年第 2 期。

[85] 张阿丽：《对我国流通服务业的发展历程、现状及对策研究》，

载《江苏商论》2009 年第 4 期。

[86] 中国国家统计局普查中心:《中国第三产业统计资料汇编》,中国统计出版社 2000 年版。

[87] 朱坤萍:《如何提升我国流通服务业竞争力》,载《经济纵横》2007 年第 2 期。

[88] Amin Rajan, 1987: Service——the second industrial revolution? Business and Jobs Outlook for U. K. Growth Industries, London: Butter Worths Press.

[89] Borensztein E. and J. D. Ostry, 1996: Accounting for China's Growth Performance, American Economic Review, Vol. 86, No. 2.

[90] Bell, Daniel, 1974: The Coming of Post-industrial Society, New York: Heinemann Educational Books Ltd.

[91] Coase, Ronald, 1988: The Nature of the Firm, In Coase, The Firm, the market, and the Law, Chicago: The University of Chicago Press.

[92] Chapel Hill, 1994: The Producer Services Sector and Development Within the Dein, Social Forces, Vol. 74, No. 6.

[93] David P Lindahl and William B Beyers, 1999: The Creation of Competitive Advantage by Producer Service Establishments, Economic Geography, Vol. 20, No. 1.

[94] Deane, Phyllis and W. A. Cole, 1967: British Economic Growth 1688 – 1959, London: Cambridge at the University Press.

[95] David L. Mckee, 1988: Growth, Development and the Service Economy in the Third World, New York and London: Praeger Publishers.

[96] Frederic L. Pryor, 1996: Economic Evolution and Structure, London: Cambridge University Press.

[97] Francois J. , 1990: Trade in Producer Services and Returns due to Specialization under Monopolistic Competition, Canadian Journal of Economics, Vol. 23, No. 3.

[98] Griliches, Zvi ed. , 1992: Output Measurement in the Service Sectors, Chicago: The University of Chicago Press.

[99] Goodman and Steadman, 2002: Services: Business Demand Rivals Consumer Demand in Driving Growth, Monthly Labor Review, Vol. 89, No. 4.

[100] Harold Lubell, 1991: The Informal Sector: in the 1980s and

1990s, Paris: OECD Publisher.

[101] International Labor Office, 2001: Yearbook of Labor Statistics, Geneva: International Labor Office.

[102] J. Klaesson, 2001: Monopolistic Competition, Increasing Returns, Agglomeration and Transport Cost, Annals of Regional Science, Vol. 33, No. 5.

[103] Knut Koschatzky, 1999: Innovation Networks of Industry And Business-related Services——Relations Between Innovation Intensity of Firms and Regional Inter-firm Cooperation, European Planning Studies, Vol. 72, No. 11.

[104] Kenneth L Deavers, 1997: Outsourcing: A corporate competitiveness strategy, not a search for low wages, Journal of Labor Research, Vol. 23, No. 4.

[105] Krugman, P. , 1991: Increasing returns and economic geography, The Journal of Political Economy, Vol. 99, No. 3.

[106] Karaomerioglu and Bo Carlaaon, 1999: Manufacturing in Decline? A Matter of Definition, Economy, Innovation, New Technology, Vol. 66, No. 8.

[107] Marshall, J N. , 1994: Business Reorganization and The Development of Corporate Service in Metropolitan Areas, The Geographical Journal, Vol. 33, No. 3.

[108] Marrewijk C. et al. , 1997: Producer Services, Comparative Advantage, and International Trade Patterns, Journal of International Economics, Vol. 42, No. 3.

[109] Muller, E. and Zenker, A. , 2001: Business Services as Actors of Knowledge Transformation: The Role of KIBS in Regional and National Innovation Systems, Research Policy, Vol. 30, No. 2.

[110] OECD, 2001: Employment in the Service Economy: A Reassessment, Paris: OECD Publishers.

[111] OECD, 1997: Services Statistics On Value Added And Employment, Paris: OECD Publishers.

[112] Porter, M. , 2000: Location, competition, and economic development: Local clusters in a global economy, Economic Development Quarterly,

Vol. 84, No. 14.

[113] Porter, M. E. , 1998: Clusters and the new economics of competition, Harvard Business Review, Vol. 20, No. 3.

[114] Phyllis Deane and W. A. Cole, 1967: British Economic Growth 1688 – 1959, London: Cambridge at the University Press.

[115] Paul Mackun and Alan D Macpherson, 1997: Externally-assisted Product Innovation in The Manufacturing Sector: The Role of Location, In-house R&D And Outside Technical Support, Regional Studies, Vol. 97, No. 10.

[116] Riddle, 1986: Service-led Growth: The Role of the Service Sector in the World Development, New York: Praeger Publisher.

[117] Robert Bacon and Walter Eltis, 1996: Britain's Economic Problem Revisited, London: Macmillan Press LTD.

[118] Ramesh Saxena, 1989: Role of Producer Services in the Development Process: A Case Study of India. in United Nations (ed.) Services and Development Potential: the Indian Context. United Nations Conference on Trade and Development, New York: United Nations Publication.

[119] Seymour E. Harris (ed.), 1961: American Economic History, New York: McGraw – Hill Book Company.

[120] Shelp, R. K. , J. C. Stephenson, N. Truitt and B. Wasow, 1984: Service Industries and Economic Development, New York: Praeger Publisher.

[121] Thierry Noyelle, 1997: Business Services and The Economic Performance of The New York Metropolitan Region, Economic Policy Review, Federal Reserve Bank of New York, February.

[122] Todaro, M. P. and Harris, J. R. , 1970: Migration, Unemployment, and Development: A Two – Sector Analysis, American Economic Review, Vol. 60, No. 3.

[123] The World Bank, 1999: World Development Report, New York: The World Bank Publishers.

[124] United Nations, 1989: Services and Development: the Role of Foreign Direct Investment and Trade, New York: United Nations Publishers.

[125] United Nations, 1999: National Accounts Statistics: Main Aggregates And Detailed Tables, New York: United Nations Publishers.

[126] United Nations, 2000: International Standard Industrial Classifica-

tion, New York: United Nations Publishers.

[127] United Nations, 2000: Statistical Yearbook for Asia And The Pacific, New York: United Nations Publishers.

[128] United Nations, 2007: National Accounts Statistics: Main Aggregates And Detailed Tables, New York: United Nations Publishers.